Eckhard Franke

Peter Bachmann

CVFR

Peter Bachmann

CVFR
Handbuch für den kontrollierten Sichtflug

Motor buch Verlag

Einbandgestaltung: Nicole Lechner

ISBN 3-613-02092-0

1. Auflage 2001

Copyright © by Motorbuch Verlag, Postfach 103743, 70032 Stuttgart
Ein Unternehmen der Paul Pietsch Verlage GmbH + Co.

Produktion: Air Report Verlag, 64739 Höchst, http://www.air-report.de
Druck: Rung-Druck, 73033 Tübingen
Bindung: Karl Dieringer, 70839 Gerlingen
Printed in Germany

Unser Dank gilt der DFS Deutsche Flugsicherung GmbH, Frankfurt, für das uns zur Verfügung gestellte Informationsmaterial und die Genehmigung zur Veröffentlichung der in diesem Handbuch besonders gekennzeichneten Reproduktionen. Die Quellen der Abbildungen sind immer in den Abbildungsunterschriften angegeben. Ausgenommen sind Abbildungen, deren Copyright bei Air Report, Höchst, liegt. Korrekturen und Ergänzungen zu diesem Handbuch können auf der Website des Air Report Verlages http://www.air-report.de eingesehen und abgerufen werden.

Inhalt

3. Funknavigation

4. Technik

5. Anhang

Vorwort

Die CVFR-Berechtigung (Kontrollierter Sichtflug, Controlled VFR) ist eine Erweiterung der fliegerischen Befähigungen und Möglichkeiten nach dem Erwerb einer der Privatluftfahrzeugführer-Erlaubnisse. Im Vordergrund dieser Berechtigung steht zunächst, daß damit Flüge durch die für den normalen Sichtflugverkehr gesperrten Lufträume C (Charlie) durchgeführt werden dürfen.

Neben diesem Aspekt aber ist vor allem der Zugewinn an Flugsicherheit zu nennen, denn sowohl bei der CVFR-Ausbildung als auch bei späteren CVFR-Flügen werden theoretische und praktische fliegerische Fähigkeiten gefordert, die in dieser Form bei einem „normalen" VFR-Piloten vielleicht schon längst brachliegen. Insofern ist eine CVFR-Ausbildung nicht nur eine Auffrischung des Wissens über Luftrecht, Funknavigation und Technik, sondern ebenso eine solide Basis für sichere und professionellere VFR-Flüge.

In diesem Handbuch ist das fliegerische Wissen aus allen Themenbereichen der Privatpiloten-Bibliothek in komprimierter Form zusammengefaßt und speziell nach den Anforderungen der CVFR-Ausbildung aufbereitet worden. Im einleitenden Kapitel des Handbuches werden allgemeine Grundlagen und CVFR-spezifische Vorschriften und Informationen behandelt. Das zweite Kapitel enthält Informationen und Erläuterungen zur Luftfahrtverwaltung, Luftraumorganisation und Luftverkehrsordnung. Die Funknavigation wird mit ihren technischen Grundlagen und Verfahren im dritten Kapitel detailliert vorgestellt. Das Kapitel Technik schließlich befaßt sich mit der Funktion und der Anwendung der Basis-Instrumente. Abgerundet wird das Handbuch im Anhang mit einem Verzeichnis der Akronyme und Fachbegriffe in Englisch-Deutsch, wichtigen Anschriften sowie Angaben über weiterführende Literatur. Auf einen Fragenkatalog wurde aus Aktualitätsgründen bewußt verzichtet. Eine Auswahl mit typischen Fragen aus dem amtlichen PPL-Fragenkatalog zu allen Sachgebieten steht jedoch im Internet ständig aktualisiert zur Verfügung (http://www.air-report.de).

Höchst, im April 2001

Peter Bachmann

Kapitel 1
Einführung

CVFR

Für einen Privatpiloten mit der Privatpilotenlizenz PPL A hat sich zwar schon in den meisten Fällen der Wunsch des Fliegens erfüllt, doch Sicherheitsaspekte und steigende Anforderungen an VFR-Piloten fordern mehr fliegerisches Wissen und Fertigkeiten, als dies mit einer „normalen" PPL-A-Ausbildung alleine erreicht werden kann.

In diesen einleitenden Texten soll die CVFR-Ausbildung etwas näher beschrieben werden, um auf die wesentlichen Unterschiede zu den PPL-A-Ausbildungs- und Prüfungsinhalten hinzuweisen.

Praktische CVFR-Ausbildung

Die Praxis der CVFR-Ausbildung beginnt mit fliegerischen Standards wie z.B. Geradeaus-, Steig-, Sink- und Kurvenflug. Dabei wird die Fluglage immer durch Vergleich des natürlichen Horizonts mit den Anzeigen der Flugüberwachungsinstrumente geprüft und korrigiert. Einige der Flugübungen können ohne Außensicht unter der Haube gemacht werden. Es muß jedem Flugschüler aber bewußt sein, daß seine CVFR-Ausbildung keine „Mini-IFR-Ausbildung" ist. Auch mit CVFR-Berechtigung sind Flüge unter IMC-Bedingungen absolut unzulässig.

Der gekonnte Umgang mit VOR und ADF (ersatzweise auch GPS) gehört zu jeder CVFR-Ausbildung. Zu den amtlich geforderten Übungen zählen:

- Erfliegen einer stehenden Peilung
- Einhalten eines vorgegebenen Sollkurses
- Standortbestimmung mit Funknavigation

Für jeden CVFR-Flug ist eine gründliche Flugvorbereitung unabdingbar. Man sollte aber die beabsichtigte Streckenführung vor dem Ausfüllen des Flight Logs mit dem zuständigen Controller abstimmen.

Nach dem Start ist rechtzeitig Radar anzurufen. Bei Flugschülern mit geringer CVFR-Funkerfahrung ist es empfehlenswert, daß sich der Fluglehrer vor dem Flug telefonisch mit dem Lotsen über die verschiedenen CVFR-Verfahren abstimmt.

Die Radarführung beschränkt sich auf den Luftraum Charlie. Radarunterstützung mit Kursempfehlungen aber gibt es u.U. auch außerhalb dieses Luftraums. Diese Kursempfehlungen entsprechen etwa einem QDM-Anflug auf einen nicht kontrollierten Flugplatz. Bei aller „Lenkung" durch den Fluglotsen ist zu beachten, daß grundsätzlich die Verantwortung für eine sichere Flughöhe und einen ausreichenden Abstand von Wolken ausschließlich beim Piloten liegt.

Zu den Prüfungsinhalten gehören auch das Tracking mit VOR und NDB (ersatzweise auch GPS), das Bestimmen des Flugzeugstandorts und das Fliegen unter simulierter Radarführung. Der Flugschüler, der über ein gutes fliegerisches Wissen verfügt, sein Flugzeug beherrscht, Anweisungen der Fluglotsen folgen und einen vorgeschriebenen Radial oder ein QDM bzw. QDR fliegen kann, sollte mit der CVFR-Prüfung keine Schwierigkeiten haben.

Wichtige Ausbildungskriterien

Während der Ausbildung zum kontrollierten Sichtflug sollte häufig unter realistischen Bedingungen im Luftraum C (Charlie) geübt und der Sprechfunkverkehr trainiert werden. Wenig hilfreich ist es für den CVFR-Aspiranten, wenn CVFR-Lehrer bei den Ausbildungsflügen den Sprechfunkverkehr selbst abwickeln. Es gehört zur CVFR-Ausbildung, den Piloten die Angst vor dem Sprechfunkverkehr zu nehmen und sie zur aktiven Teilnahme daran aufzufordern.

Defizite in der Sprechfunk-Phraseologie lassen sich nicht nur bei BZF-II-Inhabern beobachten. Auch Inhaber des BZF I oder AZF haben oft Schwierigkeiten, sich in bestimmten Situationen passend auszudrükken. Vor dem Beginn eines CVFR-Trainings sollte man deswegen generell seine Sprechfunkkenntnisse auffrischen.

CVFR-Berechtigung und JAA-PPL

Eine CVFR-Ausbildung ist als Vorbereitung auf den Prüfungsflug zum Erwerb der zukünftigen JAA-PPL-Lizenz hervorragend geeignet. Die Befähigungsüberprüfung allerdings, die bei der Umschreibung eines deutschen PPL in einen JAA-PPL erforderlich ist, läßt sich damit nicht ersetzen. Bei dieser Prüfung sind nämlich u.a. umfangreichere Fertigkeiten in der Funknavigation nachzuweisen.

Auch wenn (zu einem noch nicht feststehedem Zeitpunkt) die europäischen JAR-FCL-Vorschriften rechtskräftig werden, bleibt die nationale deutsche CVFR-Berechtigung als Teil der LuftPersV bestehen. Inhaber eines nationalen PPL A haben also auch in Zukunft die Möglichkeit, eine CVFR-Berechtigung zu erwerben.

CVFR-Ausbildung

Kapitel 19/G - Berechtigung zur Durchführung kontrollierter Sichtflüge (zu § 82 der Verordnung über Luftfahrtpersonal)

Heft 7, Teil II - Besondere Bestimmungen (Art und Umfang der Ausbildung und Prüfung), aus: Richtlinien des Bundesministers für Verkehr für die Ausbildung und Prüfung des Luftfahrtpersonals

1. Ausbildung

1.1 Die Ausbildung zum Erwerb der Berechtigung zur Durchführung kontrollierter Sichtflüge besteht aus einer theoretischen Ausbildung und einer Flugausbildung.

1.2 Die theoretische Ausbildung hat die in der Anlage 1 aufgeführten Themen und Lernpunkte aus den Sachgebieten

- Luftverkehrs- und Flugsicherungsvorschriften
- Funknavigation
- Technik

zu umfassen.

Die Unterrichtsstunden nach § 82 Abs. 3 LuftPersV sollen auf die einzelnen Sach- und Fachgebiete wie folgt aufgeteilt werden:

- Luftverkehrs- und Flugsicherungsvorschriften (10 Stunden)
- Funknavigation (15 Stunden)
- Technik, Instrumente (5 Stunden)
- Gesamt 30 Stunden

1.3 Flugausbildung

Die in der Flugausbildung durchzuführenden Übungen sind in der Anlage 2 aufgeführt. Das Ziel der Flugausbildung ist erreicht, wenn der Bewerber das in der Prüfung verwendete Flugzeug sicher beherrscht und die für die Führung und Bedienung des Flugzeugs für kontrollierte Sichtflüge notwendigen Fähigkeiten besitzt. Die Reihenfolge der in der Anlage 2 aufgeführten Übungen ist nicht verbindlich für die Flugausbildung.

2. Prüfung

2.1 Bestandteile der Prüfung

Die Prüfung zum Erwerb der Berechtigung zur Durchführung kontrollierter Sichtflüge umfaßt eine theoretische Prüfung und eine Flugprüfung.

2.2 Theoretische Prüfung

2.2.1 Die theoretische Prüfung ist eine schriftliche Prüfung. Die Anordnung einer mündlichen Prüfung nach Teil I Nr. 8.2 dieser Richtlinien bleibt unberührt.

2.2.2 In der theoretischen Prüfung hat der Bewerber nachzuweisen, daß er die in den Fachgebieten

- Luftverkehrs- und Flugsicherungsvorschriften
- Funknavigation
- Technik

notwendigen Kenntnisse zur Durchführung kontrollierter Sichtflüge besitzt. Die an den Bewerber zu stellenden Anforderungen ergeben sich aus den Lernzielbeschreibungen der Anlage 1.

2.2.3 Die theoretische Prüfung besteht aus drei schriftlichen Arbeiten, für die eine Bearbeitungszeit von insgesamt zwei Stunden vorzusehen ist.

2.3 Flugprüfung

2.3.1 Die Flugprüfung ist an Bord eines Flugzeugs des Musters durchzuführen, das in der Ausbildung verwendet wurde. An dem Prüfungsflug hat mindestens ein Mitglied des Prüfungsrates teilzunehmen. Die Dauer des Prüfungsfluges soll etwa 45 Minuten betragen.

2.3.2 Die während des Prüfungsfluges durchzuführenden Übungen sind in Anlage 3 (Prüfungsnachweis 19/G) aufgeführt. Bei der Flugdurchführung sind die in Anlage 3 angegebenen Toleranzen einzuhalten.

Die nachstehende Aufschlüsselung der theoretischen Ausbildung und Prüfung gibt in Lernzielbeschreibungen an, welchen Anforderungen der Bewerber bei den jeweiligen Themen und Lernpunkten genügen soll. Die Ziffern in den Anforderungsspalten geben einen Hinweis darauf, aus welchen Gründen das Lernziel in die Richtlinien aufgenommen wurde. Es bedeuten:

1 - Bei der Flugvorbereitung oder Flugdurchführung ist etwas z. B.

- zu berechnen

- zu beachten

- zu beurteilen

- anzuwenden

3 - Das Lernziel ist Voraussetzung zum Erreichen von Lernzielen zu 1.

Anforderungen

Themen-index	Themen und Lernpunkte	aufzählen	zuordnen	entschlüsseln	zeichnerisch lösen	skizzieren	um-/berechnen	vergleichen	qualitativ angeben	in Worten definieren	nennen ggf. anhand einer Skizze	ableiten	interpretieren	eintragen	entnehmen	ablesen	bedienen bzw. eingeben	Ursache ermitteln und begründen	Auswirkung für die Praxis angeben	Ergebnis prüfen	Entscheidungen treffen u. begründen
1.1	**Flugvorbereitung** — Einholung der erforderlichen Informationen								1												
	— Überlandflug									3											
1.2	**Höhenmessereinstellung und Reiseflughöhe bei Flügen nach Sichtflugregeln**										1		1				1				
1.3	**Flugbetrieb auf einem Flugplatz mit Flugverkehrskontrolle und in dessen Umgebung**																				
1.3.1	Flugplatzverkehr									1											
1.3.2	Pflichten des Luftfahrzeugführers in bezug auf Anordnungen der Luftfahrt-behörden, Anweisungen der Flugverkehrskontrolle										3										
1.4	**Luftraumordnung** der Bundesrepublik Deutschland Anhand des Luftfahrthandbuchs: — Fluginformationsgebiete — Kontrollierter Luftraum: seitliche und Höhenerstreckung, Unterteilung und Erstreckung der Nahverkehrsbereiche, Kontrollzonen — Luftsperrgebiete, Gefahrengebiete und Gebiete mit Flugbeschränkungen														1						
1.5	**Flugplan** — Erfordernis der Flugplanabgabe bei Flügen nach Sichtflugregeln										1										
1.6	**Flugverkehrsfreigabe** — Erfordernis der Flugverkehrsfreigabe — Abweichungen von Flugverkehrsfreigaben										1										
1.7	**Funkverkehr** — Erfordernis der Hörbereitschaft										1										
	— Verfahren bei Ausfall der Funkverbindung												1								
	— Funkfrequenzen (Luftfahrthandbuch)														1						

15

Sachgebiet: 1. Luftverkehrs- und Flugsicherungsvorschriften

Prüfungsfach: 1. Luftverkehrs- und Flugsicherungsvorschriften

Anforderungen

Themen-index	Themen und Lernpunkte	aufzählen	zuordnen	entschlüsseln	zeichnerisch lösen	skizzieren	um- / berechnen	vergleichen	qualitativ angeben	in Worten definieren	nennen ggf. anhand einer Skizze	ableiten	interpretieren	eintragen	entnehmen	ablesen	bedienen bzw. eingeben	Ursache ermitteln und begründen	Auswirkung für die Praxis angeben	Ergebnis prüfen	Entscheidungen treffen u. begründen
1.8 1.8.1	**Aufbau der Flugsicherung** Flugverkehrskontrolldienst – Aufgaben – Arten der Dienste und Einrichtungen – Flugverkehrskontrollstellen – Zuständigkeiten										3										
1.8.2	Fluginformationsdienst – Aufgaben – Dienste – Zuständigkeiten										3										
1.8.3	Flugalarmdienst – Aufgaben – Alarmstufen									1	3										
1.8.4	Flugberatungsdienst – Aufgaben – Flugberatungsstellen – Umfang der Flugberatung – Preflight Information Bulletin, Inhalt										3										
1.8.5	Büro der Nachrichten für Luftfahrer – Veröffentlichungen: NfL I und II Notam Class II und I, VFR-Bulletin Aeronautical Information Circulars Luftfahrthandbuch I, II, III Sonderdrucke	3																			
1.9 1.9.1	**Flugsicherungsverfahren** Verantwortlichkeit, allgemeine Verfahren – Umfang der Verantwortlichkeit der Flugsicherung										3										

16

Themen-index	Anforderungen / Themen und Lernpunkte	aufzählen	zuordnen	entschlüsseln	zeichnerisch lösen	skizzieren	um- / berechnen	vergleichen	qualitativ angeben	in Worten definieren	nennen ggf. anhand einer Skizze	ableiten	interpretieren	eintragen	entnehmen		ablesen	bedienen bzw. eingeben	Ursache ermitteln und begründen	Auswirkung für die Praxis angeben	Ergebnis prüfen	Entscheidungen treffen u. begründen
	— Verfahren der Höhenmessereinstellung QNH, QNE, QFE		1										1									
	— Standortmeldungen, Inhalt										1											
1.9.2	**Anflugkontrolle**																					
	— Prinzip der Staffelung zwischen anfliegenden und zwischen an- und abfliegenden Luftfahrzeugen										3											
1.9.3	**Radar**																					
	— Methoden zur Radaridentifizierung										3											
	— Transponderbetrieb im Normalbetrieb sowie bei Funkausfall, bei Notlagen und bei Entführungen										1											

Anforderungen

Themen-index	Themen und Lernpunkte	Entscheidungen treffen u. begründen	Ergebnis prüfen	Auswirkung für die Praxis angeben	Ursache ermitteln und begründen	bedienen bzw. eingeben	ablesen	entnehmen	eintragen	interpretieren	ableiten	nennen ggf. anhand einer Skizze	in Worten definieren	qualitativ angeben	vergleichen	um- / berechnen	skizzieren	zeichnerisch lösen	entschlüsseln	zuordnen	aufzählen
2.1	**Grundlagen der Funktechnik**																				
	— Frequenzspektrum											3									
	— Modulations- und Betriebsarten											3									
	— Wellenausbreitung, Beeinflussung durch Beugung, Brechung, Reflexion, Streuung, Dämpfung, Absorption, Interferenz											3									
	— Reichweiten in Abhängigkeit von Frequenzband, Sendeleistung, Ausbreitungsmedium, Flughöhe (Luftfahrthandbuch)							1						1							
	— Störungen des Funkempfangs: Schwunderscheinungen, Dämmerungseffekt, Küsteneffekt, Ablenkung an Bergen, elektrostatische Entladungen				1									3							
2.2 2.2.1	**Funknavigationseinrichtungen** (Boden und Bord) **Ungerichtetes Funkfeuer**																				
	— Aufgabe der ungerichteten Funkfeuer											3									
	— Frequenzbereich, Sendearten, Stationskennung																		1		
	— Genauigkeit							1				3									
2.2.2	**Automatisches Funkpeilgerät** (Automatic Direction Finding Equipment/ADF)																				
	— Komponenten der ADF-Anlage: Empfänger, Fernbediengerät, Rahmenantennen, Ferritkreuz, Goniometer, Hilfsantenne, Anzeigegerät																				3
	— Arbeitsweise der ADF-Anlage Empfangsdiagramm									3							3				
	— Bedienung der ADF-Anlage Funktionsschalter: Off, Comp., Ant., Loop, BFO, Loop L/R, Volume, Frequenzwahl, Tuning, Test			1		1				1											

18

Anforderungen

Themenindex	Themen und Lernpunkte	aufzählen	zuordnen	entschlüsseln	zeichnerisch lösen	skizzieren	um- / berechnen	vergleichen	qualitativ angeben	in Worten definieren	nennen ggf. anhand einer Skizze	ableiten	interpretieren	eintragen	entnehmen	ablesen	bedienen bzw. eingeben	Ursache ermitteln und begründen	Auswirkung für die Praxis angeben	Ergebnis prüfen	Entscheidungen treffen u. begründen
	— Deutung der Anzeigen:																				
	— Radio Compass (Relative Bearing Indicator): Seitenpeilung, recht- und mißweisende Peilung					3	1						1			1					
	— Radio/Magnetic Indicator (RMI-ADF): Kompaßpeilung, recht- und mißweisende Peilung					3	1						1			1					
	— Genauigkeit der ADF-Anzeige: Funkbeschickung, quadrantal error, Neigungsfehler, Peilgenauigkeit								3												
2.2.3	**UKW-Drehfunkfeuer** (VHF Omnidirectional Range/VOR) — Aufgabe des VOR										3										
	— Frequenzbereich, Sendearten, Stationskennung			1											1						
	— Reichweite								3						1						
	— Genauigkeit								3												
	— Vorteile gegenüber dem NDB Fehlermöglichkeiten										3								1		
2.2.4	**VOR-Bordanlage** — Komponenten der VOR-Anlage: Empfänger, Fernbediengerät mit Frequenzraster, VHF-Antenne, Anzeigegerät	3																			
	— Arbeitsweise der VOR-Anlage: Phasenvergleich, Phasendifferenz, Differenzspannung, automatische Richtungsanzeige (TO/FROM)												3								
	— Bedienung der VOR-Bordanlage: Funktionsschalter on/off, Volume, Frequenzwahl, OBS, Test												1				1				
	— Deutung der Anzeigen des Radio Magnetic Indicator (RMI-VOR): Radial, mißweisende Peilung					3							1			1			1		
	— Ablage vom Sollwert						1						1			1			1		

Anforderungen

Themen-index	Themen und Lernpunkte	aufzählen	zuordnen	entschlüsseln	zeichnerisch lösen	skizzieren	um- / berechnen	vergleichen	qualitativ angeben	in Worten definieren	nennen ggf. anhand einer Skizze	ableiten	interpretieren	eintragen	entnehmen	ablesen	bedienen bzw. eingeben	Ursache ermitteln und begründen	Auswirkung für die Praxis angeben	Ergebnis prüfen	Entscheidungen treffen u. begründen
	TO/FROM-Anzeige												1			1					
	Warnflaggen										1										
	– Genauigkeit der VOR-Bordanzeige								3										1		
2.2.5 **2.2.5.1**	**Radaranlagen** Grundlagen und Bodenradaranlagen – Echoprinzip, Arbeitsweise von Rundsicht-Radaranlagen	3																			
	– Hauptkomponenten von Rundsicht-Radaranlagen: Sender, Antenne, Empfänger, Steuerimpulsgeber, Anzeigegerät												3								
	– Reichweiten von Rundsicht-Radaranlagen								3												
	– Sekundär-Radaranlagen (SSR) Aufgaben des SSR, Arbeitsweise										3		3								
2.2.5.2	Bordseitige Transponderanlage – Komponenten der Transponderanlage: Antenne, Transponder, Bediengerät	3																			
	– Bediengerät: Funktionsschalter, Standby, On, Low, Code Selector, Mode Schalter, Ident, Anzeigelampe, Test												1				1				
2.3	**Funknavigation** – Zielkurve (Homing) Entstehung, Anwendung					3					1										
	– Erfliegen einer stehenden Peilung, Peilsprung, Abdriftwinkel, Korrekturwert					3			1												
	– Kursflug (Tracking) Sollkurslinie (QDM/QDR), Peilungsänderung, Versetzung, Korrekturwert, korrigierter Windvorhaltewinkel					3	1		1												

20

Themen-index	Themen und Lernpunkte	aufzählen	zuordnen	entschlüsseln	zeichnerisch lösen	skizzieren	um- / berechnen	vergleichen	qualitativ angeben	in Worten definieren	nennen ggf. anhand einer Skizze	ableiten	interpretieren	eintragen	entnehmen	ablesen	bedienen bzw. eingeben	Ursache ermitteln und begründen	Auswirkung für die Praxis angeben	Ergebnis prüfen	Entscheidungen treffen u. begründen
	— Abstandsbestimmungen																				
	— 90°-Methode und 45°-, 30°-Peilsprung-Methodeverfahren, Windeinfluß, Anwendung, Genauigkeit					3	1														
2.4	Navigation mit Fremdpeilung — Peilwerte QDM, QDR, QTE									1											
	— An- und Abflugverfahren auf eine Peilstelle					3							1								
	— Standortbestimmung												3								
2.5	Funknavigationskarten — Projektionsart										3										
	— Eigenschaften: Winkeltreue,								1												
	— Maßstab, Maßstabsänderung																				
	— Funknavigationskarte (Radio Navigation Chart), Nahverkehrsbereichskarte (Terminal Area Chart), Instrumentenan- und -abflugstreckenkarten (Standard Instrument Arrival and Departure Routes Charts)	1																			
	— Anwendungsbereich										3										
	— Kartensymbole der aufgeführten Karten												1	1		1					
	— Praktische Anwendung: Kurse, Entfernungen, Standorte													1	1						

21

Sachgebiet: 3. Technik, Instrumente **Prüfungsfach: 3. Technik, Instrumente** **Datum:** **Korr.-Nr.:** **Index: 3** **Seite: 1**

Anforderungen

Themen-index	Themen und Lernpunkte	aufzählen	zuordnen	entschlüsseln	zeichnerisch lösen	skizzieren	um- / berechnen	vergleichen	qualitativ angeben	in Worten definieren	nennen ggf. anhand einer Skizze	ableiten	interpretieren	eintragen	entnehmen		ablesen	bedienen bzw. eingeben	Ursache ermitteln und begründen	Auswirkung für die Praxis angeben	Ergebnis prüfen	Entscheidungen treffen u. begründen
3.1	**Höhenmesser** (Doseninstrument)																					
	— Höhenmessereinstellung (QNH, QFE, QNE)												3					1				
	— Anzeigen												1				1					
	— Einsatzbereich und Genauigkeit								1											1		
	— Fehler (Instrumenten-, Einbau-, Hysteresefehler)	1							1										3	1		
	— Toleranzen										1									1		
3.2	**Magnetkompaß**																					
	— mechanische und magnetische Fehler und Toleranzen										3		1									
	— Fehlanzeige durch Deviation und Inklination, Deviationstabelle												1		1							
	— Anzeigefehler durch äußere Einflüsse (Beschleunigung, Steig- oder Sinkflug, Kurvenflug)								1		3		1		1							
3.3	**Kurskreisel**																					
	— Antriebsarten																					
	— Anzeigegenauigkeit												1									
	— Stützung												3									1
	— Kardanfehler										3		1									
	— Sonstige Fehler und Toleranzen										3											
3.4	**Künstlicher Horizont**																					
	— Antriebsarten										3											
	— Anzeige und Anzeigegenauigkeit												3									
	— Kurven- und Beschleunigungsfehler Kompensation										3									1		

Nr.	Übung	Flugzeit	Bodenzeit (Erläuterungen)
		Stunden	
	Die Übungen sind mit Fluglehrer und nach Instrumenten durchzuführen		
1	**Grundübungen** (Vergleich der Fluglagen mit der Anzeige folgender Instrumente: Fahrtmesser, Höhenmesser, Wendezeiger, künstlicher Horizont, Kurskreisel in Verbindung mit Magnetkompaß, Variometer, Uhr; zudem Überwachung der Triebwerkseinstellung): Geradeaus-Horizontalflug mit Veränderung der Triebwerksleistung zur Erhöhung und Herabsetzung der Fluggeschwindigkeit unter Beibehaltung der Fluglage (Höhe, Kurs); Kurven im Horizontalflug: Kurven mit 15° und 25° Querlage links und rechts um 90°, 180°, 270°, 360°; Einhalten der Höhe und vorgegebener Fluggeschwindigkeit	1	0,5
2 u. 3	**Wiederholungen der Übung Nr. 1;** zusätzlich Steig-/Sinkflug auf gleichbleibendem Kurs unter Beibehaltung einer vorgegebenen Steig-/Sinkfluggeschwindigkeit; Übergang vom Steig-/Sinkflug in den Horizontalflug; Kurven im Steig-/Sinkflug mit 15° bis 20° Querlage	2	
4	Langsamflug bei V_S + 10 kt (Überziehgeschwindigkeit des Flugzeugs im jeweiligen Flugzustand + 10 kt Sicherheit) im Reiseflugzustand, Klappen in Startstellung sowie Klappen in Anflugstellung und eingefahrenem Fahrwerk; Einhalten von Höhe, Fluggeschwindigkeit und Kurs sowie Korrektur der Triebwerksleistung, Aufrichten aus ungewöhnlichen Fluglagen (Querlage von 40° bis 60° verbunden mit Steig-/Sinkfluglagen); Steilkurven mit 45° Querlage links und rechts um je 360°	1	0,5
5	Funknavigation mittels NDB, VOR, ggf. VDF: Erläuterung der Bedienung und der Anzeigen der ADF- und VOR-Bordanlage; Erfliegen einer stehenden Peilung; Einhalten einer vorgegebenen Sollkurslinie, Standortbestimmung mittels Funknavigationsgerät; empfohlen: Abstandsbestimmung; Arbeitsweise und Bedienung der Transponder-Anlage	1	0,5
6	**Wiederholung der Übung Nr. 4**	1	
7 bis 10	**Wiederholungen der Übung Nr. 5;** zusätzlich: Anflug eines Flugplatzes mittels VDF-Peilung	4	0,5
	Gesamt:	10	2

Sitzplatz des Abnahmeberechtigten				Bewertung der einzelnen Übungen	
rechts	links	Mitte	hinten	Bestanden (S)	Nicht bestanden (U)

1. Flugvorbereitung		8.4 Tracking a) mittels VOR b) mittels NDB	
2. Außen- und Innenkontrollen nach Klarliste		8.5 Standortbestimmung mittels Funknavigationsgerät	
3. Anlassen des Triebwerks		8.6 Fliegen unter Radarführung oder angenommener Radarführung	
4. Rollen			
5. Kontrollen vor dem Start einschl. Triebwerksüberprüfung und Setzen der Sprechfunk- und Funknavigationsbordanlagen		9. Anflug, Einordnen in den Flugplatzverkehr bzw. Befolgen von Flugsicherungsanweisungen; Einhalten sicherer Anfluggeschwindigkeit; Einteilung des Landeanfluges	
6. Start		10. Landung	
7. Steigflug nach Instrumenten		11. Sprechfunkverkehr	
7.1 Kurven auf vorgegebene Kurse bzw. Einhalten vorgeschriebener Abflugstrecken		12. Gebrauch der Klarliste	

7. Steigflug nach Instrumenten

7.1 Kurven auf vorgegebene Kurse bzw. Einhalten vorgeschriebener Abflugstrecken

7.2 Einhalten der Steigfluggeschwindigkeit

7.3 Einhalten der Steigrate

7.4 Trimmung des Flugzeugs

7.5 Übergang zum Horizontalflug

8. Flugübungen nach Instrumenten

8.1 Horizontalflug bei verschiedenen Geschwindigkeiten; Einhalten von Kurs und Höhe

8.2 Kurven mit 45° Querlage links und rechts um je 360°

8.3 Langsamflug
a) Flugzeug im Reiseflugzustand
b) Landeklappen in Anflugstellung, Fahrwerk ausgefahren

Einzuhaltende Toleranzen: Sofern nicht Wetterbedingungen oder besondere Flugeigenschaften des verwendeten Flugzeugmusters die Einhaltung nachstehender Toleranzen erschweren, gilt folgendes:

Kurse: ± 5°

Flughöhen:
Bei Übergang vom Steig- oder Sinkflug in den Horizontalflug: ± 50 ft
Bei Veränderung der Triebwerksleistung im Horizontalflug: ± 50 ft
In allen übrigen Flugzuständen: ± 100 ft

Geschwindigkeiten:
Sichere Startgeschwindigkeit und sichere Anfluggeschwindigkeit: bis + 10 kt
In allen übrigen Flugzuständen: + 10 kt
− 5 kt

Seite 2 der Anlage 3 zu Kapitel 19/G.

Hinweis: Da auf Seite 1 der Anlage 3 nur persönliche Angaben des Prüflings sowie Daten des Luftfahrzeuges und des Prüfungsfluges stehen, ist diese Seite hier nicht veröffentlicht.

24

Berechtigung zur Durchführung kontrollierter Sichtflüge § 82 LuftPersV

1) Privatflugzeugführer, Privathubschrauberführer und Motorseglerführer, die eine Instrumentenflugberechtigung nicht besitzen, bedürfen zur Durchführung von Flügen nach Sichtflugregeln in bestimmten Teilen des kontrollierten Luftraumes (§ 10 Abs. 4 Luftverkehrs-Ordnung) der Berechtigung zur Durchführung kontrollierter Sichtflüge.

(2) Fachliche Voraussetzungen für den Erwerb der Berechtigung sind

1. die theoretische Ausbildung,
2. die praktische Tätigkeit als Privatluftfahrzeugführer,
3. die Flugausbildung.

(3) Die theoretische Ausbildung umfaßt mindestens 30 Unterrichtsstunden innerhalb der letzten fünf Monate vor Ablegung der Prüfung nach Absatz 6. Sie erstreckt sich auf die Sachgebiete

Abb. 1.1: Flüge im Luftraum C: Erlaubt nur mit CVFR-Berechtigung (Quelle: Piper, Flugzeugtyp Piper Saratoga).

1. Luftverkehrs- und Flugsicherungsvorschriften
2. Funknavigation
3. Technik

(4) Die praktische Tätigkeit muß bei Bewerbern, die eine Gesamtflugzeit von weniger als 300 Stunden haben, mindestens 60 Flugstunden als verantwortlicher Luftfahrzeugführer nach Erwerb einer Erlaubnis als Privatluftfahrzeugführer innerhalb der letzten drei Jahre vor Stellung des Antrages auf Erteilung der Berechtigung, davon mindestens 20 Stunden Überlandflug, umfassen.

(5) Die Flugausbildung umfaßt mindestens 10 Flugstunden nach Instrumenten und zur Einführung in Navigationsverfahren mittels bodenabhängiger Funknavigations- und Radarhilfen sowie in den Gebrauch von Funknavigationsgeräten mit Fluglehrer innerhalb der letzten fünf Monate vor Ablegung der Prüfung nach Absatz 6.

(6) Der Bewerber hat in einer theoretischen und praktischen Prüfung nachzuweisen, daß er die zur Durchführung kontrollierter Sichtflüge notwendigen Kenntnisse und Fähigkeiten besitzt.

Flugsicherungsausrüstung der Luftfahrzeuge

(VO über die Flugsicherungsausrüstung der Luftfahrzeuge - NfL 11- 1/93)

§ 1 Geltungsbereich

Luftfahrzeuge, die im deutschen Luftraum betrieben werden, müssen mit der für die sichere Durchführung der Flugsicherungsverfahren notwendigen Flugsicherungsausrüstung nach den Vorschriften dieser Verordnung ausgerüstet sein.

§ 2 Beschaffenheit und Betriebstüchtigkeit der Flugsicherungsausrüstung

(1) Die Flugsicherungsausrüstung der Luftfahrzeuge darf nur aus Anlagen, Geräten und Baugruppen bestehen, die auf Grund ihrer Eigenschaften und Leistungen unter Beachtung der festgelegten Verwendungsgrenzen einen zuverlässigen Betrieb gewährleisten und als Luftfahrtgerät zugelassen sind.

(2) Das Flugsicherungsunternehmen kann in begründeten Einzelfällen von den nachfolgenden Ausrüstungspflichten Ausnahmen zulassen, soweit dadurch die öffentliche Sicherheit oder Ordnung, insbesondere die Sicherheit des Luftverkehrs und seine flüssige Abwicklung, nicht beeinträchtigt werden. Die Ausnahmen können mit Auflagen verbunden werden.

§ 3 Flugsicherungsausrüstung für Flüge nach Instrumentenflugregeln

(1) Für Flüge nach Instrumentenflugregeln müssen Luftfahrzeuge ausgerüstet sein mit

1. zwei UKW (VHF)-Sende-/Empfangsgeräten (Frequenzbereich: 117,975 bis 137,000 MHz) für den Sprechfunkverkehr im beweglichen Flugfunkdienst mit den Flugverkehrskontrollstellen;
2. zwei Empfangsgeräten für die Signale von UKW-Drehfunkfeuern (VOR-Navigations-Empfangsanlagen), wobei eines dieser Empfangsgeräte entfallen kann, wenn eine von der VOR-Navigations-Empfangsanlage unabhängige funktionsfähige Flächennavigationsausrüstung nach Absatz 3 vorhanden ist;
3. einem automatischen Funkpeilgerät (ADF), das den Frequenzbereich 200,0 kHz bis 526,5 kHz umfaßt und eine Richtungsanzeige und eine Abhörmöglichkeit besitzt;
4. einem Sekundärradar-Antwortgerät (Transponder), das für den Abfragemodus A mit 4096 Antwortcodes und für den Abfragemodus C mit automatischer Höhenübermittlung ausgestattet ist oder Mode S-Technik verwendet;
5. einem Funkentfernungsmeßgerät (DME-Interrogator).

(2) Für Anflüge nach dem Instrumenten-Landesystem (ILS) müssen Flugzeuge ausgerüstet sein mit

1. einem Empfangsgerät für die Signale von ILS-Landekurssendern (ILS-Landekurs-Empfangsanlage);
2. einem Empfangsgerät für die Signale von ILS-Gleitwegsendern (ILS-Gleitweg-Empfangsanlage);
3. einem UKW-Empfangsgerät mit einer Anzeigeeinrichtung für die Signale der Markierungsfunkfeuer;
4. einem Gerät für die gemeinsame Anzeige der Signale der ILS-Landekurs- und Gleitwegsender.

(3) Die Benutzung von Flächennavigationsausrüstungen ist bei dafür vom Luftfahrt-Bundesamt festgelegten und in den Nachrichten für Luftfahrer veröffentlichten

Flugverfahren sowie auf den von der Flugverkehrskontrolle individuell festgelegten Streckenführungen zulässig, wenn die für den jeweiligen Luftraum, die jeweilige Streckenführung oder das jeweilige Flugverfahren vorgeschriebene Navigationsleistung (Required Navigation Performance - RNP) durch die Flächennavigationsausrüstung erfüllt wird.

§ 4 Flugsicherungsausrüstung für Flüge nach Sichtflugregeln

(1) Für Flüge nach Sichtflugregeln müssen Flugzeuge, Drehflügler, Motorsegler, Segelflugzeuge, Luftschiffe und Freiballone mit einem UKW-Sende-/Empfangsgerät, das mindestens die für den vorgesehenen Flug erforderlichen Frequenzen aus dem Bereich von 117,975 bis 137,000 MHz umfaßt, ausgerüstet sein; die Sendeleistung und die Empfängerempfindlichkeit müssen mindestens so groß sein, daß unter Berücksichtigung der flugbetrieblichen Eigenschaften des Luftfahrzeuges und der beflogenen Strecke ein einwandfreier Sprechfunkverkehr mit den Flugverkehrskontrollstellen durchgeführt werden kann. Ausgenommen sind Flüge an Flugplätzen ohne Flugverkehrskontrollstelle, die bei Tage durchgeführt werden und nicht über die Umgebung des Startflugplatzes hinausführen (§ 3a Abs. 3 Luftverkehrs-Ordnung). Örtliche Regelungen der zuständigen Luftfahrtbehörde eines Landes (nach § 21 a Abs. 1 Luftverkehrs-Ordnung) bleiben unberührt.

(2) Zusätzlich zu dem UKW-Sende-/Empfangsgerät müssen Flugzeuge, Drehflügler und Motorsegler ausgerüstet sein für

1. Flüge in Lufträumen der Klasse C mit einem VOR-Navigationsempfänger;
2. Flüge bei Nacht außerhalb der Sichtweite eines für den Nachtflugbetrieb

genehmigten und befeuerten Flugplatzes:
a) Im kontrollierten Luftraum mit einem VOR-Navigationsempfänger
b) Im unkontrollierten Luftraum mit einem VOR-Navigationsempfänger oder einem automatischen Funkpeilgerät (ADF)
3. Flüge über Wolkendecken mit einem VOR-Navigationsgerät oder einem automatischen Funkpeilgerät (ADF).

(3) Motorgetriebene Luftfahrzeuge müssen für folgende Flüge nach Sichtflugregeln mit einem Sekundärradar-Antwortgerät (Transponder) ausgerüstet sein:

1. In Lufträumen der Klasse C;
2. Oberhalb 5.000 ft MSL oder oberhalb einer Höhe von 3.500 ft GND, wobei jeweils der höhere Wert maßgebend ist;
3. Bei Nacht im kontrollierten Luftraum.

Der Transponder muß für den Abfragemodus A mit 4.096 Antwortcodes und für den Abfragemodus C mit automatischer Höhenübermittlung ausgestattet sein oder Mode S-Technik verwenden.

(4) Die Flugverkehrskontrollstellen können im Einzelfall Flüge mit Luftfahrzeugen ohne UKW-Sende-/Empfangsgerät in Kontrollzonen, von und zu Flugplätzen mit Flugverkehrskontrollstellen und Kunstflüge im kontrollierten Luftraum zulassen, soweit dadurch die öffentliche Sicherheit oder Ordnung, insbesondere die Sicherheit des Luftverkehrs, nicht beeinträchtigt wird.

§ 5 Pflichten des Führers, Eigentümers und Halters eines Luftfahrzeugs

(1) Ein Flug darf nicht durchgeführt werden, wenn eine nach § 2 Abs. 1 und § 3 oder § 4 Abs. 1 bis 3 vorgeschriebene Flugsicherungsausrüstung nicht vorhanden oder nach den Feststellungen des Luftfahrzeugführers nicht betriebstüchtig ist.

(2) Wird eine Beeinträchtigung der Betriebstüchtigkeit der Flugsicherungsausrüstung festgestellt, so können die Flugverkehrskontrollstellen des Flugsicherungsunternehmens im Einzelfall Ausnahmen zulassen, soweit dadurch die öffentliche Sicherheit oder Ordnung, insbesondere die Sicherheit des Luftverkehrs, nicht beeinträchtigt wird. Fallen während des Fluges Teile der Flugsicherungsausrüstung aus, die für die sichere Durchführung des Fluges und für die Einhaltung der Flugsicherungsverfahren erforderlich sind, so hat der Luftfahrzeugführer die zuständige Flugverkehrskontrollstelle unverzüglich zu unterrichten. § 26 Abs. 4 der Luftverkehrs-Ordnung bleibt unberührt.

(3) Eigentümer und Halter eines Luftfahrzeugs dürfen die Durchführung eines Fluges nicht zulassen, wenn die vorgeschriebene Flugsicherungsausrüstung nicht vorhanden ist.

§ 6 Ordnungswidrigkeiten

Ordnungswidrig im Sinne des § 58 Abs. 1 Nr. 10 des Luftverkehrsgesetzes handelt, wer vorsätzlich oder fahrlässig

1. entgegen § 5 Abs. 1 einen Flug durchführt oder
2. entgegen § 5 Abs. 3 die Durchführung eines Fluges zuläßt.

Wesentliche Vorschriften über Flugsicherungsausrüstung der Luftfahrzeuge

Die folgende Übersicht dient lediglich der schnellen Information und erhebt keinen Anspruch auf Vollständigkeit.

Art des Fluges

IFR-Flüge
2 Radio, 2 VOR, 1 ADF, 1 Transponder, 1 DME, 1 ILS + MKR

VFR-Flüge
mit Luftfahrzeugen (ausgenommen Flüge am Tag an Flugplätzen ohne Flugverkehrskontrollstelle, die nicht über die Umgebung des Startflugplatzes hinausführen) 1 Radio, zusätzlich:

- In Lufträumen der Klasse C:
  1 VOR, 1 Transponder

- Bei Nacht außerhalb der Sichtweite eines für den Nachtflugbetrieb genehmigten und befeuerten Flugplatzes:
  > Im kontrollierten Luftraum:
  1 VOR, 1 Transponder
  > Im unkontrollierten Luftraum:
  1 VOR oder 1 ADF
  > Flüge über Wolkendecken:
  1 VOR oder 1 ADF

- Bei Flügen mit motorgetriebenen Luftfahrzeugen oberhalb von 5.000 ft MSL oder 3.500 ft GND (der höhere Wert ist maßgebend) 1 Transponder

Definitionen von Begriffen und Einheiten

Ortskennungen

Orte werden mit 4-Buchstaben-Abkürzungen bezeichnet, um den Ortsnamen (Flugplatz, Stadt, Fernmeldestation usw.) für die internationale Luftfahrt in kodierter Form festzulegen. Dadurch können auch in Luftfahrtmeldungen (Flugpläne usw.) diese Abkürzungen verwendet werden.

Die Welt ist in Flugfernmeldegebiete mit eigenen Identifizierungsbuchstaben unterteilt. Der erste Buchstabe der jeweiligen Ortskennung bezieht sich auf das entsprechende Flugfernmeldegebiet (Aeronautical Fixed Service Routing Area, AFSRA). Die Bundesrepublik Deutschland liegt z.B. in dem Gebiet **E**.

Mit dem zweiten Buchstaben wird der Staat, in dem der Ort liegt, gekennzeichnet. Seit der Reorganisation der Ortskennungen in der Bundesrepublik Deutschland (AIC 13/94, gültig ab 5.01.95), wird für zivile Flughäfen, Landeplätze und Einrichtungen der Buchstabe **D** und für militärische Flugplätze der Buchstabe **T** verwendet. Zivile Einrichtungen beginnen folglich mit der Buchstabengruppe **ED**, militärische mit der Buchstabengruppe **ET**.

Über die Verwendung der verbleibenden Buchstaben drei und vier kann jeder Staat frei entscheiden. Mit dem dritten Buchstaben werden sonstige Flughäfen und Landeplätze der zuständigen Flugberatungsstelle zugeordnet.

Der vierte Buchstabe entspricht normalerweise dem Anfangsbuchstaben der Stadt, auf deren Gebiet sich der Flugplatz befindet.

Beispiel 1 - EDDS

- **E** - AFSRA Europa
- **D** - Deutschland
- **D** - Verkehrsflughafen (immer D)
- **S** - Stuttgart (wenn möglich der Anfangsbuchstabe des Ortes, ausgenommen z.B. Düsseldorf = L, Hannover = V, Saarbrücken = R, Bremen = W, Leipzig = P, usw.)

Beispiel 2 - EDFE

- **E** - AFSRA Europa
- **D** - Deutschland
- **F** - zuständiger Flugberatungsdienst Frankfurt
- **E** - Egelsbach (Anfangsbuchstabe des Ortes)

Sobald Anfangsbuchstaben mehrfach vorhanden sind, gibt es besonders bei dem letzten Buchstaben der Ortskennung (Anfangsbuchstabe des Ortsnamens) jedoch auch Ausnahmeregelungen.

Ortskennungen (Zuordnung des 3. Buchstaben)

- **A** - AIS Berlin
- **B** - AIS Berlin
- **C** - AIS Berlin
- **D** - Internationale Flughäfen
- **E** - AIS Frankfurt
- **F** - AIS Frankfurt
- **G** - AIS Frankfurt
- **H** - AIS Hamburg
- **I** - Nicht verwendet

- **J** - Nicht verwendet
- **K** - AIS Köln
- **L** - AIS Düsseldorf
- **M** - AIS München
- **N** - AIS München
- **O** - AIS Berlin
- **P** - AIS München
- **Q** - AIS Nürnberg
- **R** - AIS Saarbrücken
- **S** - AIS Stuttgart
- **T** - AIS Stuttgart
- **U** - Nicht verwendet
- **V** - AIS Hannover
- **W** - AIS Bremen
- **X** - AIS Bremen
- **Y** - Nicht verwendet
- **Z** - MET

Staatszugehörigkeits- und Eintragungszeichen von Luftfahrt

Nach der LuftVZO, Anlage 1, Nr. II, führen deutsche Flugzeuge, Drehflügler, Luftschiffe und Motorsegler als Staatszugehörigkeitszeichen die Bundesflagge und den Buchstaben D sowie als besondere Kennzeichnung das Eintragungszeichen mit vier weiteren Buchstaben. Als ersten Buchstaben des Eintragungszeichens verwendet man je nach Motorisierung und Gewicht folgende Klassen:

- **A** - Flugzeuge über 20 t höchstzulässiges Fluggewicht
- **B** - Flugzeuge von 14 bis 20 t
- **C** - Flugzeuge von 5,7 bis 14 t

- **E** - Flugzeuge einmotorig bis 2 t
- **F** - Flugzeuge einmotorig von 2 bis 5,7 t
- **G** - Flugzeuge mehrmotorig bis 2 t
- **I** - Flugzeuge mehrmotorig von 2 bis 5,7 t
- **H** - Drehflügler
- **L** - Luftschiffe
- **K** - Motorsegler
- **M** - Luftsportgeräte, motorgetrieben
- **N** - Luftsportgeräte, nicht motorgetrieben
- **O** - Ballone
- **D** - Segelflugzeuge - Nach dem Buchstaben D eine Ziffernfolge von 4 Ziffern (z.B. D-1234)

Maßeinheiten, Zeiten, Höhen und Bezugsrichtungen

- **Fuß (ft)**
  Höhen über NN, geographische Höhen und Höhen über GND
- **Fuß je Minute (ft/min)**
  Vertikale Geschwindigkeit
- **Grad Celsius (° Celsius)**
  Temperatur
- **Grad mißweisend (° magnetic)**
  Windrichtung für Start und Landung
- **Grad rechtweisend (° true)**
  Windrichtung, sonstige
- **Hektopascal (hPa)**
  Höhenmessereinstellung
  Luftdruck
- **Kilogramm (kg)**
  Gewicht

- **Kilometer oder Meter (km, m)**
  Sicht und Landebahnsicht

- **Knoten (kt)**
  Horizontale Geschwindigkeiten einschließlich Windgeschwindigkeit, Fluggeschwindigkeit, Geschwindigkeit über GND

- **Meter (m)**
  Kurze Entfernungsangaben (z.B. auf einem Flugplatz)

- **Seemeilen, nautische Meilen (Nautical Mile, NM)**
  Entfernungen für Navigationszwecke

Höhendefinitionen

In der Luftfahrt werden verschiedene Höhenbegriffe verwendet, besonders für Flughöhen und zur Definition von Lufträumen. Auch in verschiedenen luftrechtlichen Vorschriften und Regeln sind diese Begriffe enthalten. Nachstehend werden in alphabetischer Reihenfolge die am häufigsten benutzten Höhenbegriffe zusammen mit ihren englischen Pendants aufgeführt.

- **Flugfläche (Flight Level, FL)**
  Eine Fläche gleichen Luftdrucks, bezogen auf den Luftdruckwert 1.013 Hectopascal (hPa). Ist ein Höhenmesser auf 1.013 hPa eingestellt, zeigt er Flugflächen an. Bei der Angabe von Flugflächen werden bei dieser Einstellung die beiden letzten Nullen des angezeigten Höhenwertes weggelassen. Eine Höhe von z.B. 10.000 ft wird als Flugfläche 100 (Flight Level 100, FL 100), eine Höhe von 7.500 ft als Flugfläche 75 (Flight Level 75, FL 75) angegeben.

- **Flughöhe über Meeresspiegel (Altitude, ALT)**
  Der senkrechte Abstand eines Luftfahrzeuges vom mittleren Meeresspiegel.

Ein auf das aktuelle QNH eingestellter Höhenmesser zeigt die ungefähre Flughöhe über MSL an.
Der Luftdruckwert QNH ist der auf mittlere Meereshöhe umgerechnete Luftdruckwert an einem Flugplatz unter der Annahme, daß die Temperaturverhältnisse am Flugplatz und unterhalb der Normalatmospäre entsprechen.
Im Sprechfunkverkehr gibt man diese Höhe z.B. mit „D-EPBJ, Flughöhe 6.000 Fuß" („DEPBJ, altitude 6.000 feet") an.

- **Fuß (Feet, ft)**
  Gerundet ergibt 1 ft einen Wert von 0,30 m, umgekehrt entspricht 1 m etwa 3,28 ft.

- **Grund (Ground, GND)**
  Die Erdoberfläche. Verwendung als Bezug für die Festlegung von Höhen. Beispiel: 2.000 Fuß über Grund (2.000 ft GND).

- **Mittlerer Meeresspiegel (Mean Sea Level, MSL)**
  Normal Null (NN). Verwendung als Bezug für die Festlegung von Höhen, z.B. 4.500 Fuß über dem mittleren Meeresspiegel (4.500 ft MSL).

Zeitsystem

Gemäß § 9a der LuftVO wird in der Luftfahrt die Koordinierte Weltzeit (Universal Time Coordinated, UTC) angewendet. Die im Luftfahrthandbuch und in den NOTAM angegebenen Zeiten entsprechen also der UTC.

Tabellarische Zusammenfassung der Maßeinheiten, Zeiten, Höhen und Bezugsrichtungen

Die wichtigsten Abkürzungen sind in der nachstehenden Tabelle zusammengefaßt und erläutert. Sie entsprechen der derzeit gültigen DIN 13312 und dem ICAO- Annex.

Maßeinheiten	Deutsch	Englisch	Text
Meter	m	m	Metre
Kilometer	km	km	Kilometre
Kilometer pro Stunde	km/Std	km/h	Kilometre per Hour
Fuß	ft	ft	Feet
Seemeile	sm	NM	Nautical Mile
Knoten	kn	kt	Knots
Landmeile	lm	SM	Statute Mile
Landmeile pro Stunde	lm/Std	mph	Statute Miles per Hour
Fuß pro Minute	ft/Min	ft/min	Feet per Minute
Meter pro Sekunde	m/s	m/sec	Metres per Second
Liter	l	l	Litre
Hectopascal	hPa	hPa	Hectopascal
Kilohertz	kHz	kc	Kilocycle
Megahertz	MHz	mc	Megacycle

Zeiten	Deutsch	Englisch	Text
Koordinierte Weltzeit		UTC	Universal Time Coordinated
Voraussichtliche Überflugzeit		ETO	Estimated Time Over
Tatsächliche Überflugzeit		ATO	Actual Time Over
Voraussichtliche Ankunftszeit		ETA	Estimated Time of Arrival
Tatsächliche Ankunftszeit		ATA	Actual Time of Arrival
Voraussichtliche Flugdauer		EET	Estimated Elapsed Time
Höchstflugdauer		END	Endurance

Höhen	Deutsch	Englisch	Text
Mittlerer Meeresspiegel	NN	MSL	Mean Sea Level
Grund		GND	Ground
Höhe über Grund		HGT	Height
Höhe über NN, Flughöhe		ALT	Altitude
Flugfläche		FL	Flight Level
Sicherheitsmindesthöhe		MSA	Minimum Safe Altitude

Geschwindigkeiten	Deutsch	Englisch	Text
Wahre Eigengeschwindigkeit	Ve	TAS	True Airspeed
Angezeigte Eigengeschwindigkeit	Va	IAS	Indicated Airspeed
Grundgeschwindigkeit	Vg	GS	Ground Speed
Windgeschwindigkeit	Vw	WV	Wind Velocity
Windrichtung/-geschwindigkeit	WV	WV	Wind/Velocity

Bezugsrichtungen	Deutsch	Englisch	Text
Rechtweisend Nord	rwN	TN	True North
Mißweisend Nord	mwN	MN	Magnetic North
Kompaß-Nord	KN	CN	Compass North
Norden	N	N	North
Osten	E	E	East
Süden	S	S	South
Westen	W	W	West

Aktuelle Sprechfunkverfahren für CVFR-Flüge

Mit der „Bekanntmachung über die Sprechfunkverfahren" in den Nachrichten für Luftfahrer Teil I, NfL I 64/01, vom 08. März 2001, hat die DFS Deutsche Flugsicherung auch den Sprechfunkverkehr für Flüge nach Sichtflugregeln im Luftraum der Klassen C und D (CVFR) neu geregelt. Die Bekanntmachung tritt am 01.06.2001 in Kraft.

Auf den folgenden drei Seiten sind diese neuen Sprechgruppen als Auszug aus den NfL veröffentlicht (mit freundlicher Genehmigung der DFS Deutsche Flugsicherung GmbH).

5. **FLÜGE NACH SICHTFLUGREGELN IM LUFTRAUM DER KLASSEN C UND D** (nicht Kontrollzone)
FLIGHTS ACCORDING TO VISUAL FLIGHT RULES IN AIRSPACE CLASSES C AND D (not control zone)

5.1 Flüge unterhalb Flugfläche 100
Flights below flight level 100

5.11 Anforderung einer Freigabe
Clearance request

L: (Lfz.-Muster) (Position) **VFR *IN*** ***FLUGHÖHE*** (Ziffern) **FUSS / FLUGFLÄCHE** (Ziffern) **ERBITTE DURCHFLUG DURCH LUFTRAUM CHARLIE / DELTA ÜBER** (Flugstrecke) ***FLUGHÖHE*** (Ziffern) **FUSS / FLUGFLÄCHE** (Ziffern)

A: (type of aircraft) (~~position~~ significant point) **VFR *AT*** ***ALTITUDE*** (figures) **FEET / FLIGHT LEVEL** (figures) **REQUEST CROSSING AIRSPACE CHARLIE / DELTA VIA** (route) ***ALTITUDE*** (figures) **FEET / FLIGHT LEVEL** (figures)

5.12 Durchflugfreigabe
Crossing clearance

B: **DURCHFLUG GENEHMIGT ÜBER** (Flugstrecke) ***FLUGHÖHE*** (Ziffern) **FUSS / FLUGFLÄCHE** (Ziffern)

G: **CROSSING APPROVED VIA** (route) ***ALTITUDE*** (figures) **FEET / FLIGHT LEVEL** (figures)

5.13 Einflug in den Luftraum
Entry into the airspace

B: **SIE FLIEGEN IN LUFTRAUM CHARLIE / DELTA EIN**

G: **YOU ARE ENTERING AIRSPACE CHARLIE / DELTA**

5.14 Streckenanweisung
Route instruction

B: **FLIEGEN SIE AUF RADIAL** (drei Ziffern) **VON** (Name der VOR) **BIS** (Position)

G: **PROCEED ON RADIAL** (three figures) **OF** (name of VOR) **TO** (significant point)

5.15 Höhenanweisung
Level instruction

B: **HALTEN SIE** *FLUGHÖHE* (Ziffern) **FUSS / FLUGFLÄCHE** (Ziffern)

G: **MAINTAIN** *ALTITUDE* (figures) **FEET / FLIGHT LEVEL** (figures)

B: **ÜBERFLIEGEN SIE** (Position) **IN** *FLUGHÖHE* (Ziffern) **FUSS / FLUGFLÄCHE** (Ziffern) *ODER HÖHER / TIEFER*

G: **CROSS** (significant point) **AT** *ALTITUDE* (figures) **FEET / FLIGHT LEVEL** (figures) *OR ABOVE / BELOW*

B: *NACH ÜBERFLIEGEN VON (Position)* **STEIGEN / SINKEN SIE AUF** *FLUGHÖHE* (Ziffern) **FUSS / FLUGFLÄCHE** (Ziffern)

G: *AFTER PASSING (significant point)* **CLIMB / DESCEND** *ALTITUDE* (figures) **FEET / FLIGHT LEVEL** (figures)

B: **MELDEN SIE VERLASSEN / DURCHFLIEGEN / ERREICHEN VON** *FLUGHÖHE* (Ziffern) **FUSS / FLUGFLÄCHE** (Ziffern)

G: **REPORT LEAVING / PASSING / REACHING** *ALTITUDE* (figures) **FEET / FLIGHT LEVEL** (figures)

5.16 Warteanweisung
Holding instructions

B: **WARTEN SIE ÜBER** (Position) *ERWARTEN SIE FREIGABE UM (Zeit) / IN (Minuten)*

G: **HOLD OVER** (significant point) *EXPECT CLEARANCE AT (time) / IN (minutes)*

5.17 Anfordern einer geänderten Freigabe (z.B. wegen Wetter)
Request for revised clearance (e.g. due to weather)

L: **ERBITTE** *FLUGHÖHE* (Ziffern) **FUSS / FLUGFLÄCHE** (Ziffern) **ÜBER** (Strecke) *WEGEN (Begründung)*

A: **REQUEST** *ALTITUDE* (figures) **FEET / FLIGHT LEVEL** (figures) **VIA** (route) *DUE TO (reason)*

5.18 Verlassen des Luftraums
Leaving the airspace

B: **VERLASSEN SIE LUFTRAUM CHARLIE / DELTA RICHTUNG / STEUERKURS** (drei Ziffern) / *FLUGHÖHE* (Ziffern) **FUSS / FLUGFLÄCHE** (Ziffern) *(Begründung)*

G: **LEAVE AIRSPACE CHARLIE / DELTA DIRECTION / HEADING** (three figures) / *ALTITUDE* (figures) **FEET / FLIGHT LEVEL** (figures) *(reason)*

L: **VERLASSE LUFTRAUM CHARLIE / DELTA**

A: **LEAVING AIRSPACE CHARLIE / DELTA**

B: **SIE VERLASSEN LUFTRAUM CHARLIE / DELTA**

G: **YOU ARE LEAVING AIRSPACE CHARLIE / DELTA**

5.2 Flüge in und oberhalb Flugfläche 100
     Flights at and above flight level 100

5.21 Anforderung einer Freigabe
     Clearance request

A: (type of aircraft) **SPEED** (figures) **POSITION** (significant point)
    ALTITUDE (figures) **FEET / FLIGHT LEVEL** (figures) **VFR TO** (destina-
    tion) **REQUEST ENTERING AIRSPACE CHARLIE AND FLIGHT LEVEL**
    (figures) **VIA** (route)

5.22 Freigabe
     Clearance

G: **ENTER AIRSPACE CHARLIE CLIMB FLIGHT LEVEL** (figures) **PRO-
    CEED TO** (significant point)

5.23 Anweisung zum Verlassen des Luftraums
     Instruction to leave airspace

A: **DESCEND BELOW FLIGHT LEVEL 100**

5.3 Gebräuchliche Anweisungen bei Radarführung
     Common instructions for radar vectoring

B: **SQUAWK** (Code)   G: **SQUAWK** (code)
B: **SQUAWK IDENT**   G: **SQUAWK IDENT**

5.3 ctd.

B: **IDENTIFIZIERT** *(Position)*   G: **IDENTIFIED** *(position)*
B: **RADARKONTAKT** *(Position)*   G: **RADAR CONTACT** *(position)*
B: **DREHEN SIE LINKS / RECHTS**   G: **TURN LEFT / RIGHT HEADING**
   STEUERKURS (drei Ziffern)   (three figures) *FOR SEPARA-
   ZUR STAFFELUNG   TION*

5.31 Beendigung der Radarführung
     Termination of radar vectoring

B: **RADARFÜHRUNG BEENDET**   G: **RADAR VECTORING TERMI-
   ÜBERNEHMEN SIE EIGEN-   **NATED RESUME OWN NAVI-**
   NAVIGATION POSITION (Posi-   **GATION POSITION** (significant
   tion)   point)

36

Kapitel 2
Luftrecht

Allgemeines

Rechtliche Grundlagen

In Artikel 73 Nr. 6 des Grundgesetzes der Bundesrepublik Deutschland ist die ausschließliche Kompetenz des Bundes zur Gesetzgebung über den Luftverkehr festgelegt. Die Länder haben bei der Luftverkehrsgesetzgebung keine Befugnis.

Basis des Luftverkehrsrechts ist das Luftverkehrsgesetz (LuftVG), das neben grundlegenden Vorschriften die Ermächtigung für den Bundesminister für Verkehr (BMV) enthält, die für die Luftverkehrsregelung notwendigen Rechtsverordnungen zu erlassen. Die wichtigsten Rechtsverordnungen sind:

- Luftverkehrs-Ordnung (LuftVO)

- Luftverkehrs-Zulassungs-Ordnung (LuftVZO)

- Verordnung über Luftfahrtpersonal (LuftPersV)

- Betriebsordnung für Luftfahrtgerät (LuftBO)

- Prüfordnung für Luftfahrtgerät (Luft-GerPO)

- Bauordnung für Luftfahrtgerät (Luft-BauO)

- Verordnung über die Flugsicherungsausrüstung der Luftfahrzeuge (FSAV)

- Verordnung über Flugfunkzeugnisse (FlugfunkV)

- Verordnung über die Betriebsdienste der Flugsicherung (FSBetrV)

- Flugsicherungs-An- und -Abflug-Gebühren-Verordnung

- Kostenverordnung der Luftfahrtverwaltung (LuftKostV)

In diesen Rechtsverordnungen sind weitere Ermächtigungen zum Erlaß von Durchführungsverordnungen (DVO) und zur Herausgabe von Bekanntmachungen enthalten. Mit Durchführungsverordnungen und Bekanntmachungen werden Einzelheiten zu bestimmten Bereichen der Luftfahrt festgelegt. In weiteren Gesetzen sind z.B. Einzelheiten über das Luftfahrt-Bundesamt und über den Schutz gegen Fluglärm geregelt.

Die oberste Luftfahrtbehörde ist das Bundesministerium für Verkehr (BMV). Nachgeordnet sind neben dem Luftfahrt-Bundesamt (LBA) weitere vom BMV bestimmte Stellen wie z.B. die DFS Deutsche Flugsicherung GmbH. Die von den Länderverwaltungen durchgeführten Verwaltungsaufgaben für die Luftfahrt sind u.a.:

- Erlaubnis für Privatpiloten

- Genehmigung von Flugplätzen

- Genehmigung kleinerer Luftfahrtunternehmen

- Genehmigung von Luftfahrtveranstaltungen

- Erteilung der Erlaubnis zum Starten und Landen außerhalb der genehmigten Flugplätze

- Erteilung der Erlaubnis zu besonderer Benutzung des Luftraums.

Luftverkehrsgesetz (LuftVG)

Das LuftVG enthält grundlegende Vorschriften für den Luftverkehr und die Durchführung der Luftverkehrsverwaltung:

A. Luftverkehr

- Luftfahrzeuge und Luftfahrtpersonal

- Flugplätze

- Luftfahrtunternehmen/-veranstaltungen

- Verkehrsvorschriften

- Flugplankoordinierung und Flugsicherung

- Enteignung

- Gemeinsame Vorschriften

B. Haftpflicht

- Haftung für Personen und Sachen, die nicht im Luftfahrzeug befördert werden

- Haftung aus dem Beförderungsvertrag

- Haftung für militärische Luftfahrzeuge

- Gemeinsame Haftpflichtvorschriften

C. Straf- und Bußgeldvorschriften

Verordnungen zum Luftverkehrsgesetz

Luftverkehrs-Ordnung (LuftVO)

Die LuftVO hat folgende Abschnitte:

1. Pflichten der Teilnehmer am Luftverkehr

2. Allgemeine Regeln

3. Sichtflugregeln

4. Instrumentenflugregeln

5. Bußgeld- und Schlußvorschriften

Die Anlagen enthalten Vorschriften über die von Luftfahrzeugen zu führenden Lichter, Signale und Zeichen, Halbkreis-Flughöhen, Luftraumklassifizierung und Flugverkehrsdienste, Bedingungen für Flüge nach Instrumenten- und Sichtflugregeln und ausnahmeberechtigte Flugzeuge.

In weiteren Durchführungsverordnungen und Bekanntmachungen werden u.a. die in der Luftfahrt zu benutzenden Maßeinheiten, die Einteilung des Luftraums, Flugplanabgabe, Sprechfunkverfahren, Funkausfallverfahren, Funkfrequenzen, Abgabe von Standortmeldungen und Höhenmessereinstellung geregelt.

Luftverkehrs-Zulassungs-Ordnung (LuftVZO)

Die LuftVZO enthält die Abschnitte:

1. Zulassung des Luftfahrtgeräts und Eintragung der Luftfahrzeuge

2. Luftfahrtpersonal

3. Flugplätze

4. Verwendung und Betrieb von Luftfahrtgerät

5. Haftpflicht- und Unfallversicherung, Hinterlegung

6. Kosten, Ordnungswidrigkeiten und Schlußvorschriften

In den Anlagen sind Vorschriften über den Eintragungsschein und das Lufttüchtigkeits-

zeugnis sowie zur Kennzeichnung von Luftfahrzeugen, für die Luftfahrerschulen, für
die Anerkennung fliegerärztlicher Untersu-
chungsstellen und spezielle Anerkennungs-
verfahren enthalten.

Verordnung über Luftfahrtpersonal (LuftPersV)

Die LuftPersV hat die folgenden Abschnitte:

1. Erlaubnisse und Berechtigungen für Luftfahrer

2. Erlaubnisse und Berechtigungen für sonstiges Luftfahrtpersonal

3. Gemeinsame Vorschriften

4. Ordnungswidrigkeiten und Schlußvor-schriften

In direktem Zusammenhang mit der Luft-
PersV stehen die „Richtlinien des Bundesministeriums für Verkehr für die Ausbildung
und Prüfung des Luftfahrtpersonals". Durch
diese Richtlinien ist sichergestellt, daß Ausbildung und Prüfung von Luftfahrern bundes-
einheitlich durchgeführt werden.

Betriebsordnung für Luftfahrtgerät (LuftBO)

Diese Vorschrift richtet sich an Halter von
Luftfahrzeugen und an Luftfahrzeugführer.
Die Abschnitte enthalten die Bestimmungen
beim Betrieb von Luftfahrzeugen:

1. Allgemeine Vorschriften

2. Allgemeine technische Betriebsvor-schriften

3. Besondere technische Betriebsvor-schriften

4. Ausrüstung der Luftfahrzeuge

5. Allgemeine Flugbetriebsvorschriften

6. Besondere Flugbetriebsvorschriften

7. Bußgeld- und Schlußvorschriften

Prüfordnung für Luftfahrtgerät (LuftGerPO)

Diese Verordnung regelt die Feststellung der
Verkehrssicherheit (Lufttüchtigkeit) des Luft-
fahrtgeräts durch Prüfung (Musterprüfung,
Stückprüfung, Nachprüfung). Die LuftGer-
PO gliedert sich in folgende Abschnitte:

1. Allgemeine Vorschriften

2. Musterprüfung

3. Stückprüfung

4. Nachprüfung

5. Besondere Vorschriften

6. Schlußvorschriften

Bauordnung für Luftfahrtgerät (LuftBauO)

Die LuftBauO fordert, daß Luftfahrtgerät nach
bestimmten Bauvorschriften hergestellt werden muß. Für die Musterzulassung von Luftfahrtgerät ist inzwischen weitgehend die „Federal Airworthiness Requirements" (FAR)
der US-Luftfahrtbehörde FAA übernommen worden. Im Rahmen des europäischen
Zusammenschlusses haben die europäischen Luftfahrtbehörden (Joint Aviation Authorities, JAA) beschlossen, europäische
Bauvorschriften anzuwenden (Joint Aviation
Requirements, JAR).

Verordnung über die Flugsicherungs-ausrüstung der Luftfahrzeuge (FSAV)

Bei der Anwendung von Flugsicherungsverfahren müssen Luftfahrzeuge mit bestimmten Geräten (z.B. Sprechfunkgerät) ausgerüstet sein. Die FSAV legt diese Ausrüstung fest und beschreibt zum Teil die technischen Einzelheiten (z.B. Frequenzbereich).

Verordnung über Flugfunkzeugnisse (FlugfunkV)

In der FlugfunkV sind die Prüfungen zum Erwerb der Flugfunkzeugnisse geregelt:

* Allgemeines Sprechfunkzeugnis für den Flugfunkdienst (AZF)

* Beschränkt Gültiges Sprechfunkzeugnis I für den Flugfunkdienst (BZF I)

* Beschränkt Gültiges Sprechfunkzeugnis II für den Flugfunkdienst (BZF II).

Verordnung über die Betriebsdienste der Flugsicherung (FSBetrV)

Die Verordnung über die Betriebsdienste der Flugsicherung (FSBetrV) beschreibt, wie die Flugsicherung die einzelnen Betriebsdienste durchzuführen hat (u.a. Flugverkehrskontrolle, Umfang des Fluginformationsdienstes, Stufen des Flugalarmdienstes, Unterlagen des Flugberatungsdienstes).

Flugsicherungs-An- und -Abflug-Gebühren-Verordnung

Dienste und Einrichtungen der Flugsicherung beim An- und Abflug an den internationalen Verkehrsflughäfen sind kostenpflichtig. Die Höhe der Gebühren richtet sich nach der zulässigen Starthöchstmasse des Luftfahrzeuges.

Kostenverordnung der Luftfahrtverwaltung (LuftKostV)

Auch Amtshandlungen der Luftfahrtverwaltung sind kostenpflichtig (Gebühren und Auslagen). U.a. werden in der LuftKostV die Kosten für die PPL-Prüfungen, für die Zulassung eines Flugzeuges, für die Genehmigung eines Flugplatzes und sogar für die Erlaubnis zum Unterschreiten der Sicherheitsmindesthöhe geregelt.

Verordnung zur Beauftragung eines Flugsicherungsunternehmens (FS-AuftragsV)

In dieser Verordnung wird die Beauftragung der DFS Deutsche Flugsicherung GmbH geregelt.

Verordnung über das erlaubnispflichtige Personal für Flugsicherung und seine Ausbildung (FSPAV)

Beschrieben werden in dieser Verordnung alle mit dem Personal der Flugsicherung zusammenhängenden Regelungen:

1. Anwendungs- und Erlaubnispflicht

2. Ausbildungen, Prüfungen, Erlaubnisse und Berechtigungen

3. Ausbildungsstätten

4. Übergangsbestimmungen

Luftfahrtverwaltung

Bundesminister für Verkehr (BMV)

In der Hierarchie der Luftfahrtbehörden steht die Abteilung Luft- und Raumfahrt des Bundesministers für Verkehr an oberster Stelle. Ihr unterstehen unmittelbar das Luftfahrt-Bundesamt und der Deutsche Wetterdienst. Die Aufgaben der Abteilung Luft- und Raumfahrt beim BMV umfassen:

- Genehmigung von Flugplätzen

- Genehmigung des Linienverkehrs und des gewerblichen Gelegenheitsverkehrs deutscher und ausländischer Luftfahrtunternehmen

- Gewährleistung von Sicherheit und Ordnung am Fluggerät, im Flugbetrieb und beim Luftfahrtpersonal

- Grundsatzfragen der Flugsicherung und Luftraumplanung, Aufsicht über die Durchführung der Flugsicherungsbetriebsdienste

- Angelegenheiten der Luftsicherung (Abwehr äußerer Gefahren)

- Festsetzung der Strukturreform der Flugsicherung auf europäischer Ebene (Eurocontrol)

- Umweltschutz im Luftverkehr

- Sicherung der deutschen Luftverkehrsinteressen im Ausland in bilateralen Verträgen

- Vertretung der deutschen Luftfahrtinteressen in der Europäischen Union (EU), der Europäischen Zivilluftfahrt-Konferenz (ECAC), der Arbeitsgemeinschaft europäischer Luftfahrtbehörden (JAA), in der Internationalen Zivilluftfahrt-Organisation (ICAO) und der Weltorganisation für Meteorologie (WMO)

Die DFS Deutsche Flugsicherung GmbH nimmt im Auftrag des BMV im Rahmen des Luftverkehrsgesetzes die Flugsicherungsaufgaben in der Bundesrepublik Deutschland wahr (Exekutivbefugnis).

Für Rechtsverordnungen innerhalb des Luftverkehrsgesetzes sowie für die Weitergabe von Ermächtigungen hierzu ist der BMV zuständig. Das Luftfahrt-Bundesamt (LBA) beispielsweise ist ermächtigt, Flugverfahren mit Flugwegen, Flughöhen und Meldepunkte durch Rechtsverordnung festzulegen und zu veröffentlichen.

Luftfahrt-Bundesamt (LBA)

Für Aufgaben in der Zivilluftfahrt wurde 1954 das Luftfahrt-Bundesamt durch Gesetz errichtet. Es hat seinen Sitz in Braunschweig. Als Unterbehörde des Bundesministers für Verkehr hat es folgende Hauptaufgaben:

- Feststellung der Verkehrssicherheit des Luftfahrtgeräts (Lufttüchtigkeitsprüfung)

- Musterzulassung des Luftfahrtgeräts

- Verkehrszulassung des Luftfahrtgeräts

- Führung der Luftfahrzeugrolle und Verzeichnis für Luftfahrtgerät

- Erteilung von Erlaubnissen für Berufsflugzeugführer 1. Klasse, Linienflugzeugführer, Führer von Drehflüglern, Flugnavigatoren, Flugingenieuren etc.

- Fachliche Untersuchung von Störungen beim Betrieb von Luftfahrzeugen

- Mitwirkung bei der Durchführung des Such- und Rettungsdienstes

- Sammlung von Nachrichten über Luftfahrer und Luftfahrtgerät und Auskunftserteilung über diese Nachrichten

- Herausgabe von Rechtsverordnungen über Flugverfahren, Flugwege, Flughöhen und Meldepunkte

Länderbehörden und andere Beauftragte

Die Luftfahrtbehörden der Länder haben im Rahmen der Bundesauftragsverwaltung folgende wichtige Aufgaben:

- Erteilen der Erlaubnis für Privatflugzeugführer, Berufsflugzeugführer 2. Klasse, nichtberufsmäßige Führer von Drehflüglern, Führer von Motorseglern, Segelflugzeugführer, Freiballonführer usw.

- Erteilen der Erlaubnis für die Ausbildung des im letzten Punkt genannten Luftfahrtpersonals

- Genehmigung von Luftfahrtveranstaltungen

- Erlaubnis von Außenstarts und Außenlandungen

- Erteilung der Erlaubnis zur besonderen Benutzung des Luftraumes für Kunstflüge, Schleppflüge, Reklameflüge, Aufstiege von Frei- und Fesselballons, Abweichung von Sicherheitsmindesthöhen und Sicherheitsmindestabständen etc.

- Luftaufsicht, sofern nicht bereits von der DFS oder dem LBA ausgeübt

Der BMV hat gemäß Ermächtigung verschiedene Aufgaben an einzelne Institutionen und Einzelpersonen übertragen, zum Beispiel:

- Wahrnehmung der Aufgaben der Flugplankoordinierung > Flugplankoordinator der Bundesrepublik Deutschland

- Wahrnehmung von Aufgaben im Zusammenhang mit der Benutzung des Luftraums durch Luftsportgeräte > Deutscher Aero Club e.V., Deutscher Hängegleiterverband e.V., Deutscher Ultraleichtflugverband e.V.

Diese Institutionen unterliegen der Fach- und Rechtsaufsicht des BMV und sind an Richtlinien gebunden.

Deutscher Wetterdienst (DWD)

Der Deutsche Wetterdienst (DWD) wurde zur Durchführung des Wetterdienstes in der Bundesrepublik Deutschland durch Gesetz im November 1952 gegründet. Zu seinen Aufgaben gehört es u.a., die meteorologische Sicherheit der Luftfahrt im Rahmen des Flugwetterdienstes sicherzustellen. Dazu gehören:

- Erstellung von Beratungsunterlagen für Flüge im Europa-Mittelmeerbereich

- Schriftliche und mündliche Wetterberatung des Luftfahrtpersonals inkl. Versorgung des Luftfahrtpersonals mit allen für die Planung und Durchführung von Flügen erforderlichen meteorologischen Meldungen und Vorhersagen

- Versorgung der Flugverkehrskontrollstellen mit allen Wettermeldungen und Vorhersagen für die Luftverkehrssicherheit und die Übermittlung an Luftfahrzeuge im Flug

- Durchführung eines Luftfahrt-orientierten Wetterbeobachtungs- und Meldedienstes

Flugwetterdienst

Alle Wetterinformationen für die Luftfahrt sind standardisiert. Dies ist die Voraussetzung für ein weltweit einheitliches System für die Sicherung der Luftfahrt, das Weltgebietsvorhersagesystem (WAFS). Es besteht aus den drei Ebenen World Area Forecast Centres (WAFCs), Regional Area Forecast Centres (RAFCs) und National Meteorological Centres (NMCs).

Die WAFCs London und Washington erarbeiten und verbreiten globale Wind- und Temperaturvorhersagen für die Höhenbereiche bis FL 390 sowie Vorhersagen signifikanter Wettererscheinungen (SWCs). Weltweit verteilte RAFCs wie Offenbach, Paris, Neu Delhi u.a. versorgen ihre Regionen. Für die nationale meteorologische Sicherung der Luftfahrt sind die NMCs verantwortlich. In Deutschland ist dies der Deutsche Wetterdienst (DWD) in Offenbach.

Flugwetterberatung in Deutschland

Der Deutsche Wetterdienst (DWD) hat die gesetzliche Aufgabe der meteorologischen Sicherung der zivilen Luftfahrt in der Bundesrepublik Deutschland.

Die flugmeteorologische Betreuung übernehmen die 7 Regionalzentralen (RZ) Hamburg, Potsdam/Berlin, Essen/Düsseldorf, Offenbach, Leipzig, Stuttgart und München mit integrierten Luftfahrtberatungszentralen (LBZ) und den Flugwetterwarten (FWW) Hamburg, Bremen, Hannover, Berlin-Schönefeld, -Tegel, -Tempelhof, Düsseldorf, Köln/Bonn, Münster/Osnabrück, Frankfurt, Saarbrücken, Leipzig, Dresden, Erfurt, Stuttgart, München und Nürnberg.

Die Regionalzentralen erarbeiten Berichte und Warnungen, die Luftfahrtberatungszentralen sind für die individuelle Beratung zuständig. Sie verfassen Berichte für die Allgemeine Luftfahrt, üben den Warndienst für den angeschlossenen Bereich aus und erstellen Flugwettervorhersagen (TAF, Trend) für die angeschlossenen Flughäfen.

Die Flugwetterwarten stellen Flugdokumentationen für die Luftfahrt zusammen und geben Informationen und einfache Auskünfte. Flugwetterinformationen können über Anrufbeantworter, Mailbox, T-Online, Telefax, Telefonansagedienst sowie von Luftfahrtberatungszentralen und festgelegten Flugwetterwarten telefonisch abgerufen werden.

Allgemeine Wetterdaten

Die folgenden vom DWD gelieferten Wetterdaten sind für viele fliegerische Situationen von Bedeutung (alphabetische Reihenfolge):

- Bodenwind

- Höhenwind

- Luftdruck

- Luftfeuchte

- Sicht am Boden

- Sicht an der Landebahn

- Temperatur am Boden

- Temperatur in der Höhe

- Wettererscheinungen (Nebel, Schneefall, Gewitter, Hagel usw.)

- Wolkenobergrenze

- Wolkenuntergrenze

Bodenwettermeldungen (METAR)

Beispiel

Station - Hamburg weather

Beobachtungszeit - Observation time 1020 (Täglich rund um die Uhr zur vollen Stunde H+20 Min. und H+50 Min.).

Bodenwind - Wind 300 degrees, 20 knots (Messung in 10 m über Grund der Windrichtung, Windgeschwindigkeit, Windspitzen (Böen) und Schwankungen der Windrichtung).

Sichtweite - Visibility 4.000 meters (Gemeldet wird immer die minimale horizontale Bodensichtweite. Die Sichten werden bis 5.000 m in m, bis 10 km in km und über 10 km mit 10 km gemeldet).

Gegenwärtiges Wetter - Drizzle (Für die Luftfahrt bedeutende Wettererscheinungen, die seit der letzten METAR-Meldung (nicht jedoch zum Beobachtungstermin) aufgetreten sind).

Bedeckungsgrad - 3.000 ft scattered, 6.000 ft broken (Schätzung in Achtel. FEW - Few = 1-2 Achtel = leicht bewölkt, SCT - Scattered = 3-4 Achtel = mittel bewölkt, BKN - Broken = 5-7 Achtel = stark bewölkt, OVC - Overcast = 8 Achtel = bedeckt, SKC - Sky clear = Himmel wolkenlos, CAVOK = Sichtweite 10 km und >, keine Bewölkung unter 5.000 ft, kein Cumulonimbus (CB); kein Niederschlag, Gewitter, flacher Bodennebel, Sand- oder Staubsturm, Sand- oder Schneefegen).

Temperatur - 12 degrees centigrade (Messung in 2 m Höhe, gültig für das vollständige Bahnsystem).

Taupunkt - dewpoint 10 centigrade (Messung in 2 m Höhe, gültig für das vollständige Bahnsystem).

Luftdruck - QNH 1012 hPa (QNH-Berechnung aus dem herrschenden Luftdruck, Angabe in 1/10 hPa).

Gegenwärtiges und vorhergesagtes signifikantes Wetter				
1 - Intensität oder Nähe	**2 - Deskriptor**	**3 - Niederschlag**	**4 - Trübungserscheinungen**	**5 - Andere**
- leicht	**MI** Flach	**DZ** Sprühregen	**BR** Feuchter Dunst	**PO** Kleintrombe (Staub-, Sand- wirbel, Sandteufel)
mäßig (ohne Symbol)	**BC** -schwaden	**RA** Regen	**FG** Nebel	
	DR -fegen	**SN** Schnee	**FU** Rauch	
+ stark (bzw. gut entwickelt, im Fall von Kleintromben (PO) oder Groß-tromben (FC))	**PR** Teil des Flughafens bedeckend	**SG** Schneegrie-sel	**VA** Vulkanasche	**SQ** Böen
		IC Eiskristalle (Diamantstaub)	**DU** Verbreitet Staub	**FC** Wolken-schlauch, Groß-trombe (Tornado, Wind/Wasser-hose)
	BL -treiben			
VC In der Nähe	**SH** Schauer	**PE** Eiskörner	**SA** Sand	
	TS Gewitter	**GR** Hagel	**HZ** Trockener Dunst	**SS** Sandsturm
	FZ (gefrierend (unterkühlt)	**GS** kleiner Hagel oder Reif-/Frost-graupel		**DS** Staubsturm

1. VC (in der Nähe) wird für Erscheinungen angewendet, die in einer Entfernung bis zu 8 km von der Flugplatzbegrenzung, jedoch nicht direkt am Flugplatz auftreten.
2. BR (feuchter Dunst) wird angewendet bei Sichtweite von 1.000 m oder mehr bis 5.000 m.
3. Bei einer Niederschlagskombination wird die intensitätsstärkere Niederschlagsart zuerst genannt. Z.B. +RASN
4. Intensitätsangaben bei Gewitter mit Niederschlag beziehen sich auf Niederschlag. Tritt kein Niederschlag auf, ist TS ohne weitere Buchstabenabkürzung zu melden.

DFS Deutsche Flugsicherung GmbH

Die DFS wurde als Nachfolgeorganisation der Bundesanstalt für Flugsicherung mit den Aufgaben der Flugsicherung ab Januar 1993 vom BMV beauftragt. Im Außenverhältnis hat die DFS Behördencharakter im Sinne des Verwaltungsverfahrensgesetzes.

Sämtliche Anteile der GmbH hält der Bund. Die Aufgabe der Flugsicherung besteht darin, einen sicheren, geordneten und flüssigen Luftverkehr zu gewährleisten und abzuwickeln. Dazu gehören insbesondere:

- Flugsicherungsbetriebsdienste

- Flugsicherungstechnische Dienste

- Planung und Erprobung von Verfahren und Einrichtungen für die Flugsicherung

- Sammlung und Bekanntgabe von Nachrichten für die Luftfahrt, Herstellung und Herausgabe von Luftfahrtkarten und Veröffentlichung von Verfahrensvorschriften für die Luftfahrt

Internationale Zivilluftfahrtorganisation (ICAO)

Die Internationale Zivilluftfahrtorganisation ICAO (International Civil Aviation Organisation) entstand 1947 durch das Abkommen von Chicago. Zu den Aufgaben gehören alle Maßnahmen zur Förderung der internationalen Zivilluftfahrt, ohne in die Souveränitätsrechte der einzelnen Mitglieder einzugreifen.

Die ICAO ist eine Sonderorganisation der UNO und hat ihren Sitz in Montreal (Kanada). Zur besseren Regelung regionaler Probleme im Luftverkehr hat die ICAO weltweit Regionen eingerichtet und jeder Region ein Regionalbüro zugeordnet.

Das Europäische Regionalbüro befindet sich in Paris. Die meisten Staaten der Welt sind Mitglied der ICAO und arbeiten aktiv an ihren Zielen mit:

- Gewährleistung eines weltweiten sicheren und geordneten Wachstums der internationalen Zivilluftfahrt

- Förderung des Baus und Betriebs von Luftfahrzeugen zu friedlichen Zwecken

- Förderung der Entwicklung von Flugstrecken, Flughäfen und Luftfahrteinrichtungen für die internationale Zivilluftfahrt

- Den Bedürfnissen der Völker nach einem sicheren, regelmäßigen, leistungsfähigen und wirtschaftlichen Luftverkehr zu entsprechen

- Förderung der Flugsicherheit in der internationalen Zivilluftfahrt durch Einführung weltweit einheitlicher Richtlinien

In sogenannten *Annexes* (Anhängen) zum ICAO-Abkommen hat die ICAO Richtlinien und Empfehlungen zu verschiedenen Bereichen der Luftfahrt veröffentlicht. Zusammen mit den Mitgliedsstaaten werden sie entsprechend der Entwicklung des Luftverkehrs ständig überarbeitet.

- **Anhang 1 -** Personnel Licensing (Zulassung und Ausbildung von Luftfahrtpersonal)

- **Anhang 2 -** Rules of the Air (Flugverkehrsregeln)

- **Anhang 3 -** Meteorology (Flugwetterdienst)

- **Anhang 4 -** Aeronautical Charts (Luftfahrtkarten)

- **Anhang 5 -** Units of Measurement (Maßeinheiten)

- **Anhang 6 -** Operation of Aircraft (Flugbetrieb)

- **Anhang 7 -** Aircraft Nationality and Registration Marks (Luftfahrzeugkennzeichen)

- **Anhang 8 -** Airworthiness of Aircraft (Lufttüchtigkeit von Luftfahrzeugen)

- **Anhang 9 -** Facilitation of International Air Transport (Erleichterungen für den internationalen Luftverkehr)

- **Anhang 10 -** Aeronautical Telecommunication (Flugfernmeldeverkehr)

- **Anhang 11 -** Air Traffic Services (Flugverkehrsdienste)

- **Anhang 12 -** Search and Rescue (Such- und Rettungsdienst)

- **Anhang 13 -** Aircraft Incident Inquiry (Flugunfalluntersuchungen)

- **Anhang 14 -** Aerodromes (Flugplätze)

- **Anhang 15 -** Aeronautical Information Service (Flugberatungsdienst)

- **Anhang 16 -** Aircraft Noise (Fluglärm)

- **Anhang 17 -** Security (Luftsicherheit)

- **Anhang 18 -** Safe Transport of Dangerous Goods by Air (Lufttransport von gefährlichen Gütern)

Außerdem gibt die ICAO *Documents* (Dokumente) und *Manuals* (Handbücher) heraus, in denen weitere Details geregelt werden. Die wichtigsten *Documents* sind:

- **DOC 4444/PANS-RAC -** Rules of the Air and Air Services / Luftverkehrsregeln und Flugverkehrsdienste

- **DOC 8168/PANS-OPS -** Aircraft Operations / Betrieb von Luftfahrzeugen

- **DOC 7910 -** Location Indicators / Ortskennungen

- **DOC 8400 -** Abbreviations and Codes / Abkürzungen und Codes

Zu weiteren Veröffentlichungen der ICAO zählen z.B. die Manuals (Handbücher), die Sonderuntersuchungen und Informationen für die Vertragsstaaten (z.B. Standardhöhenmessereinstellung, atmosphärische Turbulenz bezüglich der Luftfahrt) enthalten.

Die ICAO-Mitgliedsstaaten haben sich verpflichtet, ihren Luftverkehr nach den Richtlinien und Empfehlungen der ICAO einzurichten und durchzuführen - Abweichungen müssen der ICAO mitgeteilt werden.

Bis auf wenige Ausnahmen richtet sich Deutschland genau nach den Richtlinien und Empfehlungen der ICAO. In vielen Fällen sind diese in nationale Luftfahrtgesetze und -vorschriften bereits übernommen worden.

Die besondere Leistung der ICAO ist die weltweite Vereinheitlichung der Luftverkehrsregeln und die Schaffung der Grundlagen für einen reibungslosen internationalen Luftverkehr.

So werden z.B. weltweit die gleichen Sprechfunkverfahren verwendet, die Piloten nach einheitlichen Richtlinien ausgebildet und Funknavigationsanlagen nach einem festgelegten technischen Standard errichtet und betrieben.

Um den weltweiten Anforderungen der Luftfahrt gerecht zu werden, hat man die Erde in 8 ICAO-Regionen eingeteilt (nicht vollständig identisch mit geographischen oder staatlichen Grenzen).

- **AFI -** Africa / Indian Ocean (Afrika / Indischer Ozean)

- **CAR -** Carribian (Karibische See)

- **EUR -** Europe (Europa / Nordafrika)

- **MID/ASIA -** Middle East / Asia (Mittlerer Osten / Asien)

- **NAM -** North America (incl. Arctic) (Nordamerika)

- **NAT -** North Atlantic (Nordatlantik)

- **PAC -** Pacific (Pazifik)

- **SAM -** South America (Südamerika)

Joint Aviation Authorities (JAA)

Die Joint Aviation Authorities sind ein Zusammenschluß verschiedener europäischer Luftfahrtbehörden mit dem Ziel, nationale Vorschriften zu vereinheitlichen und europäische Standards und Luftfahrtvorschriften zu erarbeiten und einzuführen.

Die Standards werden als sogenannte *Joint Aviation Requirements* (JARs) herausgegeben und im Wege der Anerkennung in nationales Recht überführt. Ausgenommen sind europäische Vorschriften, sofern sie nicht unmittelbar national gültig sein können.

Da die JAA erst Anfang der 70er Jahre die Arbeit aufgenommen haben, konnte bisher nur ein Teil der geplanten JARs entwickelt werden (z.B. JARs zur einheitlichen Anwen-

dung von Bau- und Zulassungsvorschriften). Standards für den Flugbetrieb, die Pilotenlizensierung und andere Luftfahrtbereiche sollen folgen.

Allerdings ist die Realisierung dieser Standards eine extrem zeitaufwendige Angelegenheit, da alleine schon die Übersetzungs- und Anpassungsprozeduren in den einzelnen Ländern einige Jahre benötigen.

Eurocontrol

Eurocontrol (Europäische Organisation zur Sicherung der Luftfahrt) wurde durch das internationale Übereinkommen über Zusammenarbeit zur Sicherung der Luftfahrt zwischen 7 europäischen Staaten 1960 gegründet. Die Bundesrepublik hat diesem Übereinkommen durch Gesetz 1962 zugestimmt. Sitz der Organisation ist Brüssel.

Die Aufgabe von *Eurocontrol* ist die Intensivierung der Zusammenarbeit zwischen den Vertragsstaaten auf dem Gebiet der Luftfahrt u.a. durch gegenseitige Anpassung der europäischen Flugsicherung, Entwicklung und Steigerung der europäischen Flugsicherungskapazität und Aufbau einer einheitlichen europäischen Verkehrsflußsteuerung.

Durch Beschluß der Mitgliedsstaaten Belgien, Bundesrepublik Deutschland, Luxemburg und der Niederlande wurde Eurocontrol beauftragt, die Flugsicherungsdienste im oberen Luftraum über diesen Staaten in den oberen Fluginformationsgebieten Amsterdam, Brüssel und Hannover, ausgehend von der Bezirkskontrollzentrale Maastricht (Niederlande), durchzuführen. Daneben verwaltet *Eurocontrol* die von den Luftraumnutzern zu zahlenden Flugsicherungsgebühren für die angeschlossenen Staaten.

Flugsicherungsdienste

Flugsicherungsdienste in der Bundesrepublik Deutschland werden von der DFS und der Agentur für Luftverkehr-Sicherungsdienste der Europäischen Organisation zur Sicherung der Luftfahrt (Eurocontrol) durchgeführt.

DFS Deutsche Flugsicherung GmbH

Die DFS ist verpflichtet, Flugsicherungsbetriebsdienste und flugsicherungstechnische Einrichtungen anzubieten, wenn der BMV einen entsprechenden Bedarf anerkannt hat. Zur Wahrnehmung ihrer Aufgaben hat die DFS folgende Stellen eingerichtet:

- Hauptverwaltung in Offenbach/Main

- 5 Flugsicherungsregionen in Berlin, Bremen, Düsseldorf, Frankfurt/Main und München

- 11 Niederlassungen in Dresden, Erfurt, Hamburg, Hannover, Karlsruhe, Köln/Bonn, Leipzig, Münster/Osnabrück, Nürnberg, Saarbrücken und Stuttgart

- Flugsicherungsakademie in Langen

Eurocontrol

Eurocontrol (Europäische Organisation zur Sicherung der Luftfahrt) wurde durch das internationale Übereinkommen über Zusammenarbeit zur Sicherung der Luftfahrt zwischen 7 europäischen Staaten 1960 gegründet. Die Bundesrepublik hat diesem Übereinkommen durch Gesetz 1962 zugestimmt. Sitz der Organisation ist Brüssel.

Durch Beschluß der Mitgliedsstaaten Belgien, Bundesrepublik Deutschland, Luxemburg und der Niederlande wurde Eurocontrol beauftragt, die Flugsicherungsdienste im oberen Luftraum über diesen Staaten in den oberen Fluginformationsgebieten Amsterdam, Brüssel und Hannover, ausgehend von der Bezirkskontrollzentrale Maastricht (Niederlande), durchzuführen.

Flugsicherungsbetriebsdienste

Die Flugsicherungsbetriebsdienste haben als Hauptaufgabe die Abwehr von Gefahren für die Sicherheit des Luftverkehrs und für die öffentliche Sicherheit oder Ordnung durch die Luftfahrt. Zu diesen Aufgaben gehört auch eine geordnete und flüssige Abwicklung des Luftverkehrs. Flugsicherungsbetriebsdienste sind:

1. Ebene (Flugverkehrsdienste)

Diese Dienste stehen in direktem Kontakt mit dem Luftfahrzeugführer während eines Fluges.

- Flugverkehrskontrolldienst (Air Traffic Control Service, ATC)
  > Bezirkskontrolldienst
  > Anflugkontrolldienst
  > Flugplatzkontrolldienst

- Fluginformationsdienst (Flight Information Service, FIS)

- Flugalarmdienst (Alerting Service)

- Flugverkehrsberatungsdienst (Air Traffic Advisory Service, wird in der Bundesrepublik nicht durchgeführt)

2. Ebene

Diese Dienste stehen dem Luftfahrzeugführer außerhalb des Fluges zur Verfügung.

- Flugberatungsdienst (Aeronautical Information Service, AIS)

- **Flugfernmeldedienst** (Aeronautical Telecommunication Service, ATS)

- **Flugnavigationsdienst** (Aeronautical Navigation Service, ANS)

Flugverkehrsdienste

Flugverkehrskontrolle (ATC)

Zentrale Aufgabe der Flugsicherung ist die Flugverkehrskontrolle, d.h. die Überwachung und Lenkung des Luftverkehrs im Luftraum mit dem Ziel der sicheren und flüssigen Abwicklung der Flüge. Vorrangiges Ziel der Flugverkehrskontrolle ist es, Zusammenstöße zwischen Luftfahrzeugen in der Luft und auf den Rollfeldern der Flughäfen und anderen Fahrzeugen sowie sonstigen Hindernissen auf den Rollfeldern der Flughäfen zu verhindern. Die Flugverkehrskontrolle erfaßt folgende Flüge:

- Sämtliche IFR-Flüge in den Lufträumen der Klasse C, D und E

- Sämtliche VFR-Flüge im Luftraum C oberhalb der Flugfläche 100

- Sämtliche VFR-Flüge im Luftraum C in und unterhalb der Flugfläche 100

- Sämtliche VFR-Flüge inkl. Sonder-VFR-Flüge im Luftraum D.

Die durch Flugpläne, Sprechfunkverkehr und Radarbeobachtungen gelieferten Informationen werden von der jeweils zuständigen Flugverkehrskontrollstelle ausgewertet und in Flugverkehrsfreigaben und Anweisungen umgesetzt, um allen Luftfahrzeugen ausreichende und sichere Abstände (Staffelung) zuzuweisen. Diese Staffelungsabstände sind in jedem Fall vorgeschrieben und werden durch die Flugverkehrskontrolle ständig überwacht und vor Verlassen des Zuständigkeitsbereichs einer Flugverkehrskontrollstelle mit der anschließend für den Flug verantwortlichen Flugverkehrskontrollstelle abgestimmt.

Arten von Staffelungsabständen:

- Höhenstaffelung durch unterschiedliche Flughöhen

- Seitenstaffelung durch seitlich getrennte Flugwege

- Längenstaffelung durch zeitliche Abstände auf den gleichen Flugwegen

- Radarstaffelung durch seitlich getrennte Flugwege

Die Flugverkehrskontrolle bei den Flügen wird in zeitlicher Reihenfolge durchgeführt. Ausgenommen davon sind folgende Flüge (Priorität beachten):

- Flüge, bei denen der Luftfahrzeugführer eine Notlage erklärt hat oder bei denen eine Notlage erkennbar ist, einschließlich der von einem rechtswidrigem Eingriff betroffenen oder bedrohten Flüge

- Schutzflüge der Luftverteidigung

- Flüge im Such- und Rettungsdienst

- Flüge mit kranken und verletzten Personen, bei denen sofortige ärztliche Hilfe nötig ist

- Regierungsflüge einschließlich Flüge mit Staatsoberhäuptern nach den Bestimmungen des BMV

Für die Flugverkehrskontrolle sind Flugverkehrskontrollstellen mit verschiedenen Aufgabenbereichen eingerichtet. Dazu zählen:

50

- Bezirkskontrollstellen (ACC und UAC) an den Flugsicherungsregionalstandorten Berlin, Bremen, Düsseldorf, Frankfurt und München sowie bei der Niederlassung Karlsruhe und der Eurocontol Außenstelle Maastricht

- Anflugkontrollstellen (APP) an allen Flugsicherungsregionalstandorten und allen Niederlassungen, ausgenommen Karlsruhe, Münster/Osnabrück und Saarbrücken

- Flugplatzkontrollstellen (TWR) an allen Flugsicherungsregionalstandorten und allen Niederlassungen, ausgenommen Karlsruhe

Die Zuständigkeiten sind zwischen den Flugverkehrskontrollstellen abgesprochen und festgelegt. Sie können den Veröffentlichungen des Luftfahrthandbuches entnommen werden.

Fluginformationsdienst (FIS)

Aufgabe des Fluginformationsdienstes ist es, Informationen und Hinweise für Luftfahrzeugführer während des Fluges zur Verfügung zu halten, sofern diese für die sichere, geordnete und flüssige Durchführung von Flügen erforderlich sind.

Der Fluginformationsdienst ergänzt also den Flugberatungsdienst, der die Flugvorbereitung unterstützt. Ein Ersatz für eine ordnungsgemäße Flugvorbereitung ist FIS nicht. FIS steht allen IFR- und VFR-Flügen im kontrollierten und im unkontrollierten Luftraum auf bestimmten Sprechfunkfrequenzen zur Verfügung und wird von den Regionalstellen Berlin, Bremen, Düsseldorf, Frankfurt und München in den gleichnamigen Fluginformationsgebieten durchgeführt. Zu den Aufgaben des Fluginformationsdienstes zählen:

- Ausstrahlen von Informationen über Luftnotfälle, Treibstoffschnellablaß, Katastropheneinsätze, intensiver SAR-Flugbetrieb

- Gezielte Antworten und Informationen auf Anfragen von Luftfahrzeugführern über besondere Nutzung des Luftraumes, Einschränkungen in der Nutzbarkeit von Flugsicherungseinrichtungen und Flugplätzen sowie Wetterereignisse

- Entgegennahme und Weiterleitung von Flugplänen (AFIL), Start- und Landemeldungen, andere Meldungen von Lfz-Führern über die Sicherheit der Luftfahrt

- Verkehrsinformationen, sofern an FIS-Arbeitsplätzen möglich

Luftfahrzeugführer sollten beim Funkkontakt mit FIS immer berücksichtigen, daß FIS kein Flugverkehrskontrolldienst ist und keine Staffelung zu anderen Luftfahrzeugen herstellen kann, auch wenn ihnen Transponder-Codes zugewiesen und Verkehrshinweise gegeben werden. FIS gibt keine Freigaben oder Anweisungen, sondern nur Informationen.

Die Frequenzen der Fluginformationsdienste (Funkrufzeichen INFORMATION) sind im Luftfahrthandbuch Deutschland und auf den Sichtanflugkarten der einzelnen Flughäfen in der AIP VFR zu finden.

Auch der Flugrundfunkdienst zählt zum Fluginformationsdienst. Auf besonderen Frequenzen werden hier z.B. SIGMET, VOLMET und ATIS ausgestrahlt.

ATIS

Die Ausstrahlung von ATIS-Meldungen (Automatische Ausstrahlung von Start- und Landeinformationen) auf bestimmten VHF-Frequenzen gehört ebenfalls zu den Flugrundfunkdiensten. Vorrangig sind sie für Luftfahrzeugführer von Flügen von und zu kontrollierten Flugplätzen gedacht. Sie werden deshalb nur in englischer Sprache gesendet und enthalten diese Informationen:

a) Name des Flugplatzes

b) Kennbuchstabe aus dem ICAO-Alphabet

c) Betriebsstart-/Landebahnen

d) Übergangsfläche

e) Zeit der Beobachtung

f) Aktuelles Flugplatzwetter mit Landewettervorhersage

g) Wichtige Wettererscheinungen im An- und Abflugbereich des Flugplatzes

h) Start-/Landebahnzustand, ggf. Bremswirkung

i) Eingeschränkte Benutzbarkeit der Start-/Landebahnen

j) Eingeschränkte Benutzbarkeit von Anflughilfen

k) An- und Abflugverzögerungen von 20 Minuten und darüber

Die Sendezeiten für die einzelnen Flugplätze und die ATIS-Frequenzen sind im Luftfahrthandbuch und auf den ICAO-Luftfahrtkarten 1:500.000 vermerkt.

SIGMET

SIGMET-Meldungen (SIGnificant METeorological Information, Meldungen über signifikante meteorologische Erscheinungen)

werden im Rahmen des Fluginformationsdienstes von 0700 UTC (0600 UTC während der Sommerzeit) bis Sonnenuntergang (Sunset, SS) plus 30 Minuten (SS+30) in englischer Sprache als Flugrundfunksendung verbreitet. Zwischen SS+30 und 0700 (0600, s.o.) werden nur einzelne SIGMETs gesendet. Die Gültigkeitsdauer liegt i.d.R. unter 4 Stunden.

Die Meldungen in SIGMET informieren über aktive Gewitter, starke Böenlinien, starken Hagel, starke Turbulenzen, starke Vereisung, ausgeprägte Wellenbildung in Gebirgen, verbreitete Sand- bzw. Staubstürme und Vulkanaschewolken.

VOLMET

Der Deutsche Wetterdienst (DWD) informiert über vier VOLMET-Sender in der Bundesrepublik Deutschland die Luftfahrzeugführer über das Flughafenwetter von internationalen deutschen sowie im benachbarten Ausland liegenden Verkehrsflughäfen. Die Meldungsinhalte sind mit den ATIS-Meldungen identisch.

Bremen VOLMET. Hannover, Hamburg, Bremen, Köln/Bonn, Frankfurt, Berlin/Tempelhof, Berlin/Tegel, Amsterdam, Kopenhagen.

Berlin VOLMET. Berlin/Schönefeld, Dresden, Leipzig/Halle, Prag, Berlin/Tempelhof, Berlin/Tegel, Kopenhagen, Warschau, Wien.

Frankfurt VOLMET 1. Frankfurt, Brüssel, Amsterdam, Zürich, Genf, Basel-Mülhausen, Wien, Prag, Paris/Charles de Gaulle.

Frankfurt VOLMET 2. Frankfurt, Köln/Bonn, Düsseldorf, Stuttgart, Nürnberg, München, Hamburg, Berlin/Tempelhof, Berlin/Tegel.

Flugalarmdienst

Der Flugalarmdienst wird in der Bundesrepublik Deutschland von den Flugverkehrsdiensten (Air Traffic Services, ATS) im kontrollierten und im unkontrollierten Luftraum durchgeführt. Er steht allen kontrollierten Flügen sowie Flügen, für die ein Flugplan abgegeben wurde, oder die den Flugverkehrskontrollstellen anderweitig bekannt geworden sind, zur Verfügung. Er ist zuständig für die Benachrichtigung der Stellen, die für den Such- und Rettungsdienst für Luftfahrzeuge zuständig sind, und unterstützt sie bei ihren Aufgaben.

Innerhalb des Flugalarmdienstes gibt es drei Alarmstufen:

Ungewißheitsstufe (INCERFA), wenn

a) innerhalb von 30 Minuten nach einer fälligen Meldung keine Nachricht über das Luftfahrzeug eingegangen ist oder

b) ein Luftfahrzeug innerhalb von 30 Minuten nach der vom Luftfahrzeugführer angegebenen oder von der zuständigen Flugverkehrskontrollstelle errechneten voraussichtlichen Ankunftszeit (ETA) noch nicht angekommen ist.

Bereitschaftsstufe (ALERFA), wenn

a) die bei der Ungewißheitsstufe eingeleiteten Nachforschungen ergebnislos verlaufen sind oder

b) ein Luftfahrzeug die Landefreigabe erhalten hat und nicht innerhalb von 5 Minuten nach der voraussichtlichen Landezeit gelandet ist und keine Sprechfunkverbindung mehr besteht oder

c) eine Meldung über eine Beeinträchtigung der Betriebssicherheit des Luftfahrzeugs eingegangen ist, ohne daß eine Notlandung erforderlich wird oder

d) ein Luftfahrzeug von einem widerrechtlichen Eingriff betroffen oder bedroht ist.

Notstufe (DETRESFA), wenn

a) die bei der Bereitschaftsstufe wiederholten Versuche, die Sprechfunkverbindung mit dem Luftfahrzeug wiederherzustellen, ergebnislos verlaufen sind und weitere Nachforschungen auf die Wahrscheinlichkeit hinweisen, daß das Luftfahrzeug sich in einer Notlage befindet oder

b) der mitgeführte Treibstoffvorrat als verbraucht oder für die sichere Beendigung des Fluges als unzureichend angesehen werden muß oder

c) eine Meldung vorliegt, daß die Betriebssicherheit des Luftfahrzeugs derart beeinträchtigt ist, daß eine Notlandung wahrscheinlich ist oder

d) eine Meldung vorliegt oder die Wahrscheinlichkeit besteht, daß das Luftfahrzeug eine Notlandung durchführt oder durchgeführt hat

Die eingeleiteten Maßnahmen werden beendet, wenn sicher ist, daß das Luftfahrzeug weder von schwerer unmittelbarer Gefahr bedroht ist noch sofortige Hilfeleistungen nötig sind.

Flugnavigationsdienst

Die Aufgabe des Flugnavigationsdienstes besteht in der Planung, Einrichtung und Wartung der flugsicherungstechnischen Anlagen. Dabei handelt es sich vorwiegend um Funknavigations- und Radaranlagen. Alle Anlagen werden regelmäßig vermessen, um die erforderliche navigatorische Präzision sicherzustellen. Die DFS arbeitet bei den Vermessungen mit der Bundeswehr zusammen, die eine Flugvermessungsstaffel mit Luftfahrzeugen zur Verfügung stellt.

Je nach technischem Zustand (Genauigkeit) können die Navigationsanlagen auch gesperrt oder ihre IFR-Anflugminima erhöht werden. Solche Einschränkungen werden über AFTN als NOTAM veröffentlicht.

Die wichtigsten flugsicherungstechnischen Anlagen sind (alphabetische Reihenfolge):

- ASDE* - Rollfeldüberwachungsradar

- ASR* - Flughafenrundsichtradar

- DME - Entfernungsmeßanlagen

- GPS - Satellitennavigationssysteme

- ILS - Instrumenten-Landesysteme

- MKW - UKW-Flächenfunkfeuer

- MLS - Mikrowellen-Landesysteme

- NDB - Ungerichtete Funkfeuer

- PAR* - Präzisionsanflugradar

- RSR* - Streckenrundsichtradar

- SRE* - Rundsichtradar zur LFZ-
  Führung

- VDF - UKW-Peilanlagen

- VOR - UKW-Drehfunkfeuer

(*Primärradar-Anlagen)

Flugfernmeldedienst

Für die zur sicheren, geordneten und flüssigen Abwicklung des Luftverkehrs erforderliche Nachrichtenübermittlung sorgt der Flugfernmeldedienst. Er gliedert sich in den festen Flugfernmeldedienst, den beweglichen Flugfernmeldedienst und in den Flugrundfunkdienst.

Im Rahmen des festen Flugfernmeldedienstes sind dabei auf den deutschen Flughäfen Flugfernmeldestellen eingerichtet, die Bestandteil des internationalen festen Flugfernmeldenetzes (AFTN) sind. Dieses Netz besteht aus Fernschreib- und Fernsprechverbindungen.

Unter dem beweglichen Flugfernmeldedienst ist der Funkdienst zwischen Luftfahrzeugen und Bodenfunkstellen und der Funkverkehr zwischen Luftfahrzeugen zu verstehen.

Informationen für die Luftfahrt werden vom Flugrundfunkdienst auf bestimmten Frequenzen und zu bestimmten Zeiten ausgestrahlt (SIGMET, VOLMET, ATIS).

Flugberatungsdienst

Der Flugberatungsdienst als Teil des Flugsicherungsbetriebsdienstes hat folgende Aufgaben:

- Sammlung, Auswertung und Bekanntmachung von Nachrichten, die für eine sichere, geordnete und flüssige Durchführung von Flügen notwendig sind

- Entgegennahme, Prüfung und Weiterleitung von Flugplänen und Flugplanfolgemeldungen

- Beratung der Luftfahrzeugführer bei der Flugvorbereitung

- Herstellung und Veröffentlichung von Luftfahrtkarten

- Mitwirkung beim Such- und Rettungsdienst (SAR)

- Überwachung von Landungen an Flugplätzen ohne Flugverkehrskontrollstelle

- Bearbeitung und Weiterleitung von örtlich herauszugebenden NOTAM

- Zusammenarbeit mit externen Stellen

- Unterstützung der Luftfahrzeugführer bei der Flugvorbereitung durch Bereitstellung geeigneter Unterlagen

- Entgegennahme von Flugberichten der Luftfahrzeugführer

Stellen des Flugberatungsdienstes:

- Büro der Nachrichten für Luftfahrer (Büro NfL)

- Flugberatungsstellen (AIS) an den internationalen Verkehrsflughäfen der Bundesrepublik Deutschland (Einzelheiten: Luftfahrthandbuch Deutschland)

Der Flugberatungsdienst kann von Luftfahrzeugführern und Luftfahrtunternehmen bei jeder Flugberatungsstelle der DFS Deutsche Flugsicherung in Anspruch genommen werden. Dort stehen deutsche und ausgewählte ausländische Luftfahrthandbücher mit allen Nachträgen und Ergänzungen sowie AICs für die Flugberatung und -vorbereitung zur Verfügung.

Zum Umfang der Flugberatung gehören alle Informationen, die für den beabsichtigten Flug bedeutsam und innerhalb der letzten 90 Tage in Kraft getreten sind. Dabei werden Flugregeln, Flugstrecken und Flughöhen berücksichtigt. Bei schriftlichen Beratungen werden alle aktuellen Informationen der NOTAM-Datenbank einbezogen.

Einige Informationen werden nur auf Anforderung übermittelt, darunter z.B. Inhalte von Luftfahrthandbüchern, Streckeninformationen zu Ausweichflughäfen sowie z.B. NOTAM, die länger als 90 Tage in Kraft sind, die später als in 2 Tagen in Kraft treten und die für die Flugdurchführung eine untergeordnete Bedeutung haben.

Bei der Flugberatung wird die Kenntnis des aktuellen VFR-Bulletins vorausgesetzt.

NOTAM-Datenbank / -Zentrale

Die Flugberatungsstellen haben Zugriff auf die NOTAM-Datenbank, in der gebietsbezogene (Area Type Bulletin), streckenbezogene (Route Type Bulletin) und flughafenbezogene (Aerodrome NOTAM) Flugberatungen abgerufen werden können.

Nähere Informationen zu den NOTAM, die vom Büro der Nachrichten für Luftfahrer (NfL) vertrieben werden, können dem folgenden Abschnitt entnommen werden.

Büro NfL

Das Büro NfL (Büro der Nachrichten für Luftfahrer) gehört zur DFS Deutsche Flugsicherung und beschäftigt sich mit der Sammlung, Auswertung und Bekanntgabe aller Informationen für die Luftfahrt.

Der Luftverkehr wird durch viele Gesetze, Vorschriften, Verfahren, technische Einrichtungen (z.B. Flugplätze, Sendeanlagen) sowie durch Dienste (z.B. Flugsicherung, Flugwetterdienst) organisiert und geregelt. Vom Piloten erwartet man, daß er sich mit den ihn betreffenden Luftverkehrsregeln und Einrichtungen auskennt und sich ständig über entsprechende Änderungen informiert.

Diese Informationen stellt die Flugsicherung mit dem Büro der Nachrichten für Luftfahrer (Büro NfL), der NOTAM-Zentrale und den Flugberatungsstellen (AIS) an den internationalen Verkehrsflughäfen zur Verfügung. Bei diesen Stellen werden alle für eine sichere, geordnete und flüssige Durchführung von Flügen erforderlichen Nachrichten gesammelt, ausgewertet und veröffentlicht. Die Flugberatungsstellen liefern diese Nachrichten auch für das Ausland.

Die von der DFS Deutsche Flugsicherung GmbH herausgegebenen Luftfahrtveröffentlichungen sind:

- Luftfahrthandbuch (AIP)

- Nachrichten für Luftfahrer (NfL)

- Luftfahrtinformationsrundschreiben (AIC)

- NOTAM

- VFR-Bulletin

- Luftfahrtkarten

Weitere Publikationen sind u.a. PPL-Fragenkataloge, Richtlinien zur Ausbildung und Prüfung von Luftfahrtpersonal, Gesetzes- und Vorschriftentexte, ICAO-Anhänge und verschiedene Formblätter.

Luftfahrthandbuch AIP

Das Luftfahrthandbuch (Aeronautical Information Publication, AIP) enthält alle für die Luftfahrt wichtigen Informationen und Bestimmungen für die Bundesrepublik Deutschland. Es ist in deutscher und englischer Sprache abgefaßt und besteht aus den Teilen:

1. SUP - Ergänzungen

2. GEN - Allgemeines

- GEN 1 - Nationale Regelungen und Anforderungen

- GEN 2 - Tabellen und Abkürzungen

- GEN 3 - Dienste

- GEN 4 - Gebühren für Flugplätze und Flugsicherungsdienste

3. ENR - Strecke

- ENR 1 - Allgemeine Regeln und Verfahren

- ENR 2 - ATS-Luftraum

- ENR 3 - ATS-Strecken

- ENR 4 - Funknavigationsanlagen/-systeme

- ENR 5 - Navigationswarnungen

- ENR 6 - Streckenkarte

4. AD - Flugplätze

- AD 1 - Flugplätze - Einführung

- AD 2 - Flugplätze

- AD 3 - Hubschrauberlandeplätze

Das Luftfahrthandbuch AIP wird durch alle 4 Wochen erscheinende Nachträge (Amendments, AMDT) und Nachträge mit einem zeitlichen Vorlauf (AIRAC AMDT) auf dem Laufenden gehalten. Zusätzlich erscheinen Ergänzungen (Supplement, SUP) und Luftfahrtinformationsrundschreiben (Aeronautical Information Circular, AIC).

AIP VFR

Das Luftfahrthandbuch AIP VFR ist ein Ergänzungsband zum AIP. Es enthält Auszüge aus dem Luftfahrthandbuch AIP, zusätzliche Informationen für VFR-Flüge und in alphabetischer Reihenfolge die Sichtanflug- und Sichtabflugkarten, Flugplatzkarten, Regelungen und ergänzende Daten für Flughäfen, Landeplätze und Militärflugplätze mit ziviler Mitbenutzung. Darüber hinaus werden in einem gesondert zu beziehenden Teil die Sichtanflug- und Flugplatzkarten für ausgewählte Hubschrauberlandeplätze herausgegeben.

Das AIP VFR wird durch alle 4 Wochen erscheinende Nachträge (Amendments, AMD) auf dem Laufenden gehalten. Zusätzlich erscheinen Ergänzungen (Supplement, SUP) und Luftfahrtinformationsrundschreiben (Aeronautical Information Circular, AIC). AIP-VFR-Abonnenten erhalten das VFR-Bulletin sowie die Streckenkarte 1:1 Mio. kostenlos.

AIP-Nachträge (AIP AMD)

In der Luftfahrt gibt es ständig Änderungen (z.B. Änderung von An- und Abflugverfahren, Änderung von Frequenzen, Verlängerung oder Verkürzung einer Start- und Landebahn usw.). Deswegen müssen Texte und Karten im Luftfahrthandbuch immer wieder berichtigt werden. Die Berichtigungen zum Luftfahrthandbuch werden als Nachträge (Amendment, AMD) im Abstand von 4 Wochen herausgegeben.

Dem Deckblatt der jeweiligen Berichtigung ist zu entnehmen, welche AIP-Seiten auszutauschen bzw. neu einzufügen sind. Änderungen werden auf den Austauschblättern durch einen senkrechten schwarzen Strich, auf den Karten durch einen Hinweis am Kartenrand gekennzeichnet.

AIP-Ergänzungen (AIP SUP)

AIP-Nachträge enthalten nur Änderungen, die von langer Dauer sind. Ist dagegen eine Änderung nur vorübergehend (z.B. vorübergehende Änderung der An- und Abflugverfahren aufgrund einer Luftfahrtschau, vorübergehende Einrichtung eines Flugbeschränkungsgebietes für die Durchführung einer militärischen Übung), werden zusätzlich Ergänzungen (Supplement, SUP) zur AIP herausgegeben. Bei diesen AIP-SUPs handelt es sich in der Regel um:

- Veröffentlichungen mit einer Gültigkeit von 3 Monaten oder mehr

- Veröffentlichungen, die Karten beinhalten, auch bei einer Gültigkeit von weniger als 3 Monaten

- Veröffentlichungen mit überlangem Text

AIP-Ergänzungen werden auf gelbem Papier gedruckt, mit Laufnummer und Jahr versehen und für den Zeitraum ihrer Gültigkeit dem angegebenen AIP-Teil zugeordnet. AIP-Ergänzungen, die nur den VFR-Flugverkehr betreffen, werden mit der Abkürzung AIP SUP VFR bezeichnet.

Nachrichten für Luftfahrer (NfL)

Die NfL sind das amtliche Mitteilungsblatt für die Luftfahrt in der Bundesrepublik Deutschland. Es enthält rechtsförmige Bekanntmachungen von Anordnungen sowie wichtige Informationen für die Luftfahrt, ist in deutscher Sprache abgefaßt und erscheint 14-tägig in den Ausgaben Teil I (NfL I) und Teil II (NfL II).

Teil I (NfL I)

Enthalten sind hier Anordnungen, wichtige Informationen und Hinweise für die Luftfahrt, soweit sie für die Durchführung des Flugbetriebes von Bedeutung sind und folgende Themenbereiche umfassen:

- Flugplätze

- Flugsicherungsbetriebsdienste

- Flugwetterdienst

- Luftverkehrsvorschriften

- Flugsicherungsverfahren

- Luftraumstruktur

- Flugbeschränkungen und Gefahren für die Luftfahrt

- Einflugbestimmungen

- Such- und Rettungsdienst

- Luftfahrtkarten

Teil II (NfL II)

Enthalten sind hier Anordnungen, wichtige Informationen und Hinweise für die Luftfahrt, soweit sie Luftfahrtgerät und Luftfahrtpersonal betreffen und nicht in die NfL I einzuordnen sind. Dies sind vor allem folgende Themenbereiche:

- Registrierung von Luftfahrzeugen

- Musterzulassung

- Lufttüchtigkeit

- Ausbildung und Lizensierung von Luftfahrtpersonal

- Betrieb von Luftfahrzeugen

- Flugunfalluntersuchung

- Fliegertauglichkeit

- Luftfahrttechnische Betriebe

Die Nachrichten für Luftfahrer erscheinen 14-tägig und werden für jedes Jahr fortlaufend nummeriert, z.B. NfL I - 22/95.

Luftfahrtinformationsrundschreiben (AIC)

Als Luftfahrtinformationsrundschreiben (AIC) werden Informationen für die Luftfahrt bekanntgemacht, die weder im Luftfahrthandbuch noch als NOTAM zu veröffentlichen sind, deren internationale Verbreitung jedoch aufgrund der internationalen Verflechtung auf dem Gebiet der Luftfahrt im rechtlichen und technischen Bereich oder im Interesse der Flugsicherheit wichtig erscheint.

Durch AIC werden künftige Entwicklungen (z.B. Frequenzbanderweiterung) beschrieben, Sicherheitshinweise gegeben (z.B. Beachtung von Lufträumen) und neue Verfahrenskonzepte (z.B. Einführung von Satellitennavigationssystemen) vorgestellt. Darüber hinaus veröffentlicht die DFS in regelmäßigen Abständen ein mehrseitiges AIC über die VFR-Regeln in Deutschland. AICs sind in deutscher und englischer Sprache abgefaßt und erscheinen nach Bedarf.

NOTAM

Nicht immer kann man 4 Wochen warten, bis Änderungen in Form von Nachträgen zum Luftfahrthandbuch oder als Nachrichten für Luftfahrer veröffentlicht werden. Zum Beispiel der Ausfall einer Funknavigationsanlage, die vorübergehende Schließung einer Start- und Landebahn oder die außerplanmäßige Aktivierung einer Kontrollzone machen es erforderlich, die Luftfahrt sofort zu informieren. Dies geschieht weltweit in Form von NOTAM, die über das Feste Flugfernmeldenetz (AFTN) verbreitet werden.

NOTAM werden im allgemeinen nur dann herausgegeben, wenn deren sofortige Verbreitung zur Gewährleistung eines sicheren, geordneten und flüssigen Flugbetriebes notwendig ist und eine rechtzeitige Bekanntgabe auf dem Postweg nicht sichergestellt werden kann.

Jedes NOTAM hat nur einen Gegenstand zum Inhalt, die Sprache ist Englisch. Dabei werden die in der internationalen Luftfahrt allgemein üblichen und im Luftfahrthandbuch veröffentlichten Abkürzungen verwendet. Ein NOTAM soll eine Gültigkeitsdauer von drei Monaten nicht überschreiten. Zeitlich befristet werden NOTAM mit Bezug auf AIP-Nachträge/Ergänzungen veröffentlicht, um auf für den Flugverkehr besonders wichtige Änderungen hinzuweisen.

NOTAM sind in die sechs Serien A, B, C, D, E, F unterteilt und werden beginnend mit 0001 am 1. Januar eines jeden Jahres fortlaufend nummeriert.

Über die NOTAM-Serien A, B und C werden Informationen verbreitet, die nur den IFR-Flugverkehr im Bereich der Verkehrsflughäfen und anderer für den IFR-Flugbetrieb zugelassenen Flugplätze betreffen.

Die NOTAM der Serien D und E behandeln Informationen, die sich auf den VFR-Flugbetrieb von und zu allen Flughäfen und Landeplätzen (einschließlich der Hubschrauberlandebereiche) beziehen, sowie Streckeninformationen und Navigationswarnungen mit ausschließlicher Bedeutung für den VFR-Flugbetrieb.

Als Serie F werden NOTAM über Streckeninformationen und Navigationswarnungen verbreitet, die nur auf Anforderung in eine Flugberatung aufgenommen werden sollen.

Die für die VFR-Luftfahrt wichtigen NOTAM werden im VFR-Bulletin veröffentlicht.

VFR-Bulletin

Das erweiterte VFR-Bulletin enthält alle zum Zeitpunkt des Redaktionsschlusses ausgewählte NOTAM über Einrichtungen, Zustand und Veränderungen von Anlagen, Diensten, Verfahren und Gefahren für VFR-Flüge in Deutschland, Österreich und der Schweiz.

Die NOTAM sind in deutsch mit den allgemein gebräuchlichen Abkürzungen geschrieben. Mit dem VFR-Bulletin wird die Vorbereitung von VFR-Flügen durch Selbstunterrichtung möglich. Nachträge zum VFR-Bulletin können über AIS, Telefax oder Internet abgerufen werden. Das VFR-Bulletin erscheint 14-tägig und kann im Abonnement bezogen werden. Es ist in folgende Sachgebiete unterteilt:

- Flugwarnungen
- Nachträge zur ICAO-Luftfahrtkarte
- Navigationsanlagen
- Streckeninformationen
- Vogelzug-Informationen
- Flugplätze
- Hubschrauberlandeplätze
- Grenznahe Auslandsflugplätze

Regionale sowie überregionale Informationen, insbesondere Flugwarnungen, werden auf einer Deutschlandkarte dargestellt und sind über Referenznummern mit dem Textteil verknüpft.

Mit dem VFR-Bulletin wird die Vorbereitung innerdeutscher VFR-Flüge vereinfacht. Nachträglich veröffentlichte NOTAM (die jeweils zuletzt berücksichtigten NOTAM-Nummern sind im VFR-Bulletin angegeben) sind als Nachtrag zum VFR-Bulletin über die Flugberatungsstellen zu erhalten.

Luftfahrtkarten

Luftfahrtkarten zeigen, je nach Erfordernis, Landschaftsmerkmale, Flugplätze, Lufträume, Flugsicherungsinformationen, festgelegte Flugverfahren und vieles mehr. Sie sind ein wichtiges Mittel für die Navigation. Die für die VFR-Navigation interessanten Karten sind vor allem die Luftfahrtkarte ICAO 1:500.000, die Sichtan- und -abflugkarten, die Flugplatzkarten und die Streckenkarte.

Luftfahrtkarte ICAO 1:500.000

Die Luftfahrtkarte ICAO 1:500.000 ist die Standardkarte für die Durchführung von VFR-Flügen in der Bundesrepublik Deutschland. Sie enthält die für den VFR-Piloten wichtigen Topographie- und Flugsicherungs-Angaben: Straßen, Eisenbahnlinien, Flüsse, Wälder, Bebauung, Höhenpunkte, Hindernisse, Flugplätze (einschließlich Gelände für Segelflug, Hängegleiter, Ultraleicht, Fallschirmsprung), Luftraumstruktur, VFR-Meldepunkte, Funknavigationsanlagen, Frequenzen für FIS, ATIS und VOLMET sowie auf der Kartenrückseite die Legende und eine Liste der WGS 84 Koordinaten für Flugplätze und VFR-Meldepunkte. Die Luftfahrtkarte umfaßt acht Kartenblätter:

- Hamburg NO 53/6
- Rostock NO 53/10
- Hannover NO 51/6
- Berlin NO 51/10
- Frankfurt/Main NO 49/6
- Nürnberg NO 49/10
- Stuttgart NO 47/6
- München NO 47/10

Sichtan- und -abflugkarten, Flugplatzkarten

Das schon erwähnte Luftfahrthandbuch AIP VFR enthält Sichtan- und -abflugkarten und Flugplatzkarten für alle deutschen Flughäfen, Landeplätze und Militärflugplätze mit ziviler Mitbenutzung. Durch einen vierwöchigen Berichtigungsdienst zum AIP VFR wird gewährleistet, daß die Karten immer dem aktuellen Stand entsprechen.

Sichtan- und -abflugkarten zeigen im Detail die geographische Lage eines Flugplatzes mit den terrestrischen Merkmalen der Umgebung und ermöglichen so das Navigieren in der Umgebung und das Auffinden eines Flugplatzes nach Sicht.

Weiterhin werden die gemäß Flugbetriebsregelung festgelegten Platzrunden bzw. bei kontrollierten Flugplätzen die von der Flugsicherung festgelegten Sichtan- und -abflugverfahren dargestellt. Das Flugplatzgelände mit Start- und Landebahnen, Rollwegen, Gebäuden usw. zeigt die für jeden Flugplatz veröffentlichte Flugplatzkarte.

Streckenkarte

Die Streckenkarte (Maßstab 1:1 Mio.) zeigt das Flugverkehrsstreckensystem einschließlich der Lage der Funknavigationsanlagen und der Luftraumstruktur mit diesen Details:

- Flugverkehrsstrecken
- Funknavigationsanlagen
- Luftraumstruktur
- Flugplätze
- FIS-Frequenzen

Sie dient vor allem der Streckennavigation für IFR-Flüge. Für VFR ist sie als Übersichtskarte sowie für VFR-Flüge bei Nacht und im Luftraum oberhalb Flugfläche 100 von Interesse. Topographie wie auf der Luftfahrtkarte 1:500.000 wird nicht dargestellt.

Luftraumorganisation

Zuständig für die Luftraumorganisation ist der Bundesminister für Verkehr. Er legt die Lufträume im Sinne der Gefahrenabwehr für den Luftverkehr und für die öffentliche Sicherheit und Ordnung fest und bestimmt die Lufträume, in denen Flugsicherungsbetriebsdienste in Anspruch genommen werden müssen, Flugbeschränkungen existieren oder Flüge allgemein oder im Einzelfall untersagt sind (z.B. Luftsperrgebiete). Grundlagen sind die Luftfahrtgesetzgebung und die Maßgaben der ICAO.

Die Lufträume werden in den Nachrichten für Luftfahrer (NfL) veröffentlicht, sie dürfen vorübergehend von der DFS geändert werden (Bekanntgabe durch NOTAM oder per Abfrage über Funk bei den zuständigen Bodenfunkstellen).

Gesetzliche Grundlage für die Festlegung der Fluginformationsgebiete sowie der kontrollierten und unkontrollierten Lufträume durch den BMV ist § 10 LuftVO. Dabei wird grundsätzlich zwischen dem unteren (Erdoberfläche bis FL 245) und dem oberen (ab FL 245 unbegrenzt nach oben) Luftraum unterschieden.

Luftraum-Definitionen

Den gesamten Luftraum teilt man in folgende einzelne Lufträume bzw. Luftraumbereiche ein:

Oberer Luftraum

Ab Flugfläche 245 beginnt der Obere Luftraum, eine Begrenzung nach oben gibt es nicht. Der Obere Luftraum enthält nur kontrollierte Lufträume.

Unterer Luftraum

Der Untere Luftraum reicht vom Erdboden (GND) bis zur Flugfläche 245. In diesem Bereich gibt es kontrollierte und unkontrollierte Lufträume.

Kontrollierter Luftraum

In diesem Luftraumbereich sind die Luftraumklassen A bis E integriert. Normalerweise finden in diesem Luftraum Flüge statt, die von der Flugverkehrskontrolle überwacht und gelenkt werden (IFR-Flugverkehr). Allerdings können auch VFR-Flüge in diesem Luftraum durchgeführt werden. Eine Lenkung durch die Flugverkehrskontrolle besteht dabei nicht. Voraussetzung ist aber, daß keine sonstigen Luftraumbeschränkungen gegen einen VFR-Flugverkehr sprechen. Daneben sind hier die Minima für die Sichtflugbedingungen gegenüber denen des unkontrollierten Luftraums erheblich erhöht.

Unkontrollierter Luftraum

Jeder Luftraum außerhalb des kontrollierten Luftraums ist logischerweise unkontrollierter Luftraum. In diesem Luftraum ist die Flugverkehrskontrolle nicht tätig, jeder Benutzer fliegt eigenverantwortlich nach den Sichtflugbedingungen. Im unkontrollierten Luftraum gibt es lediglich Fluginformations- und Alarmdienst.

Fluginformationsgebiete (FIR) und Obere Fluginformationsgebiete (UIR)

In den Fluginformationsgebieten und Oberen Fluginformationsgebieten stehen Fluginformationsdienste (FIS) und Flugalarmdienste zur Verfügung.

Abb. 2.1 (nächste Seite): Fluginformationsgebiete (FIR) in Deutschland (Quelle: DFS).

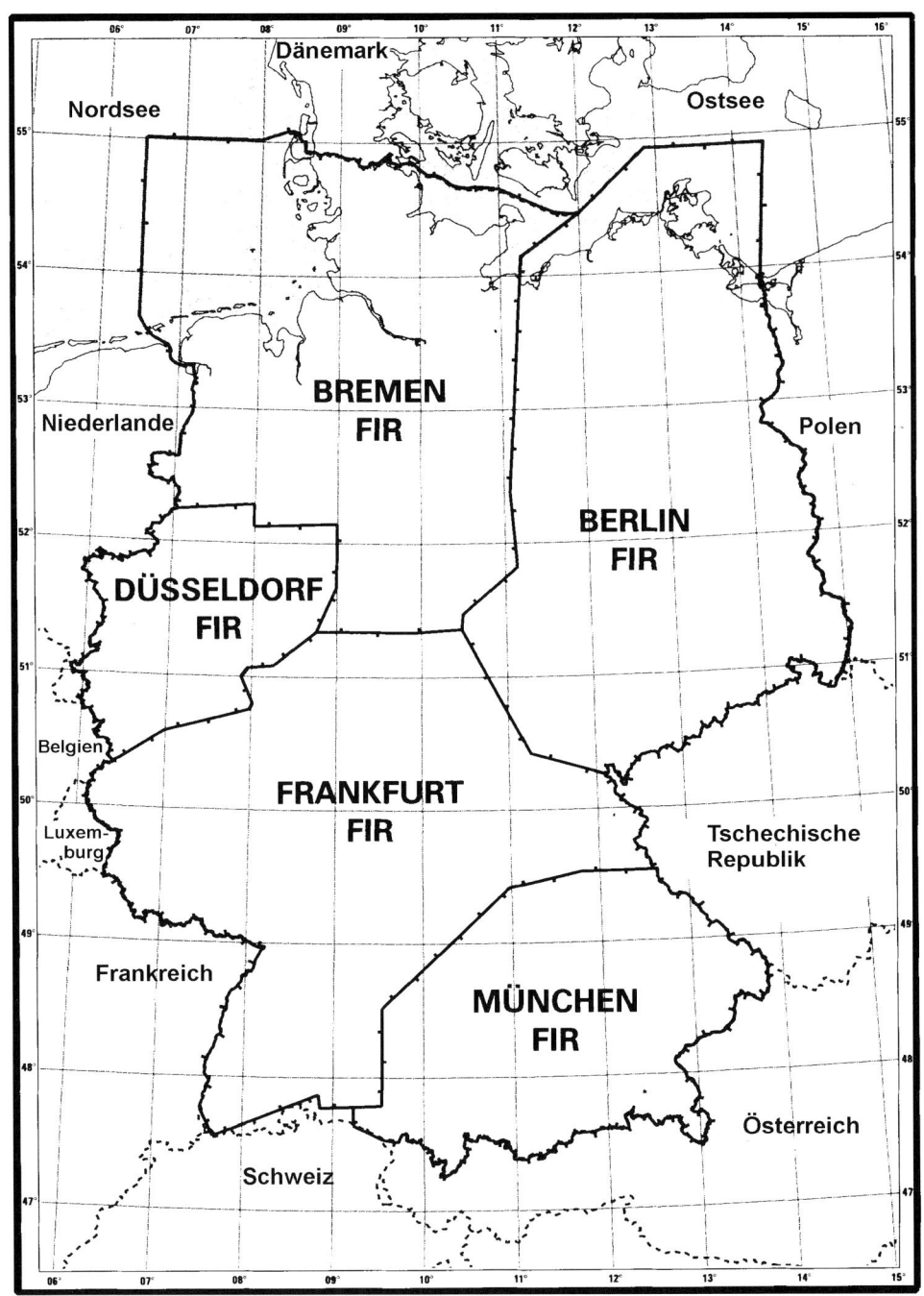

Es gibt z.Zt. im unteren Luftraum der Bundesrepublik fünf FIR's:

Berlin FIR, Bremen FIR, Düsseldorf FIR, Frankfurt FIR und München FIR. In diesen FIRs werden Fluginformationsdienste von den gleichnamigen Bezirkskontrollstellen angeboten.

An den Verkehrsflughäfen Hamburg, Hannover, Frankfurt, Nürnberg und Stuttgart wird FIS als Terminal-FIS von den Anflugkontrollstellen mit Radar durchgeführt.

Die Bereiche der Flugsicherungsstellen und die Sprechfunkfrequenzen sind in der Streckenkarte 1:1.000.000 zu finden.

Im oberen Luftraum der Bundesrepublik gibt es z.Zt. 3 UIR's: Berlin UIR, Hannover UIR und Rhein UIR (ab FL 245 unbegrenzt nach oben). Flugsicherungsbetriebsdienste in diesen UIR's führen aus: Berlin UIR > Bezirkskontrollstelle Berlin UAC, Hannover UIR > Bezirkskontrollstelle Maastricht UAC, Rhein UIR > Bezirkskontrollstellen Rhein UAC (Karlsruhe) und München UAC.

Kontrollbezirke und Kontrollzonen

Kontrollbezirke (CTAs, UTAs)

Um kontrollierte Streckenflüge zu ermöglichen, wurden im Unteren Luftraum der Bundesrepublik Deutschland 5 (Control Area, CTA) und im Oberen Luftraum 3 Kontrollbezirke (Upper Control Area, UTA) eingerichtet:

- CTA Bremen, CTA Düsseldorf, CTA Frankfurt, CTA München, CTA Berlin

- UTA Hannover, UTA Rhein, UTA Berlin

Die horizontalen Grenzen der CTA/UTA entsprechen den Grenzen der FIR/UIR.

Ausnahme: Die FIR Bremen wird in einem Teil über der Nordsee nicht vollständig von der CTA überdeckt.

Die Untergrenzen liegen bei 2.500 ft GND, die Obergrenzen bei Flugfläche 245. Ausgenommen sind die Nahbereiche der Flughäfen, die nach IFR angeflogen werden.

Innerhalb der deutschen Kontrollbezirke liegt der Luftraum von 2.500 ft GND bis Flugfläche 100 (wenn nicht als Luftraum D deklariert) sowie die Lufträume Klasse E und C.

In den Nahbereichen der IFR anfliegbaren Flughäfen ist der Luftraum E auf 1.700 bzw. sogar 1.000 ft GND limitiert (wenn nicht als Luftraum D oder C deklariert). Dieser limitierte Bereich wird als Nachverkehrsbereich (Terminal Contol Area, TMA) bezeichnet. Die TMAs und die Untergrenzen des kontrollierten Luftraums von 2.500 ft GND sind sowohl auf der Streckenkarte als auch auf der ICAO-Karte farblich abgesetzt markiert.

Die Untergrenze der UTAs liegt bei Flugfläche 245, nach oben gibt es keine Grenze. UTAs enthalten nur Lufträume der Klasse C. Zuständig für die Flugverkehrskontrolle der Streckenführung von IFR-Flügen in den CTAs und UTAs sind die Bezirkskontrollstellen, Eurocontrol und die Flugsicherungsleitstelle Karlsruhe,

Kontrollzonen (CTRs)

Die Kontrollzonen umgeben Flughäfen mit kontrollierten An- und Abflügen. Ihre Untergrenze liegt am Boden, ihre Obergrenze muß mindestens so hoch wie die Untergrenze der darüber liegenden Lufträume E oder C reichen.

Abb. 2.2 (nächste Seite): Luftraumklassen in Deutschland (Quelle: DFS).

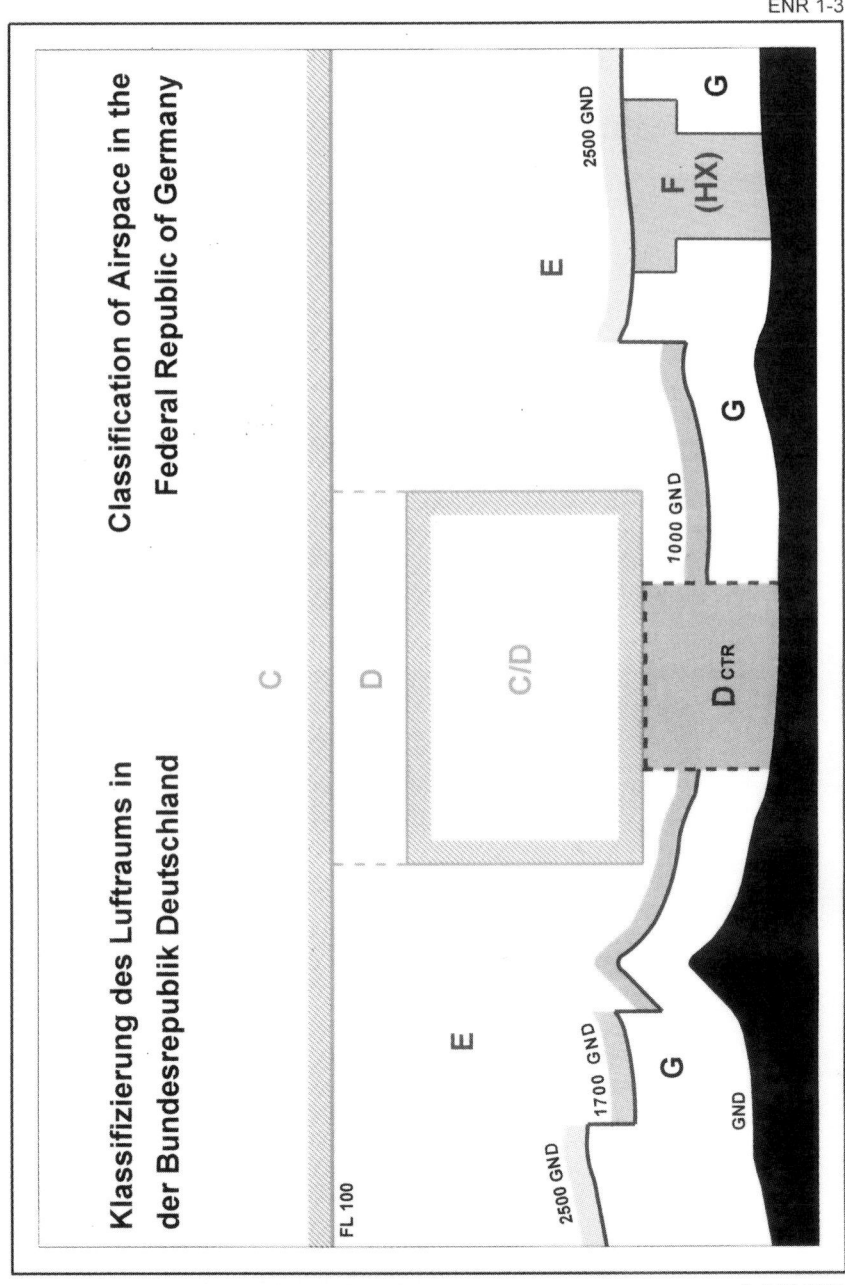

DFS DEUTSCHE FLUGSICHERUNG GMBH

3 JUN 1999

Innerhalb der Kontrollzone werden an die Sichtflugmindestwetterbedingungen höhere Anforderungen gestellt als an Plätzen ohne Kontrollzone. Werden diese Sichtflugbedingungen unterschritten, herrschen Instrumentenflugwetterbedingungen.

Trotzdem darf unter diesen Voraussetzungen in Kontrollzonen gegenüber anderen Lufträumen mit gewissen Einschränkungen VFR-Flugverkehr stattfinden (Sonder VFR, SVFR).

Je nach Art des Flugbetriebs, der ILS-Anflugpiste, der geographischen Lage und der Hindernisse wird die Größe der CTR entsprechend ausgelegt.

Eine Flugverkehrskontrollfreigabe ist für alle VFR-Flüge erforderlich, die in die CTR führen oder in der CTR stattfinden. Eine ständige Hörbereitschaft ist vorgeschrieben. Neben den Sichtflugbedingungen, die auch für den Luftraum C < Flugfläche 100 gelten (ausgenommen: Abstand von Wolken), werden zusätzliche Minima gefordert:

Bodensicht mindestens 5 Kilometer und Hauptwolkenuntergrenze mindestens bei 1.500 ft. Bei Unterschreiten dieser Bedingungen ist nur ein Flug nach Sonder VFR möglich.

Kontrollzonen sind in Deutschland ständig aktive Lufträume der Klasse D. Ausgenommen sind solche Kontrollzonen, die mit HX gekennzeichnet sind. HX bedeutet: Kontrollzone nicht ständig wirksam. Die Betriebszeiten der Kontrollzonen werden in der AIP sowie bei Änderungen in den NfL oder als NOTAM veröffentlicht.

Üblicherweise bedeutet HX (i.d.R. militärische Kontrollzonen), daß sie an Wochenenden nicht aktiv sind.

Trotzdem muß sich der Luftfahrzeugführer vor dem Durchflug über Funk bei FIS vergewissern, ob die entsprechende Kontrollzone tatsächlich nicht aktiv ist. Ist eine Auskunft durch FIS nicht möglich, muß er der CTR HX umfliegen.

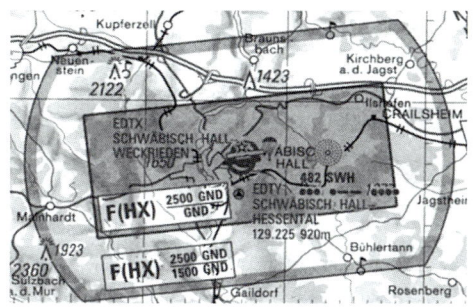

Abb. 2.3: Nicht ständig wirksame Kontrollzone Schwäbisch-Hall (Quelle: DFS).

Luftraumklassen

Im gesamten Luftraum innerhalb der FIRs und UIRs sind bestimmte Teile des Luftraums mit den Buchstaben A bis G zur Kennzeichnung der Benutzungsbedingungen (z.B. über Flugsicherungsbetriebsdienste, Funkverbindung, Flugverkehrskontrollfreigaben, Fluggeschwindigkeiten, Wetterminima etc.) benannt.

Die Luftraumklassen sind zeitlich unbeschränkt gültig. Bei den Klassen D, E und F ist eine vorübergehende Aufhebung und erneute Einrichtung möglich (Bekanntgabe durch NOTAM oder Funkabfrage).

Klassen im kontrollierten Luftraum

Im kontrollierten Luftraum werden IFR-Flüge und variabel auch VFR-Flüge und andere Flugbewegungen von der Flugverkehrskontrolle überwacht. Es gibt folgende Klassen:

Klasse A (nur IFR-Flüge)

Lufträume der Klasse A sind z.Zt. in der Bundesrepublik noch nicht eingerichtet.

Klasse B (IFR- und VFR-Flüge)

Lufträume der Klasse B sind z.Zt. in der Bundesrepublik noch nicht eingerichtet.

Klasse C (IFR- und VFR-Flüge)

In der Nähe von Verkehrsflughäfen mit hohem Verkehrsaufkommen werden unterhalb Flugfläche 100 Lufträume der Klasse C (Luftraum Charlie) eingerichtet, um den VFR/IFR-Mischverkehr besonders wirksam zu schützen. In Flugfläche 100 und darüber (ohne Begrenzung nach oben) gibt es nur noch den Luftraum C.

Im gesamten Alpenraum wurde die Grenze zwischen dem Luftraum Klasse E und C auf Flugfläche 130 angehoben, um auch Luftfahrzeugführern ohne CVFR-Berechtigung eine Alpenüberquerung zu ermöglichen.

Für den **Luftraum C in der Umgebung von Verkehrsflughäfen unterhalb Flugfläche 100** gelten folgende Bestimmungen für VFR-Flüge:

- Es gibt keine besonderen Strecken für VFR-Flüge

- Es sind Flugdaten an die Flugsicherung per Funk zu übermitteln

- Im Sprechfunkverkehr wird der Begriff „Luftraum Charlie" verwendet

- Es gelten einheitliche Flug- und Sprechfunkverfahren

Die Lufträume C haben keine einheitlichen Ausmaße. Die horizontalen Abmessungen sind abhängig von Art und Umfang des Flugbetriebs an dem entsprechenden Flughafen. Der Luftraum C von Frankfurt z.B. geht weit über die Grenzen der CTR hinaus. Vertikal reicht er von Flugfläche 60 bis Flugfläche 100.

Für **VFR-Flüge im Luftraum C unterhalb Flugfläche 100** gelten folgende Voraussetzungen:

- IFR-, CVFR-Berechtigung, Berechtigung einer höherwertigen zivilen oder gleichwertigen militärischen Lizenz

- Luftfahrzeugausrüstung mit Kurskreisel, Wendezeiger bzw. künstlichem Horizont, Variometer, UKW-Sprechfunkgerät, VOR, Transponder Modus A/C (4.096 Codes) oder mit S-Code-Technik

- Veröffentlichter Sprechfunkverkehr in deutscher oder englischer Sprache

Der Sprechfunkverkehr mit der zuständigen Flugverkehrskontrollstelle ist beim Abflug und unmittelbar nach dem Start aufzunehmen, innerhalb des Luftraumes C ist eine ständige Hörbereitschaft sicherzustellen.

An Daten sind die Luftfahrzeugkennung, das Luftfahrzeugmuster, die Position, die momentane Flughöhe oder Flugfläche, die Flugstrecke sowie die beabsichtigte Flughöhe oder Flugfläche zu übermitteln.

Für **VFR-Flüge im Luftraum C in und oberhalb Flugfläche 100** gelten folgende Voraussetzungen:

- Voraussetzungen wie bei Flügen im Luftraum C unterhalb Flugfläche 100

- Veröffentlichter Sprechfunkverkehr in englischer Sprache

Der Sprechfunkverkehr mit dem zuständigen Fluginformationsdienst FIS ist rechtzeitig vor Einflug in den Luftraum C aufzunehmen.

An Daten sind FIS die Luftfahrzeugkennung, das Luftfahrzeugmuster, die Geschwindigkeit, die Position, die momentane Flughöhe oder Flugfläche, der Zielflugplatz, die Flugfläche sowie die auf NAV-Anlagen bezogene Flugstrecke zu übermitteln.

Lufträume Klasse C in Deutschland

Lufträume der Klasse C sind z.Zt. eingerichtet:

- Im gesamten Luftraum der Bundesrepublik in und oberhalb FL 100 (Ausnahme: Alpengebiet)

- Im Alpengebiet in und oberhalb FL 130

- In den lateralen und vertikalen Grenzen der Nahverkehrsbereiche Salzburg und Zürich und der Kontrollzone Twente (Niederlande)

- Unterhalb FL 100 und in den Einzugsbereichen der Flughäfen Berlin, Bremen, Düsseldorf, Köln/Bonn, Frankfurt, Hamburg, Hannover, München und Stuttgart mit verschiedenen Unter- und Obergrenzen.

Klasse D (IFR- und VFR-Flüge)

Der Luftraum der Klasse D entspricht in der Bundesrepublik der Kontrollzone (CTR, s.a. Abschnitt Kontrollzonen). Er umfaßt einen oder mehrere Flugplätze mit festgelegten Dimensionen (vom Boden bis zu einer bestimmten Höhe über NN).

Klasse E (IFR- und VFR-Flüge)

Der Luftraum unterhalb FL 100 bzw. FL 130 im Alpenraum ist gewöhnlich kontrollierter Luftraum Klasse E (Untergrenze: 2.500 ft GND). Je nach Lage in den Fluginformationsgebieten wird er mit deren Bezeichnung und seiner Untergrenze gekennzeichnet (z.B. München FIR / E / 2.500 ft GND).

Besonders in Einzugsbereichen von kontrollierten Plätzen wird die Untergrenze des kontrollierten Luftraums auch unter 2.500 ft GND festgesetzt, um IFR-An- und Abflüge ausschließlich im kontrollierten Luftraum zu belassen (Untergrenzen: 1.000 und 1.700 ft über GND oder Wasser). Auch eine zeitweilige Absenkung ist möglich. Solche Lufträume haben z.B. die Bezeichnung: Frankfurt FIR / E / 1.700 / Eifel. In der Luftfahrtkarte 1:500.000 und ebenso in der Streckenkarte 1:1.000.000 sind die herabgesetzten Untergrenzen farblich dargestellt:

- Untergrenze 1.700 ft GND blau

- Untergrenze 1.000 ft GND rosa

Klassen im unkontrollierten Luftraum

Im unkontrollierten Luftraum unterhalb des kontrollierten Luftraums Klasse C oder E und außerhalb von Kontrollzonen (Klasse D) wird keine Flugverkehrskontrolle, sondern nur Fluginformationsdienst durchgeführt. Der unkontrollierte Luftraum ist entsprechend dem dort anzutreffenden Luftverkehr eingeteilt:

Klasse F

In der Umgebung unkontrollierter Flugplätze mit gelegentlichem IFR-Flugbetrieb ist Luftraum Klasse F nur bei IFR-An- oder Abflügen eingerichtet. Er besteht aus zwei Teilen mit IFR-An- und Abflügen:

- Vom Boden (GND) bis zu 1.500 ft GND in den seitlichen Abmessungen einer Kontrollzone

- Von 1.500 ft GND bis zur Untergrenze des umgebenden kontrollierten Luftraums Klasse E (üblicherweise in 2.500 ft GND) mit etwas größeren seitlichen Abmessungen als bei einer Kontrollzone

In der Nähe von unkontrollierten Flugplätzen werden Lufträume Klasse F in der ICAO-Luftfahrtkarte 1:500.000 mit HX dargestellt. In Veröffentlichungen sieht ein entsprechender Hinweis auf Luftraum Klasse F z.B. so aus: Berlin FIR / F / Altenburg. Ist ein Luftraum Klasse F aktiv, gelten für VFR-Flüge höhere Sichtwetterbedingungen. Ein weiterer Luftraum der Klasse F existiert als Gebiet Nordsee innerhalb der Bremen FIR über der Nordsee mit 2.500 ft GND und unbegrenzt nach oben.

Klasse G

Der gesamte Luftraum unter 2.500 ft GND oder Wasser innerhalb der seitlichen Grenzen der fünf deutschen FIRs gilt als unkontrollierter Luftraum Klasse G, wenn er außerhalb von kontrollierten Lufträumen der Klassen C, D und E liegt und nicht vorübergehend als Luftraum der Klasse F erklärt wurde. In diesem Luftraum sind nur VFR-Flüge zugelassen, die unter reduzierten Sichtwetterbedingungen und verringerter Fluggeschwindigkeit ohne Flugsicherungsdienste sicher durchgeführt werden können. IFR-Flüge sind hier nicht möglich.

Luftsperrgebiete und Flugbeschränkungen

Luftsperrgebiete können vom Bundesminister für Verkehr nach § 11 LuftVO eingerichtet werden, sobald es die Gefahren-abwehr für die öffentliche Sicherheit oder Ordnung, besonders für die Sicherheit des Luftverkehrs, erfordert. Luftsperrgebiete können vorübergehend oder auch dauerhaft für den Luftverkehr gesperrt werden und dürfen nicht überflogen werden.

Leuchtgeschosse, die in Abständen von ca. 10 Sekunden abgefeuert werden und sich in rote und grüne Lichter zerteilen, sind ein Hinweis darauf, daß man sich entweder in einem Luftsperrgebiet befindet (sofort den Luftraum verlassen) oder sich nähert (sofort den Kurs ändern, Einflug vermeiden). Z.Zt. allerdings existiert in der Bundesrepublik kein Luftsperrgebiet (Bezeichnung z.B. ED P 12 (ED = Deutschland, P = Prohibited, 12 = laufende Nummer).

Weitere Gebiete mit Flugbeschränkungen sind nach § 11 LuftVO:

ED R... - Flugbeschränkungsgebiete (Restricted Area)

Gebiete bzw. Lufträume mit beschränkter räumlicher oder zeitlicher Nutzung oder mit Abhängigkeit von einer Benutzungsgenehmigung werden als Flugbeschränkungsgebiete bezeichnet. Sie dürfen nur nach den Vorgaben der Beschränkung (zeitlich oder räumlich) oder mit allgemeiner oder besonderer Genehmigung der DFS/Flugverkehrskontrollstelle durchflogen werden. Leuchtgeschosse zeigen wie bei Luftsperrgebieten den unbefugten Einflug an. Auch hier ist das Gebiet so schnell wie möglich zu verlassen.

Gebiete mit Flugbeschränkungen werden im Luftfahrthandbuch Deutschland und in den NfL veröffentlicht. Ihre Bezeichnungen setzen sich aus der ICAO-Länderkennung (ED = Deutschland), dem Buchstaben R (Restricted) und einer laufenden Nummer zusammen. Beispiel: ED R 40.

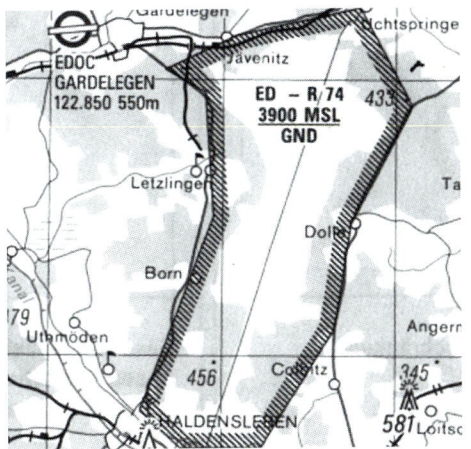

Abb. 2.4: Gebiet mit Flugbeschränkung auf der ICAO-Karte 1:500.000. Ausdehnung: GND bis 3.900 ft MSL (Quelle: DFS).

ED D... - Gefahrengebiete (Danger Area)

Bestimmte Lufträume über dem Meer außerhalb der Hoheitsgebiete der Bundesrepublik Deutschland sind von der DFS als Gefahrengebiete festgelegt. Die Gefahren für die Luftfahrt reichen hier von Schießübungen, Raketen und Luftkampfübungen bis zu Übungsflügen militärischer Jets.

Für ein Gefahrengebiet gibt es grundsätzlich kein Durchflugverbot oder eine Flugbeschränkung. Allein der Luftfahrzeugführer entscheidet über einen Durchflug, der allerdings mit erheblichen Risiken verbunden ist und vor dem Einflug über Sprechfunk mit den zuständigen Flugsicherungsdienststellen (z.B. FIS) geklärt werden muß. Wie bei den Luftsperrgebieten und den Flugbeschränkungsgebieten wird auch beim Gefahrengebiet mit Leuchtgeschossen vor und nach dem Einflug bei akuter Gefahr gewarnt.

Gefahrengebiete sind im Luftfahrthandbuch Deutschland und in den entsprechenden Luftfahrtkarten veröffentlicht.

Sie haben die ICAO-Länderkennung, ein D für Danger und eine fortlaufende Nummer, z.B. ED D 28.

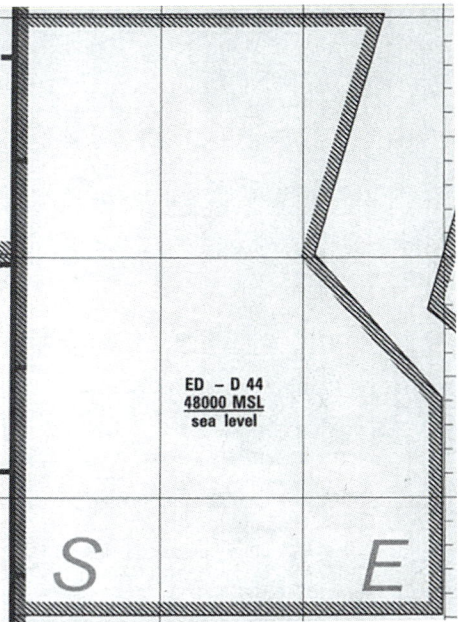

Abb. 2.5: Gefahrengebiet über der Nordsee auf der ICAO-Karte 1:500.000. Ausdehnung: MSL bis 48.000 ft MSL (Quelle: DFS).

ED R (TRA)... Zeitweilig reservierte Lufträume - (Temporary Reserved Airspace, TRA)

Zeitweilig reservierte Lufträume (TRA) sind Gebiete in bestimmten Teilen des kontrollierten Luftraums, in denen unkontrollierte Sichtflüge militärischer Hochleistungsflugzeuge stattfinden. Die TRAs reichen im unteren Luftraum von FL 80 bis FL 245 und im oberen Luftraum von FL 245 bis FL 460. Sie haben im unteren Luftraum die Bezeichnungen ED R 201 (TRA Friesland) bis ED R 209 (TRA Frankenalb 1) und im oberen Luftraum ED R 302 (TRA Weser 2) bis ED R 309 (TRA Frankenalb 2).

TRAs sind nur an Wochentagen in der Zeit von SR -30 Minuten bis SS +30 Minuten aktiv. Aktuelle Informationen geben die Flugverkehrskontrollstellen. Nach Absprache mit den zuständigen militärischen Stellen können TRAs auch mit zivilen Luftfahrzeugen durchflogen werden, wenn die Sicherheit der zivilen Flüge gegenüber den militärischen Luftfahrzeugen sichergestellt ist.

Segelflugbeschränkungsgebiete

Die DFS kann Segelflugbetrieb in bestimmten Teilen des kontrollierten Luftraums räumlich und zeitlich beschränkt verbieten, wenn der Umfang des kontrollierten Luftverkehrs dies erfordert, z.B. in der Nähe von Verkehrsflughäfen. Die Untergrenzen sind verschieden, die Obergrenzen liegen einheitlich bei FL 100. Die Beschränkungen sind von SR -30 bis SS +30 Minuten aktiv (Einzelheiten: Luftfahrthandbuch Deutschland).

Landschafts- und Seevogelschutzgebiete

Um eine Gefährdung der Flugsicherheit und eine Lärmbelästigung für Tiere in diesen Gebieten zu minimieren, sollen diese Gebiete nicht unterhalb 2.000 ft GND bzw. MSL überflogen werden. Die Zeiten sind in der AIP VFR angegeben.

Schutzzonen

Ständige, periodisch oder zeitlich befristete Schutzzonen (Protection Zones) können nach Antrag beim Luftwaffenamt eingerichtet werden. Ihre horizontale Ausdehnung liegt bei 2 NM, die Obergrenze bei 1.500 ft. Sie dürfen von militärischen Strahlflugzeugen nicht durchflogen werden.

Flugplatzverkehrszone

Mit der zylindrisch angelegten Flugplatzverkehrszone (Aerodrome Traffic Zone, ATZ) wird ein unkontrollierter Luftraum zum Schutz eines Flugplatzes errichtet, der auch das Gebiet der VFR-Platz- und Warterunden einschließt. In eine ATZ darf nur zur Landung auf dem Flugplatz eingeflogen werden.

Tieffluggebiete und Tiefflugstrecken

Bestimmte Gebiete von 250 bis 500 ft über Grund oder Wasser stehen der Luftwaffe für Übungstiefflüge zur Verfügung. Geflogen wird am Tage bei ausreichenden Flugsichten und Abständen zu Wolken.

Abb. 2.6: Tieffluggebiet Area 8 auf der ICAO-Karte 1:500.000 (Quelle: DFS).

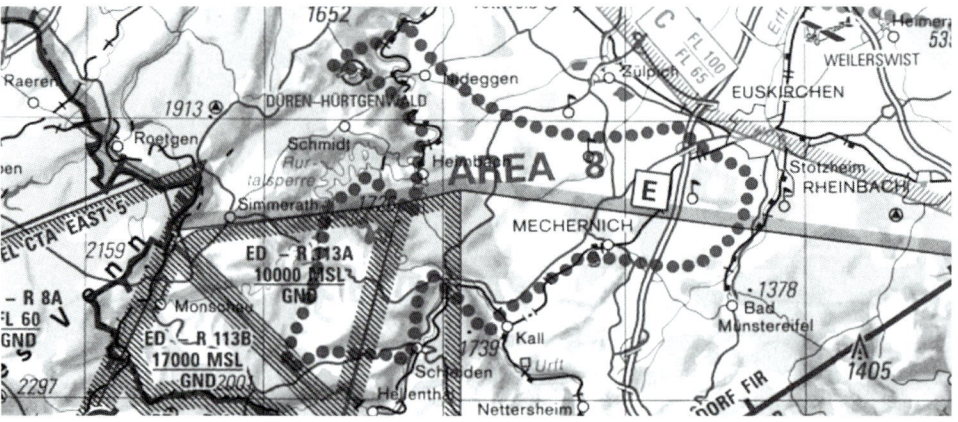

Zwischen 500 ft und 1.500 ft über GND oder Wasser sind Tiefflüge nicht an bestimmte Streckenführungen gebunden. Tiefflüge unter 1.000 ft über GND oder Wasser müssen besonders genehmigt werden.

Wegen der hohen Geschwindigkeiten militärischer Luftfahrzeuge und den damit verbundenen Gefahren ist es für den zivilen Luftverkehr ratsam, im unteren Luftraum den Bereich bis zu 1.500 ft über GND oder Wasser zu meiden oder Flüge in diesen Gebieten auf ein Minimum zu reduzieren.

Tiefflüge bei Nacht werden auf besonderen Tiefflugstrecken als IFR-Flüge in VMC und in IMC durchgeführt (s. Luftfahrthandbuch Deutschland).

Identifizierungszone

An den Grenzen zu Polen, Tschechien und Österreich ist mit einer Breite von ca. 20 NM die sog. Identifizierungszone als Gebiet mit Flugbeschränkungen auf Dauer eingerichtet. Sie reicht vom Boden unbegrenzt nach oben. Für zivile Luftfahrzeuge mit mehr als 150 kts TAS, die ganz oder teilweise durch die Identifizierungszone fliegen wollen, ist ein Flugplan obligatorisch. Dies entfällt bei betriebsbereitem Transponder und Senden des Code 0032 im Modus A. Die Identifizierungszone ist in der ICAO- und Streckenkarte eingezeichnet.

Transponder Mandatory Zone (TMZ)

Vom BMV werden um Flughäfen mit einem besonders hohen Verkehrsaufkommen Gebiete festgelegt, in die ausschließlich mit einem auf den Code 0021 geschalteten betriebsbereiten Transponder eingeflogen werden darf. Diese Zone umfaßt ein kreisförmiges Gebiet von 16 NM um den Flugplatzbezugspunkt ARP und hat eine Obergrenze von 5.000 ft MSL.

Flugverkehrsstrecken und Luftstraßen

Luftstraßen (Airways) sind korridorähnliche Lufträume mit einer Breite von 10 NM. Ihre Mittellinien entsprechen den Verbindungslinien zwischen Funknavigationsanlagen. Sie werden zur Streckenführung von IFR-Flügen benutzt. Da in der Bundesrepublik ein relativ dichtes Netz von VORs vorhanden ist, wird auf die seitliche Ausdehnung der Luftstraßen verzichtet, es gibt also de facto keine Luftstraßen bei uns.

Stattdessen verwendet man für die IFR-Streckenführung Flugverkehrsstrecken (ATS-Routes) ohne seitliche Ausdehnung. Sie entsprechen den Verbindungslinien zwischen den VORs.

Ausländische Luftstraßen und Flugverkehrsstrecken in Deutschland werden mit Buchstaben und Ziffern bezeichnet (A, B, G, R und W). Im oberen Luftraum erhalten die Strecken zusätzlich noch den Buchstaben U (für Upper). Eine Flugstrecke hat also z.B. die Bezeichnung UA3 (Upper Alpha 3).

Die Flugverkehrsstrecken sind zusammen mit der jeweiligen Mindest-IFR-Reiseflughöhe z.B. auf der zur AIP VFR gehörigen Streckenkarte verzeichnet. Nach Auswertung dieser Angaben kann z.B. der VFR-Pilot die Höhe bestimmen, ab der mit IFR-Flugverkehr zu rechnen ist.

Gebiete mit besonderen Aktivitäten

Gebiete mit besonderen Aktivitäten sind Lufträume mit festgelegten Abmessungen, in denen rege Sichtflugaktivitäten die besondere Aufmerksamkeit aller Luftfahrtteilnehmer erfordern. Solche Gebiete veröffentlicht die DFS z.B. bei Luftfahrtveranstaltungen, Segelflugwettbewerben usw.

Luftverkehrsordnung LuftVO

In den folgenden Texten wird die LuftVO sowohl in Gesetzestexten als auch, falls erforderlich, mit kurzen Bemerkungen vorgestellt. Paragraphen, die keinen unmittelbaren Bezug auf den Inhalt dieses CVFR-Handbuches haben, sind der Vollständigkeit halber nur mit der Überschrift ohne Gesetzestext und ohne Kommentar abgedruckt. Die LuftVO ist in 5 Abschnitte unterteilt:

1. **Abschnitt:** Pflichten der Teilnehmer am Luftverkehr

2. **Abschnitt:** Allgemeine Regeln I und II

3. **Abschnitt:** Sichtflugregeln

4. **Abschnitt:** Instrumentenflugregeln

5. **Abschnitt:** Bußgeld- und Schlußvorschriften

Erster Abschnitt
Pflichten der Teilnehmer am Luftverkehr

§ 1 - Grundregeln für das Verhalten im Luftverkehr

(1) Jeder Teilnehmer am Luftverkehr hat sich so zu verhalten, daß Sicherheit und Ordnung im Luftverkehr gewährleistet sind und kein anderer gefährdet, geschädigt oder mehr als nach den Umständen unvermeidbar behindert oder belästigt wird.

(2) Der Lärm, der bei dem Betrieb eines Luftfahrzeugs verursacht wird, darf nicht stärker sein, als es die ordnungsgemäße Führung oder Bedienung unvermeidbar erfordert.

(3) Wer infolge des Genusses alkoholischer Getränke oder anderer berauschender Mittel oder infolge geistiger oder körperlicher Mängel in der Wahrnehmung der Aufgaben als Führer eines Luftfahrzeugs oder sonst als Mitglied der Besatzung behindert ist, darf kein Luftfahrzeug führen und nicht als anderes Besatzungsmitglied tätig sein.

Bemerkungen: Zu den Teilnehmern am Luftverkehr zählen Flugzeugführer, Besatzungsmitglieder; Personen, die unbemannte Luftfahrzeuge betreiben; Fallschirmspringer, Fluggäste und auf dem Roll-/Vorfeld von Flugplätzen tätige Personen.

§ 2 - Verantwortlicher Luftfahrzeugführer

(1) Die Vorschriften dieser Verordnung über die Rechte und Pflichten des Luftfahrzeugführers gelten für den verantwortlichen Luftfahrzeugführer unabhängig davon, ob er das Luftfahrzeug selbst bedient oder nicht.

(2) Luftfahrzeuge sind während des Flugs und am Boden von dem verantwortlichen Luftfahrzeugführer zu führen. Er hat dabei den Sitz des verantwortlichen Luftfahrzeugführers einzunehmen, ausgenommen bei Ausbildungs-, Einweisungs- und Prüfungsflügen oder im Falle des Absatzes 3, wenn der Halter etwas anderes bestimmt hat.

(3) Sind mehrere zur Führung des Luftfahrzeuges berechtigte Luftfahrer an Bord, ist verantwortlicher Luftfahrzeugführer, wer als solcher bestimmt ist. Die Bestimmung ist vom Halter oder von seinem gesetzlichen Vertreter, bei einer juristischen Person von dem vertretungsberechtigten Organ zu treffen. Den nach Satz 2 Verpflichteten steht gleich, wer mit der Leitung oder Beaufsichtigung des Unternehmens eines anderen beauftragt oder von diesem ausdrücklich damit betraut ist, die Bestimmung nach Satz 1 in eigener Verantwortlichkeit zu treffen.

(4) Ist eine Bestimmung entgegen der Vorschrift des Absatzes 3 nicht getroffen, so ist derjenige verantwortlich, der das Luftfahrzeug von dem Sitz des verantwortlichen Luftfahrzeugführers aus führt. Ist in dem Flughandbuch oder in der Betriebsanweisung des Luftfahrzeugs der Sitz des verantwortlichen Luftfahrzeugführers nicht besonders bezeichnet, gilt

1. bei Flugzeugen, Motorseglern und Segelflugzeugen mit nebeneinander angeordneten Sitzen der linke Sitz,

2. bei Flugzeugen, Motorseglern und Segelflugzeugen mit hintereinander angeordneten Sitzen der beim Alleinflug einzunehmende Sitz,

3. bei Drehflüglern der rechte Sitz

als der Sitz des verantwortlichen Luftfahrzeugführers.

Bemerkungen: Für die gesamte Durchführung eines Fluges ist der verantwortliche Flugzeugführer zuständig, unabhängig davon, ob er das Flugzeug steuert oder nicht (Abweichungen je nach Betriebshandbuch sind möglich). Vor Antritt des Fluges muß deswegen eindeutig geklärt sein, wer als verantwortlicher Flugzeugführer gilt.

§ 3 - Rechte und Pflichten des Luftfahrzeugführers

(1) Der Luftfahrzeugführer hat das Entscheidungsrecht über die Führung des Luftfahrzeugs. Er hat die während des Flugs, bei Start und Landung und beim Rollen aus Gründen der Sicherheit notwendigen Maßnahmen zu treffen.

(2) Der Luftfahrzeugführer hat dafür zu sorgen, daß die Vorschriften dieser Verordnung und sonstiger Verordnungen über den Betrieb von Luftfahrzeugen sowie die in Aus-

übung der Luftaufsicht zur Durchführung des Flugs ergangenen Verfügungen eingehalten werden.

§ 3a - Flugvorbereitung

(1) Bei der Vorbereitung des Flugs hat der Luftfahrzeugführer sich mit allen Unterlagen und Informationen, die für die sichere Durchführung des Flugs von Bedeutung sind, vertraut zu machen und sich davon zu überzeugen, daß das Luftfahrzeug und die Ladung sich in verkehrssicherem Zustand befinden, die zulässige Flugmasse nicht überschritten wird, die vorgeschriebenen Ausweise vorhanden sind und die erforderlichen Angaben über den Flug im Bordbuch, soweit es zu führen ist, eingetragen werden.

(2) Für einen Flug, der über die Umgebung des Startflugplatzes hinausführt (Überlandflug), und vor einem Flug nach Instrumentenflugregeln hat sich der Luftfahrzeugführer über die verfügbaren Flugwettermeldungen und -vorhersagen ausreichend zu unterrichten. Vor einem Flug, für den ein Flugplan zu übermitteln ist, ist eine Flugberatung bei einer Flugberatungsstelle einzuholen. Absatz 1 bleibt unberührt.

(3) Ein Flug führt über die Umgebung eines Flugplatzes hinaus, wenn der Luftfahrzeugführer den Verkehr in der Platzrunde nicht mehr beobachten kann.

Bemerkungen: Die Befehlsgewalt an Bord eines Flugzeuges liegt beim verantwortlichen Flugzeugführer, der auch gegenüber seinen Besatzungsmitgliedern und Fluggästen weisungsbefugt ist.

§ 3b - Mitführung von Urkunden und Ausweisen

Die Verpflichtung, die für den Betrieb erforderlichen Urkunden und Ausweise an

Bord eines Luftfahrzeugs mitzuführen, bestimmt sich nach verbindlichen internationalen Vorschriften, nach deutschem Recht und nach dem Recht des Eintragungsstaates des Luftfahrzeugs sowie bei Besatzungsmitgliedern nach dem Recht des diese Papiere ausstellenden Staates. In jedem Falle sind diese Unterlagen auch in englischer Sprache mitzuführen.

§ 4 - Anwendung der Flugregeln

(1) Der Betrieb eines Luftfahrzeugs richtet sich nach den Allgemeinen Regeln (§§ 6 bis 27a), die Führung eines Luftfahrzeugs während des Flugs zusätzlich nach den Sichtflugregeln (§§ 28 bis 34) oder den Instrumentenflugregeln (§§ 36 bis 42).

(2) Nach Sichtflugregeln darf geflogen werden, wenn die in Anlage 5 für den Einzelfall festgelegten Werte für Sicht, Abstand des Luftfahrzeugs von Wolken sowie Höhe der Hauptwolkenuntergrenze erreicht oder überschritten werden. Bei diesen Flugverhältnissen kann der Luftfahrzeugführer nach Instrumentenflugregeln fliegen, wenn er es im Flugplan anzeigt; er muß nach Instrumentenflugregeln fliegen, wenn die zuständige Flugverkehrskontrollstelle ihn aus Gründen der Flugsicherheit hierzu anweist.

(3) Nach Instrumentenflugregeln muß geflogen werden, wenn die in Anlage 5 für den Einzelfall festgelegten Werte für Sicht, Abstand des Luftfahrzeugs von Wolken sowie Höhe der Hauptwolkenuntergrenze nicht erreicht wird. Bei diesen Flugverhältnissen darf der Luftfahrzeugführer nach Sichtflugregeln nur fliegen, wenn ihm eine Flugverkehrskontrollfreigabe nach § 28 Abs. 4 erteilt worden ist.

(4) Für Flüge in den entsprechenden Lufträumen werden die in Anlage 5 beschrie-

benen Höchstgeschwindigkeiten festgelegt. Soweit es die Verkehrslage zuläßt und die Sicherheit des Luftverkehrs nicht beeinträchtigt werden, kann die zuständige Flugverkehrskontrollstelle im Einzelfall Ausnahmen zulassen.

Bemerkungen: Die Anlage 5 ist auf der folgenden Seite dargestellt. § 4 beschreibt die allgemeinen Vorschriften für einen Flug mit Angabe aller für den Flug erforderlichen Details hinsichtlich der VFR- und IFR-Flugregeln.

§ 4a - Luftsportgerät und unbemanntes Luftfahrtgerät

§ 5 - Anzeige von Flugunfällen und Störungen

(1) Unfälle ziviler Luftfahrzeuge, ausgenommen Luftsportgeräte, in der Bundesrepublik Deutschland hat der verantwortliche Luftfahrzeugführer oder, wenn dieser verhindert ist, ein anderes Besatzungsmitglied oder, sofern keine dieser Personen dazu in der Lage ist, der Halter des Luftfahrzeugs unverzüglich der Bundesstelle für Flugunfalluntersuchung zu melden. Dies gilt auch für Unfälle deutscher Luftfahrzeuge außerhalb der Bundesrepublik Deutschland sowie für Unfälle ausländischer Luftfahrzeuge, die zur Zeit des Ereignisses von deutschen Luftfahrtunternehmen aufgrund eines Halter-Vertrages betrieben werden.

(2) Schwere Störungen bei dem Betrieb ziviler Flugzeuge, Drehflügler, Ballone und Luftschiffe in der Bundesrepublik Deutschland hat der verantwortliche Luftfahrzeugführer unverzüglich der Bundesstelle für Flugunfalluntersuchung zu melden.

Anlage 5 zu § 4 LuftVO					
Klassen	Art der Flüge	Höchstge-schwindig-keit	Sprechfunk-verkehr	Flugverkehrs-kontroll-freigabe	Mindestwetterbedingungen für Flüge nach Sichtflugregeln
A	IFR	Nicht vorge-schrieben	Dauernde Hörbereit-schaft	Erforderlich	Entfällt
B	IFR und VFR	Nicht vorge-schrieben	Dauernde Hörbereit-schaft	Erforderlich	In und oberhalb FL 100:Flugsicht 8 km; unterhalb FL 100: Flugsicht 5 km und jeweils frei von Wolken
C	IFR und VFR	Für VFR 250 Knoten IAS unterhalb FL 100	Dauernde Hörbereit-schaft	Erforderlich	In und oberhalb FL 100: Flugsicht 8 km; unterhalb FL 100: Flugsicht 5 km und jeweiligerAbstand von Wolken in waa-gerechter Richtung 1,5 km, in senk-rechter Richtung 300 m (1.000 Fuß)
Kontroll-zone Klasse C	Gleiche Voraussetzungen / Regelungen wie im Luftraum C				Zusätzlich: Bodensicht 5 km, Haupt-wolkenuntergrenze 450 m (1.500 Fuß) über Grund oder Wasser
D	IFR und VFR	250 Knoten IAS unterhalb FL 100	Dauernde Hörbereit-schaft	Erforderlich	In und oberhalb FL 100: Flugsicht 8 km; unterhalb FL 100: Flugsicht 5 km und jeweiliger Abstand von Wolken in waa-gerechter Richtung 1,5 km, in senk-rechter Richtung 300 m (1.000 Fuß)
Kontroll-zone Klasse D	Gleiche Voraussetzungen / Regelungen wie im Luftraum der Klasse D mit der Ausnahme, daß in Kontrollzonen die Abstände von Wolken nicht gefordert sind (frei von Wolken)				Zusätzlich: Bodensicht 5 km, Haupt-wolkenuntergrenze 450 m (1500 Fuß) über Grund oderWasser
E	IFR	250 Knoten IAS unterhalb FL 100	Dauernde Hörbereit-schaft	Erforderlich	Flugsicht 8 km, Abstand vonWolken in waagerechterRichtung 1,5 km, in senk-rechter Richtung 300 m (1000 Fuß)
	VFR	250 Knoten IASunterhalb FL 100	Entfällt	Nicht erforderlich	
F	IFR	250 Knoten IAS unterhalb FL 100	Dauernde Hörbereit-schaft soweit möglich	Erforderlich	In und oberhalb FL 100: Flugsicht 8 km; unterhalb FL 100: Flugsicht 5 km und jeweiliger Abstand von Wolken in waa-gerechter Richtung 1,5 km,in senkrech-ter Richtung 300 m (1.000 Fuß)
	VFR	250 Knoten IASunterhalb FL 100	Entfällt	Nicht erforderlich	
G	VFR	250 Knoten IAS unterhalb FL 100	Entfällt	Nicht erforderlich	Dauernde Erdsicht, Flugsicht 1,5 km, Wolken dürfen nicht berührt werden; Ausnahmen: Flüge von Drehflüglern, Luftschiff- und Ballonfahrten: dauernde Erdsicht und Flugsicht von 800 m, Wol-ken düfen nicht berührt werden und ein rechtzeitiges Erkennen von Hindernis-sen muß möglich sein.

Dies gilt auch für schwere Störungen außerhalb der Bundesrepublik Deutschland beim Betrieb deutscher Luftfahrzeuge oder ausländischer Luftfahrzeuge, die zur Zeit des Ereignisses von deutschen Luftfahrtunternehmen aufgrund eines Halter-Vertrages betrieben werden.

(3) Ungeachtet der Absätze 1 und 2 sind die Luftaufsichtsstellen, die Flugleitungen auf Flugplätzen und die Flugsicherungsdienststellen verpflichtet, bei Bekanntwerden eines Unfalls oder einer schweren Störung bei dem Betrieb eines Luftfahrzeugs dies unverzüglich der Bundesstelle für Flugunfalluntersuchung zu melden.

(4) Meldungen nach den Absätzen 1 bis 3 sollen enthalten:

a) Name und derzeitiger Aufenthalt des Meldenden,

b) Ort und Zeit des Unfalls oder der schweren Störung,

c) Art, Muster, Kenn- und Rufzeichen des Luftfahrzeugs,

d) Name des Halters des Luftfahrzeugs,

e) Zweck des Flugs, Start- und Zielflugplatz,

f) Name des verantwortlichen Luftfahrzeugführers,

g) Anzahl der Besatzungsmitglieder und Fluggäste,

h) Umfang des Personen- und Sachschadens,

i) Angaben über beförderte gefährliche Güter,

j) Darstellung des Ablaufs des Unfalls oder der schweren Störung.

Zur Vervollständigung der Meldung ist der Halter des Luftfahrzeugs auf Verlangen der Bundesstelle für Flugunfalluntersuchung verpflichtet, einen ausführlichen Bericht auf zugesandtem Formblatt binnen 14 Tagen vorzulegen.

(5) Pflichten zur Abgabe von Meldungen an das Luftfahrt-Bundesamt und an andere Luftfahrtbehörden aufgrund anderer Vorschriften oder Auflagen bleiben unberührt.

(6) Unfälle und Störungen bei dem Betrieb von Luftsportgeräten hat der Halter unverzüglich dem vom Bundesministerium für Verkehr Beauftragten schriftlich anzuzeigen. Absatz 4 gilt entsprechend.

(7) Die Absätze 1 bis 6 gelten für Unfälle und Störungen im Sinne des Gesetzes über die Untersuchung von Unfällen und Störungen bei dem Betrieb ziviler Luftfahrzeuge.

Bemerkungen: Ein Grund für diese Vorschrift ist u.a., das Luftfahrt-Bundesamt über alle Einzelheiten eines Flugunfalls zu informieren, damit z.B. mustertypische Mängel rechtzeitig erkannt und an Besitzer gleicher Muster gemeldet werden können. Im Luftfahrthandbuch sind die einzelnen Schäden definiert (Störung, schwere Verletzung, schwerer Schaden, schwerer Schaden an Dritten).

§ 5a - Startverbot

Zweiter Abschnitt
Allgemeine Regeln I

§ 6 - Sicherheitsmindesthöhe, Mindesthöhe bei Überlandflügen nach Sichtflugregeln

(1) Die Sicherheitsmindesthöhe darf nur unterschritten werden, soweit es bei Start und Landung notwendig ist. Sicherheitsmindesthöhe ist die Höhe, bei der weder eine unnötige Lärmbelästigung im Sinne des § 1 Abs. 2 noch im Falle einer Notlandung eine unnötige Gefährdung von Personen und Sachen zu befürchten ist, mindestens jedoch über Städten, anderen dichtbesiedelten Gebieten und Menschenansammlungen eine Höhe von 300 m (1.000 Fuß) über dem höchsten Hindernis in einem Umkreis von 600 m, in allen übrigen Fällen eine Höhe von 150 m (500 Fuß) über Grund oder Wasser. Segelflugzeuge, Hängegleiter und Gleitsegel können die Höhe von 150 m auch unterschreiten, wenn die Art ihres Betriebs dies notwendig macht und eine Gefahr für Personen und Sachen nicht zu befürchten ist.

(2) Brücken und ähnliche Bauten sowie Freileitungen und Antennen dürfen nicht unterflogen werden.

(3) Überlandflüge nach Sichtflugregeln mit motorgetriebenen Luftfahrzeugen sind in einer Höhe von mindestens 600 m (2000 Fuß) über Grund oder Wasser durchzuführen, soweit nicht aus Sicherheitsgründen nach Absatz 1 Satz 2 eine größere Höhe einzuhalten ist. Überlandflüge in einer geringeren Höhe als 600 m (2000 Fuß) über Grund oder Wasser dürfen unter Beachtung der Vorschriften der Absätze 1 und 2 angetreten oder durchgeführt werden, wenn die Einhaltung sonstiger Vorschriften und Festlegungen nach dieser Verordnung, insbesondere die Einhaltung der Luftraum-ordnung nach § 10, der Sichtflugregeln nach § 28 oder von Flugverkehrskontrollfreigaben, eine geringere Höhe erfordert.

(4) Für Flüge zu besonderen Zwecken kann die örtlich zuständige Luftfahrtbehörde des Landes Ausnahmen zulassen.

(5) Für Flüge nach Instrumentenflugregeln gilt § 36.

(6) Absatz 3 gilt nicht für militärische Tiefflüge und für Einsatzflüge des Bundesgrenzschutzes, des Zivil- und Katastrophenschutzes und der Polizeien der Länder.

Bemerkungen: Maßgebend für die gewählte Sicherheitsmindesthöhe ist die Art des überflogenen Geländes samt Bebauung, die Wetterlage sowie die Art des Luftfahrzeuges. Anlagen, die eine hohe Gefahrenklasse besitzen (Kernenergieanlagen usw.), müssen in einem entsprechend großen Abstand umflogen werden. Die Vorschrift ist generell so auszulegen, daß sämtliche Eventualitäten bei Überflügen einzukalkulieren und somit Mindesthöhen zu wählen sind, die größer als die geforderten sind.

§ 7 - Abwerfen von Gegenständen

(1) Das Abwerfen oder Ablassen von Gegenständen oder sonstigen Stoffen aus oder von Luftfahrzeugen ist verboten. Dies gilt nicht für Ballast in Form von Wasser oder feinem Sand, für Treibstoffe, Schleppseile, Schleppbanner und ähnliche Gegenstände, wenn sie an Stellen abgeworfen oder abgelassen werden, an denen eine Gefahr für Personen oder Sachen nicht besteht.

(2) Die örtlich zuständige Luftfahrtbehörde des Landes kann Ausnahmen von dem Verbot nach Absatz 1 Satz 1 zulassen, wenn eine Gefahr für Personen oder Sachen nicht besteht.

(3) Das Abwerfen von Post regelt das Bundesministerium für Post und Telekommunikation oder die von ihm bestimmte Stelle im Einvernehmen mit der zuständigen Luftfahrtbehörde des Landes.

Bemerkungen: Segelflugzeuge sind beim Abwurf definierter Materialien (Wasser, Sand etc.) vom Verbot ausgenommen, sofern davon keine Gefährdung für Personen und Sachen ausgeht.

§ 8 - Kunstflug

(1) Kunstflüge dürfen nur bei Flugverhältnissen, bei denen nach Sichtflugregeln geflogen werden darf, und nur mit ausdrücklicher Zustimmung aller Insassen des Luftfahrzeugs ausgeführt werden. Kunstflüge mit Luftsportgeräten sind verboten.

(2) Kunstflüge in Höhen von weniger als 450 m (1500 Fuß) sowie über Städten, anderen dichtbesiedelten Gebieten, Menschenansammlungen und Flughäfen sind verboten. Die örtlich zuständige Luftfahrtbehörde des Landes kann im Einzelfall Ausnahmen zulassen.

(3) Kunstflüge bedürfen, soweit sie in der Umgebung von Flugplätzen ohne Flugverkehrskontrollstelle durchgeführt werden, unbeschadet einer nach § 26 erforderlichen Flugverkehrskontrollfreigabe der Zustimmung der Luftaufsichtsstelle. Absatz 2 bleibt unberührt.

Bemerkungen: Neben der in dieser Vorschrift festgelegten Flugverkehrskontrollfreigabe ist nach § 25, Abs. 1, LuftVO, bei Kunstflügen im kontrollierten Luftraum und über Flugplätzen mit Flugverkehrskontrollstelle ein Flugplan aufzugeben.

§ 9 - Schlepp- und Reklameflüge

(1) Reklameflüge mit geschleppten Gegenständen bedürfen der Erlaubnis der Luftfahrtbehörde des Landes, in dem der Antragsteller seinen Wohnsitz oder Sitz hat. Die Erlaubnis darf nur erteilt werden, wenn

1. der Luftfahrzeugführer die Schleppberechtigung nach der Verordnung über Luftfahrtpersonal besitzt;

2. das Luftfahrzeug mit einem geeichten Barographen zur Feststellung der Flughöhen während des Flugs ausgerüstet ist;

3. bei dem beantragten Flug nicht mehr als drei Luftfahrzeuge im Verband fliegen, wobei der Abstand zwischen dem geschleppten Gegenstand des voranfliegenden Luftfahrzeugs und dem nachfolgenden Luftfahrzeug sowie zwischen den Luftfahrzeugen mindestens 60 m betragen muß;

4. die Haftpflichtversicherung das Schleppen von Gegenständen ausdrücklich miteinschließt.

(2) Absatz 1 findet auf das Schleppen von Gegenständen zu anderen als Reklamezwecken sinngemäß Anwendung; Absatz 1 Nr. 2 gilt nicht für Arbeitsflüge von Drehflüglern. Das Schleppen von Segelflugzeugen und Hängegleitern bedarf nicht der Erlaubnis nach Absatz 1; es genügt die Schleppberechtigung nach der Verordnung über Luftfahrtpersonal.

(3) Die Erlaubnisbehörde kann aus Gründen der öffentlichen Sicherheit oder Ordnung, vor allem zur Verhinderung von Lärmbelästigungen, Auflagen machen. Sie kann insbesondere in Abweichung von § 6 höhere Sicherheitsmindesthöhen bestimmen und zeitliche Beschränkungen auferlegen.

(4) Reklameflüge, bei denen die Reklame nur in der Beschriftung des Luftfahrzeugs besteht, bedürfen keiner Erlaubnis.

(5) Flüge zur Reklame mit akustischen Mitteln sind verboten.

§ 9a - Uhrzeit und Maßeinheiten

(1) Im Flugbetrieb sind die Koordinierte Weltzeit (UTC = Universal Time Coordinated) und die vorgeschriebenen Maßeinheiten anzuwenden. Das Flugsicherungsunternehmen legt die nach Satz 1 anzuwendenden Maßeinheiten fest. Es gibt sie im Verkehrsblatt - Amtsblatt des Bundesministeriums für Verkehr der Bundesrepublik Deutschland - oder in den Nachrichten für Luftfahrer bekannt.

(2) Für Ortsbestimmungen im Luftverkehr ist als Bezugssystem das Geodätische Welt-System 84 (WGS-84 = World Geodetic System - 1984) anzuwenden.

Bemerkungen: Eine Aufstellung der anzuwendenden Maßeinheiten ist in diesem Handbuch in Kapitel 1 sowie grundlegend in der AIP Deutschland enthalten.

§ 10 - Luftraumordnung

(1) Zur Durchführung des Fluginformationsdienstes und des Flugalarmdienstes legt das Bundesministerium für Verkehr Fluginformationsgebiete fest und gibt sie im Verkehrsblatt - Amtsblatt des Bundesministeriums für Verkehr der Bundesrepublik Deutschland - oder in den Nachrichten für Luftfahrer bekannt.

(2) Innerhalb der Fluginformationsgebiete legt das Bundesministerium für Verkehr die kontrollierten und die unkontrollierten Lufträume je nach dem Umfang der dort vorgehaltenen Flugsicherungsbetriebsdienste auf der Grundlage der in Anlage 4 beschriebenen Klassifizierung fest. Das Bundesministerium für Verkehr kann den Umfang der nach Anlage 4 in der Klas-sifizierung vorzuhaltenden Flugsicherungsbetriebsdienste abweichend regeln, wenn die öffentliche Sicherheit oder Ordnung, insbesondere die Sicherheit des Luftverkehrs, dadurch nicht beeinträchtigt werden; die Klassifizierung bleibt unverändert.

(3) Im kontrollierten Luftraum können Flüge nach Sichtflugregeln ganz oder teilweise in einem räumlich und zeitlich begrenzten Umfang von dem Flugsicherungsunternehmen untersagt werden, wenn es der Grad der Inanspruchnahme durch den der Flugverkehrskontrolle unterliegenden Luftverkehr zwingend erfordert.

(4) (weggefallen)

Bemerkungen: Eine detaillierte Übersicht und Beschreibung der Luftraumordnung der Bundesrepublik Deutschland ist in diesem Kapitel enthalten.

§ 11 - Luftsperrgebiete und Flugbeschränkungen

(1) Das Bundesministerium für Verkehr legt Luftsperrgebiete und Gebiete mit Flugbeschränkungen fest, wenn dies zur Abwehr von Gefahren für die öffentliche Sicherheit oder Ordnung, insbesondere für die Sicherheit des Luftverkehrs, erforderlich ist. Es gibt die Gebiete im Verkehrsblatt - Amtsblatt des Bundesministeriums für Verkehr der Bundesrepublik Deutschland - oder in den Nachrichten für Luftfahrer bekannt.

(2) Luftsperrgebiete dürfen nicht durchflogen werden. Gebiete mit Flugbeschränkungen dürfen durchflogen werden, soweit die Beschränkungen dies zulassen oder das Flugsicherungsunternehmen allgemein oder die zuständige Flugverkehrskontrollstelle im Einzelfall den Durchflug genehmigt hat.

(3) Das Bundesministerium für Verkehr kann zulassen, daß in Luftsperrgebieten und Gebieten mit Flugbeschränkungen von den Vorschriften dieser Verordnung abgewichen wird.

Bemerkungen: Eine detaillierte Übersicht und Beschreibung der Luftsperrgebiete und Flugbeschränkungen in der Bundesrepublik Deutschland sind in diesem Kapitel enthalten.

§ 11a - Flüge mit Überschallgeschwindigkeit

§ 11b - Zugelassene Ausnahmen

§ 11c - Beschränkungen der Starts und Landungen von Flugzeugen mit Strahltriebwerken

Bemerkungen: Die §§ 11a bis 11c haben im Rahmen der CVFR-Berechtigung keine Bedeutung.

§ 12 - Vermeidung von Zusammenstößen

(1) Der Luftfahrzeugführer hat zur Vermeidung von Zusammenstößen zu Luftfahrzeugen sowie anderen Fahrzeugen und sonstigen Hindernissen einen ausreichenden Abstand einzuhalten. Im Fluge, ausgenommen bei Start und Landung, ist zu einzelnen Bauwerken oder anderen Hindernissen ein Mindestabstand von 150 m einzuhalten; § 6 Abs. 1 bleibt unberührt. Satz 2 gilt nicht für Segelflugzeuge, Hängegleiter, Gleitsegel und bemannte Freiballone; für sonstige Luftfahrzeuge kann die zuständige Luftfahrtbehörde des Landes im Einzelfall Ausnahmen zulassen. Die Verpflichtung nach den Sätzen 1 und 2 wird auch dann, wenn eine Flugverkehrskontrollstelle tätig ist, nicht berührt.

(2) Luftfahrzeuge dürfen im Verband nur nach vorangegangener Vereinbarung der Luftfahrzeugführer geflogen werden.

Bemerkungen: Verbandsflüge werden von der Flugverkehrskontrollstelle, z.B. bei Staffelungsmaßnahmen, wie ein (1) Luftfahrzeug behandelt. Der den Verband anführende Luftfahrzeugführer ist somit für alle diesem Verband angehörigen Luftfahrzeuge verantwortlich. Er muß besonders ausreichende Mindestabstände zwischen den einzelnen Luftfahrzeugen sicherstellen. Diese Abstände sind jedoch nicht festgelegt.

§ 13 - Ausweichregeln

(1) Luftfahrzeuge, die sich im Gegenflug einander nähern, haben, wenn die Gefahr eines Zusammenstoßes besteht, nach rechts auszuweichen.

(2) Kreuzen sich die Flugrichtungen zweier Luftfahrzeuge in nahezu gleicher Höhe, so hat das Luftfahrzeug, das von links kommt, auszuweichen. Jedoch haben stets auszuweichen

1. motorgetriebene Luftfahrzeuge, die schwerer als Luft sind, den Luftschiffen, Segelflugzeugen, Hängegleitern, Gleitsegeln und Ballonen;

2. Luftschiffe den Segelflugzeugen, Hängegleitern, Gleitsegeln und Ballonen;

3. Segelflugzeuge, Hängegleiter und Gleitsegel den Ballonen;

4. motorgetriebene Luftfahrzeuge den Luftfahrzeugen, die andere Luftfahrzeuge oder Gegenstände erkennbar schleppen.

Motorsegler, deren Motor nicht in Betrieb ist, gelten bei Anwendung der Ausweichregeln als Segelflugzeuge.

(3) Überholt ein Luftfahrzeug ein anderes, so hat das überholende Luftfahrzeug, auch wenn es steigt oder sinkt, den Flugweg des anderen zu meiden und seinen Kurs

nach rechts zu ändern. Ein Luftfahrzeug überholt ein anderes, wenn es sich dem anderen von rückwärts in einer Flugrichtung nähert, die einen Winkel von weniger als 70 Grad zu der Flugrichtung des anderen bildet. Bei Nacht ist dieses Verhältnis der Flugrichtungen zueinander anzunehmen, wenn die vorgeschriebenen roten und grünen Positionslichter (Anlage 1 § 2 Abs. 1 Buchstabe a und b) des Luftfahrzeugs nicht gesehen werden können.

Bemerkungen: Die Anordnung der Positionslichter ist in der Abbildung 2.10 (nach § 17) zu finden. Die Anlage 1 ist nicht abgedruckt.

(4) Luftfahrzeugen im Endteil des Landeanflugs und landenden Luftfahrzeugen ist auszuweichen.

(5) Von mehreren einen Flugplatz gleichzeitig zur Landung anfliegenden Luftfahrzeugen, die schwerer als Luft sind, hat das höher fliegende dem tiefer fliegenden Luftfahrzeug auszuweichen. Jedoch haben motorgetriebene Luftfahrzeuge, die schwerer als Luft sind, anderen Luftfahrzeugen in jedem Falle auszuweichen. Ein tiefer fliegendes Luftfahrzeug darf ein anderes Luftfahrzeug, das sich im Endteil des Landeanflugs befindet, nicht unterschneiden oder überholen.

(6) Ein Luftfahrzeug darf erst dann starten, wenn die Gefahr eines Zusammenstoßes nicht erkennbar ist.

(7) Ein Luftfahrzeug hat einem anderen Luftfahrzeug, das erkennbar in seiner Manövrierfähigkeit behindert ist, auszuweichen.

(8) Ein Luftfahrzeug, das nach den Absätzen 1 bis 5 und 7 nicht auszuweichen oder seinen Kurs zu ändern hat, muß seinen Kurs und seine Geschwindigkeit beibehalten, bis eine Zusammenstoßgefahr ausgeschlossen ist.

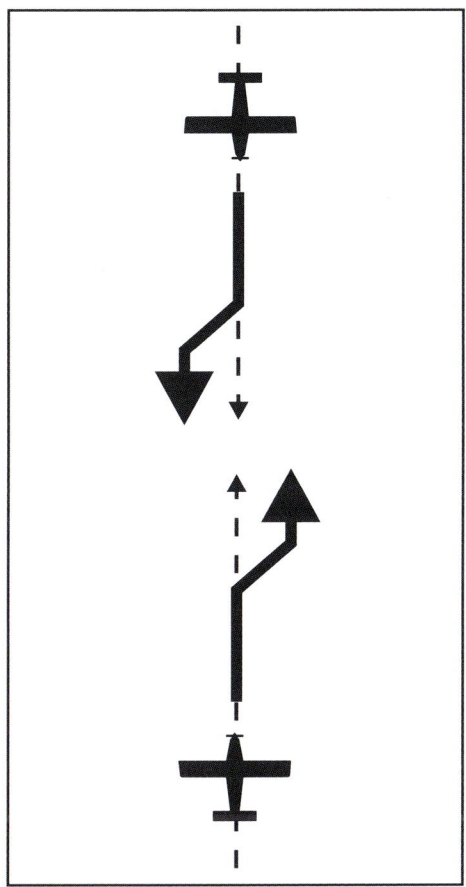

Abb. 2.7: Luftfahrzeuge im Gegenflug weichen nach rechts aus.

(9) Die Vorschriften über die Ausweichregeln entbinden die beteiligten Luftfahrzeugführer nicht von ihrer Verpflichtung, so zu handeln, daß ein Zusammenstoß vermieden wird. Dies gilt auch für Ausweichmanöver, die auf Empfehlungen beruhen, welche von einem bordseitigen Kollisionswarngerät gegeben werden. Ein Luftfahrzeug, das nach den Absätzen 2 bis 5 und 7 einem anderen Luftfahrzeug ausweichen oder dessen Flugweg meiden und seinen Kurs

ändern muß, darf das andere Luftfahrzeug nur in einem Abstand überfliegen, unterfliegen oder vor diesem vorbeifliegen, der eine Gefährdung oder Behinderung dieses Luftfahrzeugs ausschließt.

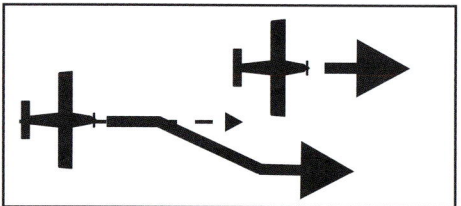

Abb. 2.8: Luftfahrzeuge überholen rechts.

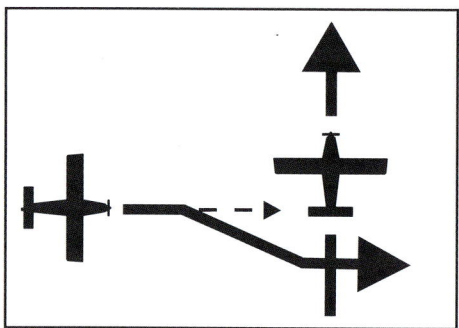

Abb. 2.9: Sich kreuzende Luftfahrzeuge: Das von rechts kommende hat Vorflugrecht.

§ 14 - Wolkenflüge mit Segelflugzeugen und Luftsportgeräten

Wolkenflüge mit Segelflugzeugen können von dem Flugsicherungsunternehmen erlaubt werden, wenn die Sicherheit der Luftfahrt durch geeignete Maßnahmen aufrechterhalten werden kann. Die Erlaubnis kann mit Auflagen verbunden werden. Wolkenflüge mit Luftsportgeräten sind nicht erlaubt.

Bemerkungen: Wolkenflüge mit Segelflugzeugen erfordern nicht nur eine Wolkenflugberechtigung gemäß § 85 LuftPersV, sondern außerdem einen Flugplan und eine Flugverkehrskontrollfrei-

gabe. Darüber hinaus ist ein betriebsbereites UKW-Sprechfunkgerät erforderlich.

§ 15 - Außenstarts und Außenlandungen von Flugzeugen, Drehflüglern, Luftschiffen, Motorseglern und Segelflugzeugen

(1) Starts und Landungen von Flugzeugen, Drehflüglern, Luftschiffen, Motorseglern, Ultraleichtflugzeugen und Segelflugzeugen außerhalb der für sie genehmigten Flugplätze bedürfen der Erlaubnis der örtlich zuständigen Luftfahrtbehörde des Landes. Außenlandungen von Motorseglern und Segelflugzeugen, die sich auf einem Überlandflug befinden, bedürfen keiner Erlaubnis.

(2) (weggefallen)

(3) Die zuständige Stelle kann von dem Antragsteller den Nachweis der Zustimmung des Grundstückseigentümers oder der sonstigen Berechtigten verlangen.

Bemerkungen: Ausgenommen von diesen Vorschriften sind nach § 25 LuftVG nicht vorsehbare Landungen von Luftfahrzeugen (z.B. Ballone), Sicherheitslandungen und Landungen bei Gefahr für Leib und Leben einer Person.

§ 16 - Aufstiege von Ballonen, Drachen, Flugmodellen und Flugkörpern mit Eigenantrieb, Starts und Landungen von Hängegleitern und Gleitsegeln, Außenlandungen mit Sprungfallschirmen

(1) Der Aufstieg eines bemannten Freiballons außerhalb eines für den Ballonaufstieg genehmigten Flugplatzes bedarf der Erlaubnis der örtlich zuständigen Luftfahrtbehörde des Landes.

(2) Fesselballone dürfen nur mit Erlaubnis der örtlich zuständigen Luftfahrtbehörde des Landes aufgelassen werden. Bei Drachen und Schirmdrachen bedarf es dieser

Erlaubnis, wenn sie mit einem mehr als 100 m langen Seil gehalten werden. Das Steigenlassen von Drachen oder das Betreiben von Schirmdrachen im Bauschutzbereich von Flughäfen sowie in einer Entfernung von weniger als 3 km von der Begrenzung von Landeplätzen und Segelfluggeländen ist verboten. Die örtlich zuständige Luftfahrtbehörde des Landes kann Ausnahmen zulassen.

(3) Das Halteseil von Fesselballonen sowie Drachen, deren Aufstieg einer Erlaubnis bedarf, ist in Abständen von 100 m bei Tage durch rotweiße Fähnchen, bei Nacht durch rote und weiße Lichter so kenntlich zu machen, daß es aus allen Richtungen von anderen Luftfahrzeugen aus erkennbar ist.

(3a) Außenlandungen von Hängegleitern und Gleitsegeln, die sich auf einem Überlandflug befinden, bedürfen keiner Erlaubnis. Starts und Landungen von Hängegleitern und Gleitsegeln außerhalb genehmigter Flugplätze bedürfen der Erlaubnis des Beauftragten nach § 31c des Luftverkehrsgesetzes. Die Erlaubnis schließt Schleppstarts von Hängegleitern und Gleitsegeln ein und kann mit Auflagen verbunden werden. Der Beauftragte kann von dem Antragsteller den Nachweis der Zustimmung des Grundstückseigentümers oder der sonstigen Berechtigten verlangen. Der Beauftragte hat die Naturschutzbehörden zu beteiligen.

(3b) Absatz 3a Satz 2 bis 5 ist auf Außenlandungen mit Sprungfallschirmen sinngemäß anzuwenden.

Bemerkungen: Die Absätze 4-6 des § 16 betreffen Flugmodelle, Raketen des Seenot- und Bergrettungsdienstes sowie Feuerwerksraketen haben im Rahmen der CVFR-Berechtigung keine Bedeutung.

§ 17 - Von Luftfahrzeugen zu führende Lichter

(1) Von Sonnenuntergang bis Sonnenaufgang haben im Betrieb befindliche Luftfahrzeuge die Lichter nach Anlage 1 zu führen; sie dürfen keine Lichter führen, die mit diesen verwechselt werden können. Wenn es zur Sicherung des Verkehrs erforderlich ist, sind Luftfahrzeuge, die nicht im Betrieb sind, durch die Lichter nach Anlage 1 oder durch andere Lichter von dem Luftfahrzeugführer oder Halter oder den in § 2 Abs. 2 Satz 2 und 3 genannten anderen Personen kenntlich zu machen.

(2) Das Zusammenstoß-Warnlicht nach § 3 der Anlage 1 ist von in Betrieb befindlichen Luftfahrzeugen am Tage und in der Nacht zu führen. Das Luftfahrt-Bundesamt kann Ausnahmen zulassen.

(2a) Luftfahrzeuge, die auf Flugplätzen nicht aus eigener Kraft rollen, können durch andere Lichter kenntlich gemacht werden; die Absätze 1 und 2 sind nicht anzuwenden.

(3) Für die Lichterführung auf dem Wasser gilt § 19 Abs. 2 und 3.

Bemerkungen: Anlage 1 ist nicht abgedruckt. Die zu § 17 gehörige Abbildung sowie die entsprechenden Erläuterungen sind auf der folgenden Seite zu finden.

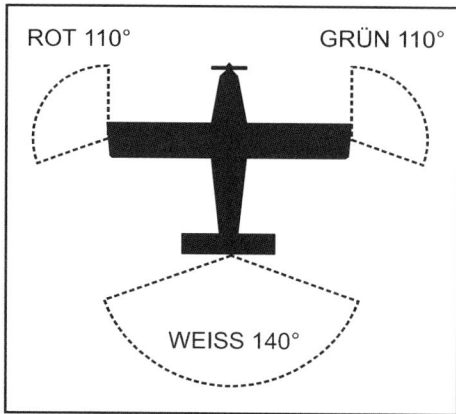

ROT 110°　　　　GRÜN 110°

WEISS 140°

Abb. 2.10: Positionslichter (§ 2 der Anlage 1):
(1) Flugzeuge haben folgende Positionslich-
ter zu führen:

a) ein rotes Licht, das unbehindert von ge-
nau voraus nach links über einen Winkel
von 110 Grad und nach oben und unten
scheint;

b) ein grünes Licht, das unbehindert von
genau voraus nach rechts über einen Winkel
von 110 Grad und nach oben und unten
scheint;

c) ein weißes Licht, das unbehindert von
genau nach hinten nach links und nach
rechts über einen Winkel von jeweils 70
Grad und nach oben und unten scheint.

<u>Bemerkungen:</u> Die Anlage 1 ist nicht abgedruckt.

Zweiter Abschnitt
Allgemeine Regeln II

§ 18 - Übungsflüge unter angenommenen Instrumentenflug-Bedingungen

Ein Luftfahrzeug darf unter angenommenen Instrumentenflug-Bedingungen nur geflogen werden, wenn

1. eine Doppelsteuerung vorhanden ist und

2. ein zweiter Luftfahrzeugführer am Doppelsteuer mitfliegt, der einen für das Muster des Luftfahrzeugs gültigen Luftfahrerschein besitzt. Der zweite Luftfahrzeugführer muß den Luftraum beobachten, nötigenfalls muß er sich der Hilfe eines Beobachters bedienen, der in Sprechverbindung mit ihm steht.

<u>Bemerkungen:</u> Die Flüge müssen unter Sichtflugwetterbedingungen durchgeführt werden. Bei einem Ausbildungsflug ist eine Instrumentenflugberechtigung und IFR-Lehrberechtigung für den zweiten Luftfahrzeugführer erforderlich. Bei einem Übungsflug genügt für den zweiten Luftfahrzeugführer der Luftfahrerschein und eine entsprechende Flugzeug-Musterberechtigung.

§ 19 - Luftfahrzeuge auf dem Wasser

§ 20 - Gefahrenmeldung

Der Luftfahrzeugführer hat Beobachtungen über Gefahren für den Luftverkehr unverzüglich der für ihn zuständigen Flugverkehrskontrollstelle zu melden. Die Meldungen sollen alle Einzelheiten enthalten, die für die Gewährleistung der Sicherheit des Luftverkehrs wesentlich sind.

§ 21 - Signale und Zeichen

(1) Beobachtet oder empfängt ein Luftfahrzeugführer Signale und Zeichen nach An-

lage 2, so hat er die dort vorgesehenen Maßnahmen zu treffen.

(2) Die Signale und Zeichen der Anlage 2 sind nur für die darin beschriebenen Zwek-ke anzuwenden; andere Signale und Zeichen, die hiermit verwechselt werden können, dürfen nicht verwendet werden.

(3) Besteht Funkverbindung, haben Funk-anweisungen der zuständigen Stellen Vor-rang vor Licht- und Bodensignalen sowie Zeichen; das gilt nicht gegenüber Signalen nach § 5 Abs. 1 Nr. 6 der Anlage 2.

(4) Beobachtet ein Luftfahrzeugführer bei der Ansteuerung durch ein militärisches Luft-fahrzeug die nach Satz 2 festgelegten Si-gnale und Zeichen, hat er die vorgeschrie-benen Maßnahmen zu treffen. Das Bundes-ministerium für Verkehr legt die von militä-rischen Luftfahrzeugen bei der Ansteuerung zu gebenden Signale und Zeichen sowie die von den Führern angesteuerter Luft-fahrzeuge zu treffenden Maßnahmen fest und gibt sie im Verkehrsblatt - Amtsblatt des Bundesministerium für Verkehr der Bun-desrepublik Deutschland - oder in den Nach-richten für Luftfahrer bekannt.

Anlage 2 zur LuftVO - Signale und Zeichen

1. Not- und Dringlichkeitssignale

§ 1 - Wahl der anzuwendenden Signale

Der Führer eines Luftfahrzeugs darf in einer Notlage jedes verfügbare Mittel benutzen, um sich bemerkbar zu machen, seinen Standort bekanntzugeben und Hilfe herbeizurufen.

§ 2 - Notsignale

Die folgenden, entweder zusammen oder einzeln gegebenen Signale bedeuten, daß schwere und

unmittelbare Gefahr droht und daß sofortige Hilfe angefordert wird:

1. Ein durch Tastfunk oder auf andere Art gege-benes Signal, das aus der Gruppe SOS (. . . - - - . . .) des Morsealphabets besteht;
2. ein durch Sprechfunk gegebenes Signal, das aus dem gesprochenen Wort "MAYDAY" be-steht;
3. einzeln und in kurzen Zeitabständen abgefeu-erte rot leuchtende Raketen oder Leuchtkugeln;
4. ein Leuchtfallschirm mit rotem Licht.

§ 3 - Dringlichkeitssignale

(1) Die folgenden, entweder gemeinsam oder einzeln gegebenen Signale bedeuten, daß ein Luftfahrzeug sich in einer schwierigen Lage be-findet, die es zur Landung zwingt, jedoch keine sofortige Hilfeleistung erfordert:

1. Wiederholtes Ein- und Ausschalten der Lande-scheinwerfer;
2. wiederholtes Ein- und Ausschalten der Posi-tionslichter derart, daß sie nicht mit Positions-lichtern, die als Blinklichter eingerichtet sind, verwechselt werden können.

(2) Die folgenden, entweder gemeinsam oder einzeln gegebenen Signale bedeuten, daß ein Luftfahrzeug eine sehr dringende Meldung über die Sicherheit eines Wasserfahrzeugs, eines Luft-fahrzeugs, eines anderen Fahrzeugs oder über Personen an Bord oder in Sicht abzugeben hat:

1. Ein durch Tastfunk oder auf andere Art gege-benes Signal, das aus der Gruppe XXX (- . . - - . . - . . -) besteht;
2. ein durch Sprechfunk gegebenes Signal, das aus dem gesprochenen Wort „PANPAN" be-steht.

2. Warnsignale

§ 4

Eine Folge von Leuchtgeschossen, die in Abständen von 10 Sekunden abgefeuert werden und von denen sich jedes in rote und grüne Lichter oder Sterne zerlegt, zeigt dem Führer eines Luftfahrzeugs an, daß er in einem Gefahrengebiet oder unbefugt in einem Gebiet mit Flugbeschränkungen oder einem Luftsperrgebiet fliegt, oder im Begriff ist, in eines dieser Gebiete einzufliegen, und daß er die erforderlichen Vorsichtsmaßnahmen zu ergreifen hat. Diese Signale können entweder vom Boden oder von einem anderen Luftfahrzeug aus abgegeben werden.

3. Signale für den Flugplatzverkehr

§ 5 - Lichtsignale

(1) Auf ein Luftfahrzeug im Flug gerichtete Lichtsignale bedeuten:

1. Grünes Dauersignal: Landung freigegeben;
2. Rotes Dauersignal: Platzrunde fortsetzen, anderes Luftfahrzeug hat Vorflug;
3. Grünes Blinksignal: Zwecks Landung zurückkehren oder Anflug fortsetzen (Freigabe zum Landen und Rollen abwarten);
4. Rotes Blinksignal: Nicht landen, Flugplatz unbenutzbar;
5. Weißes Blinksignal: Auf diesem Flugplatz landen und zum Vorfeld rollen (Freigabe zum Landen und Rollen abwarten);
6. Rote Feuerwerkskörper: Ungeachtet aller früheren Anweisungen und Freigaben zur Zeit nicht landen.

(2) Auf ein Luftfahrzeug am Boden gerichtete Lichtsignale bedeuten:

1. Grünes Dauersignal: Start freigegeben;
2. Rotes Dauersignal: Halt;
3. Grünes Blinksignal: Rollerlaubnis erteilt;

4. Rotes Blinksignal: Benutzte Landefläche freimachen;
5. Weißes Blinksignal: Zum Ausgangspunkt auf dem Flugplatz zurückkehren.

(3) Empfängt ein Luftfahrzeugführer Signale nach Absatz 1, hat er diese wie folgt zu bestätigen:

1. Zwischen Sonnenaufgang und Sonnenuntergang durch wechselweise Betätigung der Querruder, es sei denn, das Luftfahrzeug befindet sich im Quer- oder Endanflug zur Landung;
2. zwischen Sonnenuntergang und Sonnenaufgang durch zweimaliges Ein- und Ausschalten der Landescheinwerfer oder der Positionslichter.

(4) Empfängt ein Luftfahrzeugführer Signale nach Absatz 2, so hat er diese wie folgt zu bestätigen:

1. Zwischen Sonnenaufgang und Sonnenuntergang durch Bewegen der Quer- oder Seitenruder;
2. zwischen Sonnenuntergang und Sonnenaufgang durch zweimaliges Ein- und Ausschalten der Landescheinwerfer oder der Positionslichter.

§ 6 - Bodensignale

1. Landeverbot
Signal: Ein in der Signalfläche ausgelegtes waagerechtes quadratisches rotes Feld mit zwei gelben Diagonalstreifen.
Bedeutung: Landeverbot für längere Zeit.

2. Besondere Vorsicht beim Landeanflug und bei der Landung
Signal: Ein in der Signalfläche ausgelegtes waagerechtes quadratisches rotes Feld mit einem gelben Diagonalstreifen.

Bedeutung: Beim Landeanflug und bei der Landung ist wegen des schlechten Zustandes des Rollfeldes oder aus anderen Gründen besondere Vorsicht geboten.

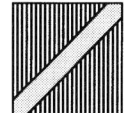

3. Benutzung der Start- und Landebahnen und der Rollbahnen
a) Signal: Eine in der Signalfläche ausgelegte waagerechte weiße Fläche in Form einer Hantel.
Bedeutung: Zum Starten, Landen und Rollen dürfen nur Start- und Landebahnen und Rollbahnen benutzt werden.

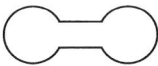

b) Signal: Eine in der Signalfläche ausgelegte waagerechte weiße Fläche in Form einer Hantel mit je einem schwarzen Streifen in den kreisförmigen Flächenteilen, wobei die Streifen im rechten Winkel zur Längsachse der Fläche liegen.
Bedeutung: Zum Starten und Landen dürfen nur die Start- und Landebahnen benutzt werden; Rollbewegungen sind nicht auf Start- und Landebahnen oder Rollbahnen beschränkt.

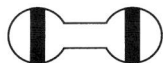

4. Unbenutzbarkeit des Rollfeldes
Signal: Auf dem Rollfeld ausgelegte Kreuze in weißer oder anderer auffallender Farbe.
Bedeutung: Der durch die Kreuze bezeichnete oder begrenzte Teil des Rollfeldes ist nicht benutzbar.

5. Anweisungen für Start und Landung
a) Signal: Ein weißes oder orangefarbenes "T" (Lande-T), das bei Nacht entweder beleuchtet oder durch weiße Lichter dargestellt ist.
Bedeutung: Starts und Landungen sind parallel zum Längsbalken des Lande-T in Richtung auf den Querbalken durchzuführen.

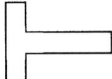

b) Signal: Ein liegendes Tetraeder, das, von der Grundfläche in Richtung auf die Spitze gesehen, auf der linken Seite orangefarbig oder schwarz, auf der rechten Seite weiß oder aluminiumfarbig ist und das bei Nacht, von der Grundfläche in Richtung auf die Spitze gesehen, durch auf der Mittellinie und der rechten Begrenzung angebrachte grüne Lichter und durch auf der linken Begrenzung angebrachte rote Lichter dargestellt ist.
Bedeutung: Starts und Landungen sind in der Richtung auszuführen, in die die Spitze des Tetraeders zeigt.

c) Signal: Eine zweistellige Zahl auf einer Tafel, die am Kontrollturm oder in dessen Nähe senkrecht angebracht ist.
Bedeutung: Angabe der Startrichtung, abgerundet auf die nächstliegenden zehn Grad der mißweisenden Kompaßrose.

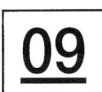

6. Richtungsänderung nach rechts nach dem Start und vor der Landung
Signal: Ein in der Signalfläche oder am Ende der Start- und Landebahn oder des Schutzstreifens waagerecht ausgelegter und nach rechts abgewinkelter Pfeil in auffallender Farbe.
Bedeutung: Nach dem Start und vor der Landung sind Richtungsänderungen nur nach rechts erlaubt.

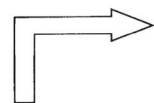

6a. Richtungsänderungen nach dem Start und vor der Landung bei getrennter Platzrunde für motorgetriebene Luftfahrzeuge und Segelflugzeuge

Signal: Ein in der Signalfläche oder am Ende der Start- und Landebahn oder des Schutz-streifens in Start- und Landerichtung ausgeleg-tes, mit einem nach rechts oder links abgewin-kelten Pfeil versehenes Doppelkreuz von auffal-lender Farbe.

Bedeutung: Getrennte Platzrunde für motorge-triebene Luftfahrzeuge und Segelflugzeuge. Nach dem Start und vor der Landung sind Richtungs-änderungen für motorgetriebene Luftfahrzeuge nur in Pfeilrichtung, für Segelflugzeuge nur ent-gegengesetzt erlaubt.

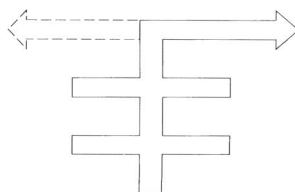

7. Abgabe von Flugsicherungsmeldungen

Signal: Der Buchstabe "C" in schwarz, auf einer senkrecht angebrachten gelben Tafel.

Bedeutung: Flugsicherungsmeldungen sind an der so bezeichneten Stelle abzugeben.

8. Segelflugbetrieb

Signal: Ein in der Signalfläche waagerecht aus-gelegtes weißes Doppelkreuz.

Bedeutung: Am Flugplatz wird Segelflugbetrieb durchgeführt.

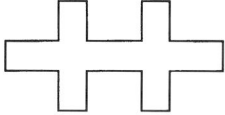

Bemerkungen: Auf die Texte und Abbildungen der §§ 7 (Zeichen des Einwinkers) und 8 (Zeichen des Luftfahrzeugführers) der LuftVO Anlage 2 (Signa-le und Zeichen) ist im Zusammenhang mit diesem CVFR-Handbuches verzichtet worden.

§ 21a - Regelung des Flugplatzverkehrs

(1) Für die Durchführung des Flugplatz-verkehrs können besondere Regelungen durch das Flugsicherungsunternehmen ge-troffen werden, wenn Flugplätze mit Flug-verkehrskontrollstelle betroffen sind. In allen anderen Fällen werden die Regelungen von der für die Genehmigung des Flugplatzes zuständigen Luftfahrtbehörde des Landes auf Grund einer gutachtlichen Stellungnah-me des Flugsicherungsunternehmens ge-troffen. Die Regelungen werden in den Nach-richten für Luftfahrer bekanntgemacht.

(2) Flugplatzverkehr ist der Verkehr von Luftfahrzeugen, die sich in der Platzrunde befinden, in diese einfliegen oder sie ver-lassen, sowie der gesamte Verkehr auf dem Rollfeld. Rollfeld sind die Start- und Lande-bahnen sowie die weiteren für Start und Landung bestimmten Teile eines Flugplatzes einschließlich der sie umgebenden Schutz-streifen und die Rollbahnen sowie die wei-teren zum Rollen bestimmten Teile eines Flugplatzes außerhalb des Vorfeldes; das Vorfeld ist nicht Bestandteil des Rollfeldes.

(3) Gleichzeitiger Flugplatzverkehr von Luft-sportgeräten und anderen Luftfahrzeugen bedarf der Zustimmung der zuständigen Luftaufsichtsstelle oder der Flugleitung.

(4) Auf Flugplätzen oder Geländen, die aus-schließlich dem Betrieb von Luftsportgerä-ten dienen, gelten die Regelungen der Flug-betriebsordnung für Luftsportgeräte des Be-auftragten. Absatz 3 ist sinngemäß anzu-wenden.

Bemerkungen: Spezielle VFR-Regelungen für die Flugplätze können in der AIP VFR nachge-schlagen werden. Zuständig für den Flugplatz-verkehr ist der Flugverkehrskontrolldienst. Der Vorfeldverkehr wird auf Verkehrsflughäfen vom Flugplatzbetreiber geregelt. Ein kontrollierter Platz muß keine Kontrollzone haben, sofern nur VFR-Flugverkehr stattfindet. Flugplätze sind kontrolliert, wenn ein Flugverkehrskontrolldienst vorhanden ist. Weitere Merkmale sind die Rufzeichen, z.B. TURM (kontrolliert) und INFO (unkontrolliert).

§ 22 - Flugbetrieb auf einem Flugplatz und in dessen Umgebung

(1) Wer ein Luftfahrzeug auf einem Flugplatz oder in dessen Umgebung führt, ist verpflichtet,

1. die in den Nachrichten für Luftfahrer bekanntgemachten Anordnungen der Luftfahrtbehörden für den Verkehr von Luftfahrzeugen auf dem Flugplatz oder in dessen Umgebung; insbesondere die nach § 21a getroffenen besonderen Regelungen für die Durchführung des Flugplatzverkehrs, zu beachten;

2. die Verfügungen der Luftaufsicht und die Anweisungen des Flugplatzunternehmers zu beachten;

3. den Flugplatzverkehr zu beobachten, um Zusammenstöße zu vermeiden;

4. sich in den Verkehrsfluß einzufügen oder sich erkennbar aus ihm herauszuhalten;

5. Richtungsänderungen in der Platzrunde, beim Landeanflug und nach dem Start in Linkskurven auszuführen, sofern nicht eine andere Regelung getroffen ist;

6. gegen den Wind zu landen und zu starten, sofern nicht Sicherheitsgründe, die Rücksicht auf den Flugbetrieb, die Ausrichtung der Start- und Landebahnen oder andere örtliche Gründe es ausschließen;

7. auf Mitteilungen durch Funk, auf Licht- und Bodensignale sowie auf Zeichen zu achten;

8. sich bei der Luftaufsichtsstelle, auf Flugplätzen ohne Luftaufsichtsstelle bei der Flugleitung zu melden und folgende Angaben zu machen:

Vor dem Start:

a) das Luftfahrzeugmuster,

b) das Kennzeichen (§ 19 der Luftverkehrs-Zulassungs-Ordnung),

c) die Anzahl der Besatzungsmitglieder,

d) die Anzahl der Fluggäste,

e) die Art des Flugs,

f) bei einem Überlandflug den Zielflugplatz;

Nach der Landung:

a) das Kennzeichen,

b) bei einem Überlandflug den Startflugplatz,

c) das Luftfahrzeugmuster;

9. beim Rollen Start- und Landebahnen möglichst rechtwinklig und nur dann zu kreuzen, wenn sich dort kein anderes Luftfahrzeug im Landeanflug oder im Start befindet;

10. nach der Landung die Landebahn so schnell wie möglich freizumachen;

11. rechts neben dem Landezeichen aufzusetzen, sofern nicht eine andere Regelung getroffen ist;

12. nach dem Start unter Beachtung der flugtechnischen Sicherheit so schnell wie möglich Höhe zu gewinnen;

13. nach dem Durchstarten entsprechend Nummer 12 zu verfahren;

14. eine Flugplatzverkehrszone zu meiden, wenn nicht beabsichtigt ist, innerhalb der Flugplatzverkehrszone zu landen.

(2) Flugplatzverkehrszone ist ein um einen Flugplatz oder um mehrere Flugplätze gemeinsam zum Schutz des Flugplatzverkehrs festgelegter Luftraum von bestimmten Abmessungen. Das Bundesministerium für Verkehr legt die Flugplatzverkehrszonen fest und gibt sie im Verkehrsblatt - Amtsblatt des Bundesministeriums für Verkehr der Bundesrepublik Deutschland - oder in den Nachrichten für Luftfahrer bekannt.

(3) Abweichungen von Absatz 1 kann die Luftaufsichtsstelle, an Flugplätzen ohne Luftaufsichtsstelle die Flugleitung, im Einzelfall zulassen, wenn zwingende Gründe dies notwendig machen und dadurch eine Gefährdung der öffentlichen Sicherheit oder Ordnung, insbesondere der Sicherheit des sonstigen Luftverkehrs, nicht zu erwarten ist.

(4) Auf Flugplätzen sind aus eigener Kraft rollende Luftfahrzeuge gegenüber anderen Fahrzeugen und Fußgängern bevorrechtigt.

(5) Motoren von Luftfahrzeugen dürfen nur in Betrieb gesetzt werden, wenn sich im Führersitz sachkundige Bedienung befindet und Personen nicht gefährdet werden können. Der Motor darf auf Stand nur laufen, wenn außerdem das Fahrwerk genügend gesichert ist. Das Abbremsen der Motoren und das Abrollen von den Hallen ist so vorzunehmen, daß Gebäude, andere Luftfahrzeuge oder andere Fahrzeuge kein stärkerer Luftstrom trifft und Personen nicht verletzt werden können. Bei laufendem Motor darf sich niemand vor dem Luftfahrzeug oder in einem für die Sicherheit nicht ausreichenden Abstand von diesem aufhalten.

Bemerkungen: Betroffen von dieser Regelung sind sowohl kontrollierte als auch unkontrollierte Flugplätze. Platzrunden sind immer Linksplatzrunden, Rechtsplatzrunden müssen entweder durch Zeichen auf der Signalfläche oder über Funk angewiesen werden. Z.Zt. gibt es keine Flugplatzverkehrszonen in Deutschland.

§ 22a - Flugbetrieb mit Flugzeugen zur gewerbsmäßigen Beförderung von Personen oder Sachen

§ 23 - Flugbetrieb auf einem Flugplatz mit Flugverkehrskontrollstelle

(1) Wer ein Luftfahrzeug auf einem Flugplatz mit Flugverkehrskontrollstelle oder in dessen Umgebung führt, ist über die Vorschriften des § 22 hinaus verpflichtet,

1. auf der dafür vorgesehenen Funkfrequenz der Flugverkehrskontrollstelle des Flugplatzes empfangsbereit zu sein, sofern er nicht durch eine andere Flugverkehrskontrollstelle betreut wird; ist eine Funkverbindung nicht möglich, so hat der Luftfahrzeugführer auf Anweisungen durch Licht- und Bodensignale sowie Zeichen zu achten;

2. durch Funk oder Zeichen die vorherige Genehmigung für alle Bewegungen einzuholen, durch die das Rollen, Starten und Landen eingeleitet werden oder die damit in Zusammenhang stehen;

3. für Bewegungen auf dem Vorfeld und den Abstellflächen des Flugplatzes die Signale und Zeichen des Flugplatzunternehmers zu befolgen.

(2) Auf einem Flugplatz mit Flugverkehrskontrollstelle tritt für die Zulassung von Abweichungen nach § 22 Abs. 3 die Flugverkehrskontrollstelle an die Stelle der Luftaufsichtsstelle, mit Ausnahme der Zulassung von Abweichungen von § 22 Abs. 1 Nr. 8.

(3) Auf dem Rollfeld eines Flugplatzes mit Flugverkehrskontrollstelle bedarf auch der Verkehr von Fußgängern und Fahrzeugen der Erlaubnis der Flugverkehrskontrollstelle. Den von ihr zur Sicherung des Flugplatzverkehrs schriftlich, mündlich, durch Funk, Lichtsignale oder Zeichen erlassenen Verfügungen ist Folge zu leisten.

(4) Flüge nach Sichtflugregeln in Kontrollzonen bedürfen einer Flugverkehrskontrollfreigabe durch die zuständige Flugverkehrskontrollstelle.

Bemerkungen: Wie bereits bei § 21 a erwähnt, muß ein Flugplatz mit Flugverkehrskontrollstelle keine Kontrollzone haben. Auf dem Vorfeld von Flugplätzen mit hohem Verkehrsaufkommen wird keine Flugverkehrskontrolle, sondern eine Vorfeldkontrolle vom Flugplatzbetreiber ausgeübt.

§ 24 - Prüfung der Flugvorbereitung und der vorgeschriebenen Ausweise

Auf Verlangen der für die Wahrnehmung der Luftaufsicht zuständigen Personen oder Stellen hat

1. der Luftfahrzeugführer nachzuweisen, daß er den Flug ordnungsgemäß vorbereitet hat;

2. das Luftfahrtpersonal die vorgeschriebenen Ausweise, insbesondere die Scheine und Zeugnisse für die Besatzung und das Luftfahrzeug, zur Prüfung auszuhändigen.

Bemerkungen: Zuständige Personen sind die Beauftragen für Luftaufsicht (BfL) oder Beamte der Luftaufsichtsstellen der Länder.

Abb. 2.11: Ausschnitt aus der Flugplatzkarte Egelsbach (Quelle: DFS).

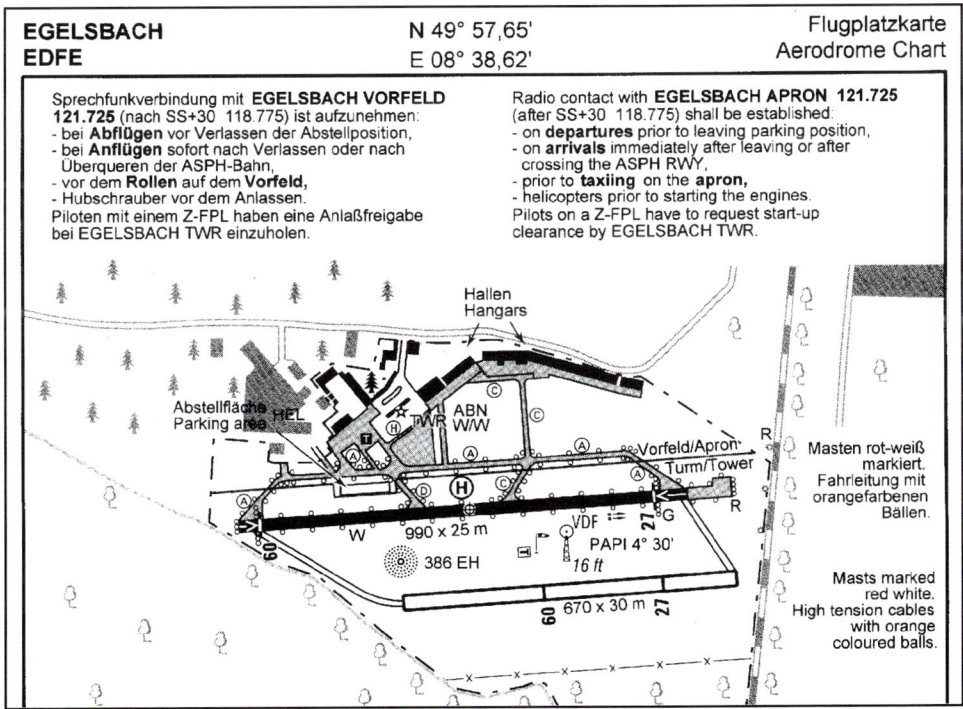

§ 25 - Flugplanabgabe

(1) Der Luftfahrzeugführer hat der zuständigen Flugverkehrskontrollstelle einen Flugplan zu übermitteln für

1. Flüge, die nach Instrumentenflugregeln durchgeführt werden;

2. Flüge nach Sichtflugregeln bei Nacht im kontrollierten Luftraum;

3. Kunstflüge im kontrollierten Luftraum und über Flugplätzen mit Flugverkehrskontrollstelle;

4. Wolkenflüge mit Segelflugzeugen;

5. Flüge in Gebieten mit Flugbeschränkungen, soweit dies ausdrücklich bei der Festlegung der Gebiete angeordnet ist;

6. Flüge nach Sichtflugregeln aus der Bundesrepublik oder in die Bundesrepublik.

Das Bundesministerium für Verkehr kann Ausnahmen zulassen, soweit die öffentliche Sicherheit oder Ordnung, insbesondere die Sicherheit des Luftverkehrs, dadurch nicht beeinträchtigt werden.

(2) Der Luftfahrzeugführer kann auch für andere Flüge der zuständigen Flugverkehrskontrollstelle einen Flugplan übermitteln, um die Durchführung des Such- und Rettungsdienstes für Luftfahrzeuge zu erleichtern.

(3) Einzelheiten über Arten, Form, Abgabe, Annahme, Aufhebung, Änderung und zulässige Abweichungen von Flugplänen werden von dem Flugsicherungsunternehmen festgelegt und im Verkehrsblatt - Amtsblatt des Bundesministeriums für Verkehr der Bundesrepublik Deutschland - oder in den Nachrichten für Luftfahrer bekanntgemacht.

Bemerkungen und Erläuterungen:

VFR-Flugpläne und -Flugberatungen

In den folgenden Texten werden die Verfahren vorgestellt, wann und wie Flugpläne erstellt und aufgegeben werden (Quelle: NfL-3/99, I-21/99).

I. Flugplanaufgabe

In der Bundesrepublik Deutschland muß für folgende VFR-Flüge ein Flugplan bei einer Flugberatungsstelle (AIS) der DFS aufgegeben werden:

1. Für Flüge über die Grenzen der Bundesrepublik Deutschland, mit folgender Ausnahme: Für Flüge von und nach Frankreich, Belgien, Luxemburg, den Niederlanden, Österreich, Spanien und Portugal (Unterzeichnerstaaten des Schengener Abkommens) muß nur dann ein Flugplan aufgegeben werden, wenn die Vorschriften des betroffenen Landes dies fordern und/oder während des Fluges das Gebiet oder der Luftraum eines Landes berührt wird, das nicht dem Schengener Abkommen beigetreten ist.

2. Für Nachtflüge im kontrollierten Luftraum

3. Für Flüge in Gebiete mit Flugbeschränkungen, soweit dies ausdrücklich bei der Festlegung der Gebiete angeordnet ist. Derzeit sind dies nur Flüge in oder durch die Identifizierungszone, die ohne betriebsbereiten Transponder und mit einer wahren Eigengeschwindigkeit von mehr als 150 kt durchgeführt werden.

4. Für Flüge mit Flugregelwechsel von VFR nach IFR

5. Für Kunstflüge im kontrollierten Luftraum und über Flugplätzen mit Flugverkehrskontrolle

6. Für Wolkenflüge mit Segelflugzeugen

Ein Flugplan kann auch für andere VFR-Flüge aufgegeben werden, z.B. wenn der Flugberatungsdienst der DFS die zeitgerechte Landung überwachen und dadurch die Durchführung des SAR-Dienstes sichergestellt werden soll.

Der Bundesminister für Verkehr hat für den VFR-Verkehr zwischen einigen deutschen Flugplätzen und bestimmten dänischen, belgischen und niederländischen Flugplätzen (s. Ausnahmen von der Verpflichtung zur Aufgabe von Flugplänen) Ausnahmen von der Flugplanaufgabepflicht zugelassen.

II. Inhalt des Flugplanes

1. Allgemeines

Das Flugplanformular muß vollständig ausgefüllt werden, die Angaben für den beabsichtigten Flug müssen vollständig sein. Wird der Flugplan ohne das Flugplanformular erstellt (z.B. über PC-Fax), muß die Reihenfolge der Flugplaneinträge dennoch unbedingt eingehalten werden. Alle Zeiten im Flugplan sind in UTC (koordinierte Weltzeit) anzugeben (MEZ/MESZ minus eine bis zwei Stunde/n).

In den folgenden Abschnitten werden nur die besonderen und notwendigen Angaben in Flugplänen für VFR-Flüge bzw. für VFR-Flüge mit Flugregelwechsel dargestellt. Weitere Informationen über Flugplaninhalte können der „Bekanntmachung von Einzelheiten über Arten, Inhalt, Form, Abgabe, Annahme, Aufhebung und Änderung von Flugplänen" entnommen werden, die u.a. im Luftfahrthandbuch Deutschland IFR veröffentlicht ist.

2. Luftfahrzeugkennung

Als Luftfahrzeugkennung ist das Nationalitätenkennzeichen (für die Bundesrepublik Deutschland „D") in Verbindung mit folgenden Angaben zulässig:

a) Vierbuchstabiges Eintragungszeichen bei

- Flugzeugen
  AXXX über 20 t höchstzuläss. Fluggewicht
  BXXX 14 t bis 20 t
  CXXX 5,7 t bis 14 t
  EXXX einmotorig bis 2 t
  FXXX einmotorig 2 t bis 5,7 t
  GXXX mehrmotorig bis 2 t
  IXXX mehrmotorig 2 t bis 5,7 t

- Drehflüglern HXXX

- Luftschiffen LXXX

- Motorseglern KXXX

- Luftsportgeräten, motorgetrieben MXXX

- Luftsportgeräten ohne Motor NXXX

- bemannten Freiballonen OXXX

b) Zugeteilte vierstellige Kennzahl bei Segelflugzeugen, z.B. 1234

c) Zugeteilter Name bei bemannten Freiballonen, sofern der Name aus nicht mehr als sechs Buchstaben besteht, z.B. LUDWIG

Umfaßt der Name eines Freiballons mehr als 6 Buchstaben, muß als Luftfahrzeugkennung die Buchstabengruppe „ZZZZ" angegeben werden. In diesem Fall ist die vollständige Luftfahrzeugkennung im Flugplanfeld 18 „Andere Angaben" mit der Kenngruppe „REG/" einzutragen.
Beispiel: REG/D-OFFENBACH

Soll der Flugplan für einen Flug gelten, an dem mehrere Luftfahrzeuge beteiligt sind, ist die Luftfahrzeugkennung des führenden oder des zuerst startenden Luftfahrzeugs anzugeben. Die Kennungen der anderen Luftfahrzeuge sind im Flugplanfeld 18 „Andere Angaben" mit der Kenngruppe „REG/" aufzuführen.
Beispiel: REG/DEXXA DEXXB DEXXC

3. Flugregeln und Art des Fluges

Als Flugregel ist nur eine der folgenden Eintragungen möglich:

- V = VFR

- VN = VFR-Nacht

- Y = Flug beginnt IFR und wechselt nach VFR

- Z = Flug beginnt VFR und wechselt nach IFR

Für die Art des Fluges sind folgende Kennbuchstaben zu verwenden:

- G = Flüge der Allgemeinen Luftfahrt.
  Flüge von Luftfahrzeugen, die nicht im gewerblichen Luftverkehr oder als Arbeitsflüge durchgeführt werden.

- N = Nichtplanmäßige Flüge im gewerblichen Luftverkehr. Nichtplanmäßige Flüge von Luftfahrzeugen für die Beförderung von Fluggästen, Fracht oder Post gegen Entgelt oder Miete.

- X = Übungs-, Test- und Abnahmeflüge.
  Bei Übungsflügen, die ausschließlich zum Erwerb eines Pilotenscheins oder einer Berechtigung für Luftfahrzeugführer durchgeführt werden, müssen in Feld 18 des Flugplans nach der Kenngruppe „RMK/" die Buchstabenkombination „LIC" sowie ergänzende Angaben eingetragen werden.
  Beispiel: RMK/LIC SEVERAL APCH

4. Anzahl und Muster der Luftfahrzeuge; Wirbelschleppenkategorie

Es ist die von der ICAO festgelegte Abkürzung für den Flugzeugtyp anzugeben. Ist keine Abkürzung festgelegt, dann ist die Buchstabengruppe „ZZZZ" zu verwenden und im Flugplanfeld 18 „Andere Angaben" mit der Kenngruppe „TYP/" das Luftfahrzeugmuster im Klartext einzutragen.

Nehmen an einem Flug mehrere Luftfahrzeuge des gleichen Musters teil, ist die Anzahl vor der Abkürzung einzutragen.

Bei einem Flug, an dem Luftfahrzeuge verschiedener Muster teilnehmen, ist die Abkürzung für das führende oder zuerst startende Luftfahrzeug anzugeben. Die Muster der übrigen Luftfahrzeuge sind im Flugplanfeld 18 „Andere Angaben" mit der Kenngruppe „TYP/" in der Reihenfolge einzutragen, in der sie mit der Kenngruppe „REG/" gem. Ziff. 2 aufgeführt sind.
Beispiel: TYP/BE33 BE35 PA23

Die Wirbelschleppenkategorie richtet sich nach der höchstzulässigen Startmasse des Luftfahrzeugs. Ihr Eintrag ist aus Sicherheitsgründen für die zeitliche und räumliche Staffelung von Flugzeugen durch die Flugverkehrskontrolle wichtig, damit eine Gefährdung durch vorausfliegende größere Luftfahrzeuge vermieden wird.

- L (leicht) - weniger als 7.000 kg

- M (mittel) - mehr als 7.000 kg, jedoch weniger als 136.000 kg

- H (schwer) - 136.000 kg und mehr

5. Ausrüstung

In diesem Feld ist die Ausrüstung eines Luftfahrzeugs mit Funk- und Funknavigationsgeräten sowie mit Transponder anzugeben, die benutzbar ist und, die der Luftfahrzeugführer bedienen darf. Folgende Angaben sind möglich:

- N - keine Ausrüstung vorhanden oder betriebsbereit, bzw. Luftfahrzeugführer darf die Ausrüstung nicht bedienen

- S - die Standardausrüstung (VHF, RTF, ADF, VOR, ILS) wird mitgeführt und ist betriebsbereit

Es ist auch eine Kombination aus einem oder mehreren Buchstaben zulässig, welche die Art der Ausrüstung bezeichnen. Einige wichtige Beispiele sind nachfolgend aufgeführt:

- A - ADF

- H - Radio HF

- O - VOR

- U - Radio UHF

- V - Radio VHF

- Z - andere Ausrüstung (bei dieser Angabe muß die Art der Ausrüstung in Flugplanfeld 18 „Andere Angaben" mit Kenngruppe „COM/" = Sprechfunkausrüstung oder „NAV/" = Funknavigationsausrüstung aufgeführt werden)

Für die Transponder-Ausrüstung kann z.B. stehen:

- A - Transponder Modus A

- C - Transponder Modi A und C

- S - Transponder Modus S

Weitere Kennbuchstaben für die Ausrüstung mit Funk- und Navigationsgeräten sowie Transponder können der AIP Deutschland entnommen werden.

6. Startflugplatz und voraussichtliche Abblockzeit (EOBT)

Der Startflugplatz wird mit der ICAO-Ortskennung angegeben. Diese ist AD 2 zu entnehmen. Ist einem Flugplatz keine Ortskennung zugeteilt worden, dann ist „ZZZZ" einzutragen und im Flugplanfeld 18 „Andere Angaben" mit der Kenngruppe „DEP/" der Startflugplatz, gegebenenfalls bezogen auf die nächstgelegene, in der ICAO-Karte 1:500.000 verzeichnete Ortschaft im Wortlaut anzugeben.
Beispiel: DEP/WITTSTOCK

Wird der Flugplan während des Fluges aufgegeben, ist anstelle des Startflugplatzes die Buchstabengruppe „AFIL" einzutragen und in Feld 18 mit der Kenngruppe „DEP" die Stelle anzugeben, von der die zusätzlichen Flugplandaten angefordert werden können.

Die voraussichtliche Abblockzeit (EOBT) ist der Zeitpunkt, zu dem das Luftfahrzeug voraussichtlich mit der Bewegung für den Start beginnt. Sie ist mit einer vierstelligen Zahl in UTC anzugeben.

7. Geschwindigkeit, Reiseflughöhe und Flugstrecke

Die Geschwindigkeit ist in Knoten mit dem Buchstaben N und einer vierstelligen Zahl anzugeben, Dabei sind führende Nullen zu ergänzen.
Beispiel: N0220

Für die Angabe der Reiseflughöhe gibt es folgende Möglichkeiten:

a) VFR = VFR-Flug bei Tag

b) A + drei Zahlen = Flughöhe in Fuß MSL, z.B. A050 = 5.000 ft

c) F + drei Zahlen = Flughöhe in Flugfläche, z.B. F065 = FL 65

Für die Beschreibung der Flugstrecke können folgende Streckenelemente verwendet werden:

a) Streckenpunkt, z.B. Funknavigationsanlage

- alle 30 Minuten Flugzeit (oder alle 200 Meilen),

- bei Richtungsänderungen,

- bei Flügen mit Flugregelwechsel
  - Wechsel von VFR nach IFR, z.B.
  ALB/N0200F080 IFR
  - Wechsel von IFR nach VFR, z.B.
  ALB VFR

Der Punkt des Wechsels von VFR nach IFR sowie die voraussichtliche Flugdauer in Stunden und Minuten bis zu diesem Streckenpunkt ist im Flugplanfeld 18 „Andere Angaben" nach der Kenngruppe „EET/" anzugeben. Beispiel: EET/ALB0020

Für Flüge innerhalb der Bundesrepublik Deutschland ist die Bezeichnung eines Streckenpunktes nach geographischer Breite und Länge nicht zulässig.

b) Flugstrecke (Punkt zu Punkt oder analog der veröffentlichten IFR-Streckenführung) unter Verwendung einer VFR-Flugfläche für VFR-Flüge bei Nacht im kontrollierten Luftraum.

c) Grenzüberflugpunkt (für VFR-Flüge aus dem Ausland in die Bundesrepublik Deutschland, für die ein Flugplan aufzugeben ist), ggf. bezogen auf die nächstgelegene größere Ortschaft aus der ICAO-Karte 1:500.000.

Der Punkt des Grenzüberfluges sowie die voraussichtliche Flugdauer in Stunden und Minuten bis zum Überflug ist im Flugplanfeld 18 „Andere Angaben" nach der Kenngruppe „EET/" ggf. im Wortlaut anzugeben.
Beispiel: EET/CHEB0020

8. Zielflugplatz, voraussichtliche Gesamtflugdauer und Zielausweichflugplätze

Zielflugplatz und die Zielausweichflugplatz/-plätze werden mit der ICAO-Ortskennung angegeben. Ist keine Ortskennung zugeteilt worden, dann ist „ZZZZ" einzutragen und im Flugplanfeld 18 „Andere Angaben" mit der Kenngruppe „DEST/" der Zielflugplatz, bzw. „ALTN/" Zielausweichflugplatz/-plätze, ggf. bezogen auf die nächstgelegene, in der ICAO-Karte 1:500.000 verzeichnete Ortschaft im Wortlaut anzugeben.

Bei Fahrten bemannter Freiballone ist, sofern das voraussichtliche Landegebiet nicht angegeben werden kann, in Feld 18 nach der Kenngruppe „DEST/" das Wort „unbekannt" oder „unknown" einzutragen.

Die voraussichtliche Gesamtflugdauer ist für VFR-Flüge die Zeit vom Start bis zur Ankunft über dem Zielflugplatz. Sie ist mit einer vierstelligen Zahl in Stunden und Minuten anzugeben.

9. Andere Angaben

Für die Durchführung von VFR-Flügen sind hier insbesondere folgende Einträge relevant:

- EET/ - voraussichtliche Flugzeit bis zu einem Streckenpunkt, einem Punkt mit Flugregelwechsel von VFR nach IFR, einer FIR-Grenze (vgl. Ziff. 7.)

- REG/ - Luftfahrzeugkennung (vgl. Ziff. 2.)

- OPR/ - Luftfahrzeughalter, sofern dieser aus der Luftfahrzeugkennung in Feld 7 des Flugplans nicht ersichtlich ist.

- TYP/ - Luftfahrzeugmuster (vgl. Ziff. 4.)

- COM/ - Angaben über die Sprechfunkausrüstung, wenn der Buchstabe Z bei Ausrüstung angegeben ist (vgl. Ziff. 5.)

- NAV/ - Angaben über die Funknavigationsausrüstung, wenn der Buchstabe Z bei Ausrüstung angegeben ist (vgl. Ziff. 5.)

- DEP/ - Startflugplatz, wenn die Buchstabengruppe ZZZZ als Kennung des Startflugplatzes angegeben ist (vgl. Ziff. 6.)

- DEST/ - Zielflugplatz, wenn als Kennung des Zielflugplatzes die Buchstabengruppe ZZZZ angegeben ist (vgl. Ziff. 8.)

- DOF/ - Tag des Starts, wenn der Flugplan mehr als 24 Stunden vor EOBT aufgegeben wird (Angabe in der Reihenfolge Jahr-Monat-Tag)

- ALTN/ - Zielausweichflugplatz/-plätze, wenn als Kennung die Buchstabengruppe ZZZZ angegeben ist (vgl. Ziff. 8.)

- RMK/ - sonstige Angaben, die für den Flug von Bedeutung sind

- STS/ - Begründung für eine beantragte Vorrangbehandlung (z.B. STS/HOSP)

Sofern Angaben zu Feld 18 des Flugplans nicht erforderlich sind, ist die Ziffer „0" einzutragen.

10. Ergänzende Angaben

Im Rahmen des Flugalarmdienstes werden folgende Angaben benötigt:

- E/ - Höchstflugdauer in Stunden und Minuten, z.B. 0430

- P/ - Anzahl der Personen an Bord einschließlich des Luftfahrzeugführers

- R/* - verfügbare Notfrequenzen (U = 243.0 MHz, V = 121.5 MHz) oder ELT

- S/* - Art der mitgeführten Rettungsausrüstung

- J/* - Art der mitgeführten Schwimmwesten

- D/* - Anzahl, Tragfähigkeit, Art und Farbe der mitgeführten Schlauchboote

(* = nicht vorhandene Ausrüstung ist „auszukreuzen")

- A/ - Farbe und ggf. besondere Markierung des Luftfahrzeugs

- N/ - ggf. ergänzende Angaben zur Rettungsausrüstung

- C/ - Name des verantwortlichen Luftfahrzeugführers

An Stelle der Unterschrift des verantwortlichen Luftfahrzeugführers ist bei Flugplänen, die z. B. mittels PC-Fax aufgegeben werden, der Name des Flugplanaufgebers einzutragen.

11. Zusätzliche Angaben

Auf dem Flugplanformblatt sollte eine Telefon- oder eine Telefax-Nummer angegeben werden, unter welcher der Luftfahrzeugführer bis kurz vor dem Start erreichbar ist. Dies kann auch die Luftaufsichtsstelle des Startflugplatzes sein. Der Flugberatungsdienst kann somit wichtige Informationen im Zusammenhang mit dem beabsichtigten Flug an den Flugplanaufgeber weiterleiten. Die Angabe der Erreichbarkeit sollte deswegen schon im Interesse der Sicherheit bei der Durchführung des Fluges immer erfolgen. Dies gilt besonders dann, wenn der Flug Verkehrsflußregelungsmaßnahmen unterliegt.

Ebenso kann hier der Wunsch nach einer schriftlichen Flugberatung eingetragen werden (siehe Ziff. IV.3.). Es besteht die Möglichkeit, zwei Arten der Beratung auszuwählen, die sich im Umfang unterscheiden.

Wahlweise umfaßt die Beratung

a) nur die NOTAM-Informationen für den betreffenden Flug, die innerhalb der letzten 90 Tage in Kraft getreten sind, oder

b) sofern „3+" angekreuzt wird, alle NOTAM-Informationen, die zum Zeitpunkt der Abfrage in Kraft sind. Dabei sind auch NOTAM enthalten, die älter als 90 Tage sind.

III. Aufgabe, Änderung und Aufhebung von Flugplänen, Aufgabe von Start- und Landemeldungen

1. Verfahren zur Aufgabe von Flugplänen

Flugpläne für VFR-Flüge der Allgemeinen Luftfahrt können von allen Flugplätzen in der Bundesrepublik Deutschland persönlich, fernmündlich, mittels Telefax oder PC-Fax sowie über Internet vorzugsweise bei der für den Startflugplatz zuständigen Flugberatungsstelle während der Betriebszeiten aufgegeben werden. Selbstverständlich nimmt auch jede andere Flugberatungsstelle der DFS den Flugplan entgegen.

Für die Aufgabe mittels Telefax gilt dabei:

a) Der erste Start erfolgt innerhalb der Bundesrepublik Deutschland.

b) Für die Übermittlung des Flugplanes ist das Flugplan-Formblatt zu verwenden. Der Vordruck muß deutlich lesbar und vollständig ausgefüllt sein. Durch Computerprogramme erstellte Flugplan-Formblätter sind zugelassen, die Reihenfolge der Einträge muß jedoch mit dem Flugplan-Formblatt der DFS übereinstimmen. Sofern die Meldungsformatvorschriften eingehalten werden, können Flugpläne auch über einen PC (FAX-Karte) aufgegeben werden. Anstelle der Unterschrift ist dann der Name des verantwortlichen Luftfahrzeugführers und des Flugplanaufgebers einzutragen. Über die DFS Homepage können Flugpläne auch per Internet aufgegeben werden. Sie finden das Flugplanformular auf der Seite http:/www.dfs.de/fpl

Der Flugplan kann in allen Fällen frühestens 4 Tage vor dem Starttag aufgegeben werden, er ist jedoch spätestens eine Stunde vor der voraussichtlichen Abblockzeit aufzugeben. Bei später eingehenden Flugplänen kann es zu Verzögerungen in der Flugplanbearbeitung kommen. Für einen Flug, der Verkehrsflußregelungsmaßnahmen unterliegt, ist der Flugplan mindestens drei Stunden vor der EOBT aufzugeben.

Die Aufgabe eines einzelnen Flugplans genügt auch bei Flügen, an denen mehrere Luftfahrzeuge im Verband teilnehmen und bei aufeinanderfolgenden VFR-Flügen eines oder mehrerer Luftfahrzeuge in der Nähe eines Flugplatzes.

Der Flugplan kann auch während des Fluges aufgegeben werden, wenn besondere, vor dem Start nicht bekannte Umstände (z.B. Verschlechterung des Wetters) dies erfordern. Hierbei nimmt der Fluginformationsdienst die Flugplandaten auf den festgelegten Funkfrequenzen zur Weiterleitung an den Flugberatungsdienst entgegen.

Die Flugplanaufgabe während des Fluges ist nicht zulässig

a) für Flüge in das Ausland (vgl. Ziff. I.1.)

b) für Weiterflüge nach Zwischenlandungen

Für einen Flug mit Zwischenlandungen nimmt die aufnehmende Flugberatungsstelle auf Wunsch alle für die einzelnen Flugabschnitte erforderlichen Flugpläne entgegen und leitet diese weiter.

Für Flüge, die ganz oder teilweise nach IFR durchgeführt werden und Trainingsvorhaben an einem Flugplatz durchzuführen beabsichtigen, ist für jeden einzelnen Streckenabschnitt ein Einzelflugplan aufzugeben.

2. Verantwortung des Luftfahrzeugführers

Der Luftfahrzeugführer ist in jedem Fall verantwortlich für

- Vollständigkeit und Richtigkeit aller Angaben im Flugplan

- Einholung einer Flugberatung

- Überprüfung der Durchführbarkeit des Fluges u.a. anhand der erteilten, bzw. aus den Telefaxgeräten der AIS-Stellen abgerufenen Flugberatung

- Vollständige Adressierung

Der Flugberatungsdienst unterstützt und berät den Luftfahrzeugführer jedoch auf Wunsch in allen Fragen der Flugvorbereitung.

Für Rückfragen wird die Angabe einer Rufnummer oder Telefaxnummer auf dem Flugplanformular empfohlen (siehe II.11).

3. Verfahren bei der Aufgabe von Änderungs-, Aufhebungs-, Verspätungs-, Start- und Landemeldungen

Änderungen zu einem bereits aufgegebenen Flugplan sind dem Flugberatungsdienst mitzuteilen (persönlich, fernmündlich, schriftlich oder per Telefax/PC-Fax). Sie können auch während des Fluges aufgegeben werden. Dabei nimmt der Fluginformationsdienst (FIS) die Änderungsmeldung entgegen und leitet diese an den Flugberatungsdienst weiter.

Änderungs- und Aufhebungsmeldungen sowie Verspätungs-, Start- oder Landemeldungen können dem Flugberatungsdienst auch formlos mitgeteilt werden, wobei die notwendigen Inhalte, (z.B. Rufzeichen, Start- und Zielflugplatz) unbedingt vollständig angegeben sein müssen. Hierbei ist zu beachten, daß Start- oder Landemeldungen ausschließlich dem jeweils zuständigen AIS übermittelt werden müssen.

Bei Änderungen des Start- und/oder Zielflugplatzes muß der Flugplan aufgehoben und ein neuer Flugplan aufgegeben werden.

Bedingt die Änderung eines Flugplans die Benachrichtigung von Stellen, an die der Flugplan zuvor nicht adressiert wurde, ist anstelle der Änderungsmeldung ein neuer Flugplan aufzugeben.

Ist absehbar, daß sich die tatsächliche EOBT um mehr als 30 Minuten verzögert, ist eine Verspätungsmeldung beim Flugberatungsdienst abzugeben. Falls die Angabe einer neuen EOBT nicht möglich ist, muß der Flugplan vom Luftfahrzeugführer aufgehoben werden.

Der Luftfahrzeugführer kann den VFR-Flugplan während des Fluges aufheben, sofern für den Weiterflug kein Flugplan vorgeschrieben ist.

Für die rechtzeitige Abgabe der Start- und Landemeldung ist ebenfalls der Luftfahrzeugführer verantwortlich. Er hat alle Möglichkeiten auszuschöpfen, die betreffende Meldung an den Flugberatungsdienst abzugeben. Dabei ist die Startmeldung ausschließlich an die für den Startflugplatz zuständige Flugberatungsstelle zu übermitteln. Die Landemeldung ist ausschließlich bei der für den Zielflugplatz zuständigen Flugberatungsstelle abzugeben.

IV. Flugberatung

1. Die Verpflichtung zur Einholung einer Flugberatung nach § 3a LuftVO bleibt für alle Flüge uneingeschränkt bestehen.

2. Der Flugberatungsdienst unterstützt auf Wunsch den Luftfahrzeugführer bei der Auswertung der Beratungsunterlagen.

Besonders wichtige oder flugverhindernde Informationen werden von AIS direkt an die angegebene Telefonnummer bzw. soweit möglich an die Luftaufsicht des Startflugplatzes übermittelt.

3. Wünscht der Flugplanaufgeber die für den Flug notwendigen NOTAM-Informationen in schriftlicher Form, kann er diese unter Angabe einer Telefaxnummer mit dem Vermerk „Bitte Beratung" bzw. „Request Briefing" im Flugplan anfordern (siehe II.11.) (Ankreuzen des entsprechenden Feldes).

Dabei wird ein NOTAM-Bulletin erstellt, das nur die NOTAM-Informationen enthält, die innerhalb der letzten 90 Tage in Kraft getreten sind. Dieses Bulletin wird innerhalb Deutschlands an die angegebene Telefaxnummer übermittelt.

Vermerkt der Flugplanaufgeber neben der o.g. Telefaxnummer „Bitte Beratung 3+" bzw. „Request Briefing 3+" (Ankreuzen des entsprechenden Feldes), dann wird eine Beratung unter Berücksichtigung aller für den Flug relevanten NOTAM-Informationen erstellt und an die angegebene deutsche Telefaxnummer übermittelt. Dabei sind auch gültige NOTAM enthalten, die älter als 90 Tage sind.

4. Für VFR-Flüge innerhalb der Bundesrepublik Deutschland kann auch anstelle einer Beratung nach Nr. 3 das VFR-Bulletin als Beratungsgrundlage dienen.

Sofern das gültige VFR-Bulletin und der zusätzlich notwendige Nachtrag dazu in Umfang und Inhalt für den beabsichtigten Flug ausreichen, ist damit die Pflicht zur Einholung einer Flugberatung nach § 3a LuftVO erfüllt.

5. Der Nachtrag zum VFR-Bulletin wird bei folgenden Flugberatungsstellen mehrmals täglich aktualisiert und kann per Fax abgerufen werden:

Nachtrag Deutschland
AIS Hannover 0511-7242721
AIS Berlin-Tempelhof 030-69512876
AIS Münster-Osnabrück 02571-91225
AIS Frankfurt 069-69596031
AIS Berlin-Tegel 030-41013838
NOTAM-Zentrale 069-7896806

Nachtrag Österreich
AIS München 089-9701424

Nachtrag Schweiz
AIS Stuttgart 0711 -7977656

6. Beratungsunterlagen für VFR-Flüge nach Dänemark, den Niederlanden, Belgien, Frankreich, Tschechien, Slowenien, Polen oder der Slowakei können unter den folgenden Telefaxanschlüssen gebietsbezogen abgerufen werden. Diese enthalten Streckeninformationen sowie Informationen über ausgewählte Flugplätze, die in den letzten 90 Tagen in Kraft getreten sind. Ältere, darüber hinausgehende Informationen sind in den vorstehenden Beratungen nicht enthalten. Sie können jedoch jederzeit bei einer Flugberatungsstelle angefordert und über Telefax zur Verfügung gestellt werden.

AIS Hamburg 040-50753687
Dänemark mit den Plätzen Aalborg, Aarhus/-Tirstrup, Anholt, Billund, Bornholm/Rönne, Esbjerg, Haderslev, Herning, Kolding/Vamdrup, Kobenhaven-Kastrup, Kobenhaven-Roskilde, Lolland, Falster/Maribo, Laesö, Odense, Randers, Rö, Sindal, Skive, Stauning, Sydfyn/Tasinge, Sonderborg, Thisted, Tonder, Viborg, Aero, Karup und Nakskov.

AIS Bremen 0421-5360812
Deutsche Bucht/FIR Bremen mit den Plätzen Bremen, Hamburg, Hannover, Osnabrück/Atterheide, Ganderkesee-Atlas Airfield, Westerland/-Sylt, Wilhelmshaven/Mariensiel, Bremerhaven/-Am Luneort, Borkum Damme, Emden, Juist, Langeoog, Norderney, Nordhorn/Lingen, Wangerooge, Helgoland/Düne, Kiel-Holtenau, Flensburg/Schäferhaus, Heide/Büsum, St. Michaelisdonn, St. Peter-Ording.

AIS Düsseldorf 0211-4228444
Niederlande mit den Plätzen Amsterdam/Schipol, Deventer/Teuge, Drachten, Eindhoven, Enschede/Twenthe, Groningen/Eelde, Hilversum, Hoeven/Seppe, Hoogeveen, Lelystad, Maastricht, Middelburg/Midden-Zeeland, Rotterdam, Texel, Weert/Budel.

AIS Köln/Bonn 02203-591090
Belgien mit den Plätzen Bruxelles/National, Liege/Bierset, Spa/La Sauveniere, Antwerpen/Deurne, Oostende, Saint-Hubert, Charleroi/Brissels South und Kortrijk-Wevelgem.

AIS Saarbrücken 06893-800826
Frankreich (FIR Reims, FIR Marseille) mit den Plätzen Lyon-Brindas, Reims/Prunay, Lyon-Bron, Marseille/Marignane, Grenoble/Saint-Geoirs, Nancy/Essey, Reims/ Champagne, Lyon/Satolas, Montpellier/Frejorgues, Dijon/-Longvic, Troyes/Barberey, Cannes/ Mandelieu, Perpignan/Rivesaltes, Colmar/Houssen, Thionville/Yutz, Nice/Cote D'Azur, La Mole, Strasbourg/-Entzheim, Verdun/Rozelier, Clermont-Ferrant/-Aulnat, Frejus/Saint Raphael.

AIS Nürnberg 0911-36059-407
Tschechien mit den Plätzen Prag, Karlovy Vary, Liberec, Turany, Ostrava und Otrokovice.

AIS Dresden 0351-8815955
Slowenien mit den Plätzen Ljubjana, Maribor und Portoroz.

AIS Berlin/Schönefeld 030-60918249
Polen mit den Plätzen Gdansk/Rebiechowo, Katowice/Pyrzowice, Krakow/Balice, Poznan/Lawica, Rzeszow/Jasionka, Szczecin/Goleniow, Warszawa/Okezie, Wroclaw/Strachowice und Zielona Gora.

AIS Leipzig 0341-2241744
Slowakei mit den Plätzen Bratislava/Ivanka, Kosice und Poprad/Tatry.

7. Besonders wichtige oder flugverhindernde Informationen für einen aufgegebenen Flugplan werden auch dann an die angegebene Telefonnummer bzw., soweit möglich, an die Luftaufsicht des Startflugplatzes übermittelt, wenn der Flugplanaufgeber keine schriftliche Beratung anfordert.

Ausnahmen von der Verpflichtung zur Aufgabe von Flugplänen (NfL I-214/99, I-195/97, I-11/00)

1. Bei VFR-Flügen

a) von SR bis SS

b) nicht höher als 3.000 ft GND

c) nicht schneller als 250 kt (IAS)

ist die Aufgabe eines Flugplans in folgenden Fällen nicht erforderlich (Flüge zwischen ...):

• Kiel-Holtenau, Flensburg-Schäferhaus, Westerland/Sylt, Wyk auf Föhr, Rendsburg-Schachtholm, Leck, Husum, St. Michaelisdonn und <u>Dänemark:</u> Sonderborg-Ellegard, Aero, Tonder

• Stadtlohn/Wennigfeld, Nordhorn-Lingen und <u>Niederlande:</u> Twenthe, Teuge
• Aachen-Merzbrück und <u>Belgien:</u> Liege, Spa, Elsenborn, <u>Niederlande:</u> Maastricht-Beek

2. Der Luftfahrzeugführer hat der Luftaufsichtsstelle des Startflugplatzes lediglich folgende Flugplan-Daten zu übermitteln:

a) Luftfahrzeugkennung und Muster

b) Startflugplatz und EOBT

c) Zielflugplatz und voraussichtliche Landezeit

d) Maximale Flugzeit

e) Anzahl der Personen an Bord

f) Name des verantwortlichen Luftfahrzeugführers

3. Die Luftaufsichtsstelle/Flugleitung des Startflugplatzes übermittelt unverzüglich an die Luftaufsichtsstelle/Flugleitung des Zielflugplatzes die Angaben zu Nummer 2 und die tatsächliche Startzeit.

4. Die Luftaufsichtsstelle/Flugleitung des Zielflugplatzes informiert die zuständige Flugsicherungsstelle, wenn ein Luftfahrzeug die voraussichtliche Ankunftszeit um 10 Minuten überschritten hat und keine gesicherten Erkenntnisse über den Verbleib des Luftfahrzeuges vorliegen.

5. Im Falle einer Ausweichlandung hat der Luftfahrzeugführer die Luftaufsicht des Zielflugplatzes umgehend zu informieren.

6. Die Aufgabe von Flugplänen für Segelflugzeuge und für Motorsegler mit abgeschaltetem Motor ist im grenzüberschreitenden Verkehr mit Österreich ebenfalls nicht erforderlich.

Abb. 2.12 (nächste Seite): Beispiel eines VFR-Flugplans (Quelle: DFS).

BUNDESREPUBLIK DEUTSCHLAND

DFS Deutsche Flugsicherung

FLIGHT PLAN
FLUGPLAN

« ≡ **FF** → ADDRESSEE(S) ANSCHRIFT(EN)

VFR-FLUG VON

BAUTZEN NACH NEUBIBERG   « ≡

FILING TIME AUFGABEZEIT → ORIGINATOR AUFGEBER   « ≡

SPECIFIC IDENT OF ADDRESSEE(S) AND/OR ORIGINATOR
BESONDERE ANSCHRIFTEN UND/ODER AUFGEBER

« ≡ (FPL — 7 AIRCRAFT IDENTIFICATION LFZ.-KENNUNG D E x x x — 8 FLIGHT RULES FLUGREGELN V TYPE OF FLIGHT ART DES FLUGES G « ≡

9 NUMBER ANZAHL — TYPE OF AIRCRAFT MUSTER D. LFZ P A 2 8 WAKE TURBULENCE CATEGORY WIRBELSCHLEPPENKATEGORIE / L 10 EQUIPMENT AUSRÜSTUNG — S / C « ≡

13 DEPARTURE AERODROME STARTFLUGPLATZ — E D A B TIE ZEIT 0 9 0 0 « ≡

15 SPEED GESCHWINDIGKEIT — N 0 1 0 0 LEVEL REISEFLUGHÖHE V F R ROUTE ROUTE → DUBI RAK FURTH MBG

« ≡

16 DESTINATION AERODROME ZIELFLUGPLATZ — E D P N TOTAL EET VORAUSS. GESAMTFLUGDAUER HR MIN 0 2 3 0 ALTERNATE AERODROME AUSWEICHFLUGPLATZ → 2ND ALTERNATE AERODROME 2. AUSWEICHFLUGPLATZ → « ≡

18 OTHER INFORMATION ANDERE ANGABEN — EET/DUBI 0022 FURTH 0112

) « ≡

SUPPLEMENTARY INFORMATION · ERGÄNZENDE ANGABEN

19 ENDURANCE HÖCHSTFLUGDAUER — **E** / 0 3 3 0 → **P** / 0 0 2 PERS. ON BOARD PERS. AN BORD HR EMERGENCY RADIO NOTFUNKFREQUENZ UHF MIN VHF ELBA → **R** / ☒ V E

SURVIVAL EQUIPMENT RETTUNGSAUSRÜSTUNG → POLAR ☒ / DESERT P MARITIME D JUNGLE M J JACKETS SCHWIMMWESTEN → ☒ / LIGHT L FLUORES F UHF U VHF V

DINGHIES/SCHLAUCHBOOTE NUMBER ANZAHL → ☒ / CAPACITY TRAGFÄHIGKEIT → COVER → C COLOUR FARBE → « ≡

AIRCRAFT COLOUR AND MARKINGS FARBE UND MARKIERUNG D. LFZ
A / BEIGE WHITE

REMARKS BEMERKUNGEN → ☒ / « ≡

PILOT IN COMMAND VERANTWORTLICHER LFZ.-FÜHRER
C / MÜLLER) « ≡

REMARKS NOT FOR TRANSMISSION BEMERKUNGEN NICHT ZU ÜBERMITTELN

SIGNATURE OF PILOT OR REPRESENTATIVE UNTERSCHRIFT D. LFZ.-FÜHRERS ODER BERECHTIGTEN
MÜLLER
SIGNATURE AIS UNTERSCHRIFT FB

Zusätzliche Angaben sofern erforderlich
Additional remarks if applicable

| Erreichbarkeit bis EOBT-Tel.: | 0 35 91 / 2 31 41 |
| Avaibale until EOBT -FAX: | 0 35 91 / 2 31 41 |

Bitte Beratung
Request Briefing ☒ ▢ 3+

© DFS   DFS DEUTSCHE FLUGSICHERUNG GMBH   **2 JUL 1998**

§ 26 - Flugverkehrskontrollfreigabe

(1) Über die in § 4 Abs. 3 Satz 2, § 16a Abs. 1, § 23 Abs. 4 und § 28 Abs. 4 Satz 1 vorgeschriebenen Fälle hinaus hat der Luftfahrzeugführer eine Flugverkehrskontrollfreigabe einzuholen

1. für Flüge, für die nach § 25 Abs. 1 Nr. 1 bis 5 ein Flugplan zu übermitteln ist,

2. in den in Anlage 5 bestimmten Fällen. Flüge nach § 25 Abs. 1 Nr. 6 bedürfen keiner Flugverkehrskontrollfreigabe.

Das Flugsicherungsunternehmen kann die Erteilung von Flugverkehrskontrollfreigaben in bestimmten Fällen an besondere Voraussetzungen knüpfen; es macht diese Voraussetzungen in den Nachrichten für Luftfahrer bekannt.

(2) Mit der Flugverkehrskontrollfreigabe erhält der Luftfahrzeugführer die Erlaubnis, seinen Flug unter bestimmten Bedingungen durchzuführen. Die zuständige Flugverkehrskontrollstelle kann bei der Bewegungslenkung der ihrer Kontrolle unterliegenden Flüge den Flugverlauf, insbesondere den Flugweg und die Flughöhe, durch entsprechende Freigaben im einzelnen festlegen.

(3) Beantragt der Luftfahrzeugführer aus zwingenden Gründen eine bevorzugte Flugverkehrskontrollfreigabe, hat er diese Gründe in seinem Antrag anzugeben.

(4) Von der zuletzt erteilten und bestätigten Flugverkehrskontrollfreigabe darf der Luftfahrzeugführer nicht abweichen, bevor ihm nicht eine neue Flugverkehrskontrollfreigabe erteilt worden ist. Dies gilt nicht in Notlagen, die eine sofortige eigene Entscheidung erfordern. In diesen Fällen hat der Luftfahrzeugführer unverzüglich die zuständige Flugverkehrskontrollstelle zu benachrichtigen und eine neue Flugverkehrskontrollfreigabe einzuholen.

Bemerkungen: Flugverkehrskontrollstellen erteilen Flugverkehrskontrollfreigaben (im allgemeinen Luftfahrt-Sprachgebrauch abgekürzt „Freigaben" genannt). Dabei handelt es sich um Anweisungen an den Luftfahrzeugführer, bestimmte Verfahrensweisen einzuhalten. Freigaben sind besonders bei folgenden Flügen einzuholen:

- Flüge nach Instrumentenflugregeln

- Flüge nach Sichtflugregeln bei Nacht im kontrollierten Luftraum

- Flüge nach Sichtflugregeln in Lufträumen der Klassen C und D

- Kunstflüge im kontrollierten Luftraum und über Flugplätzen mit Flugverkehrskontrollstelle

- Wolkenflüge mit Segelflugzeugen

- Flüge in Gebieten mit Flugbeschränkungen soweit dies ausdrücklich bei der Festlegung der Gebiete angeordnet ist

- Flüge nach Sichtflugregeln in Kontrollzonen

- Flugplatzverkehr an kontrollierten Plätzen

§ 26a - Funkverkehr

(1) Der Funkverkehr wird als Sprechfunkverkehr im Flugfunkdienst durchgeführt. Hierbei sind die nach Absatz 3 festgelegten Verfahren anzuwenden.

(2) Der Luftfahrzeugführer hat in den in Anlage 5 beschriebenen Fällen eine dauernde Hörbereitschaft auf der nach Absatz 3 festgelegten Funkfrequenz der zuständigen Flugverkehrskontrollstelle aufrechtzuerhalten und im Bedarfsfall einen Funk-

verkehr mit ihr herzustellen. Das Flugsicherungsunternehmen kann Ausnahmen zulassen.

(3) Die Funkfrequenzen der Flugverkehrskontrollstellen und die Funkfrequenzen der Bodenfunkstellen für den Sprechfunkverkehr im Flugfunkdienst, die nicht von dem Flugsicherungsunternehmen betrieben werden, sowie die Sprechfunkverfahren und die Verfahren bei Ausfall der Funkverbindung werden von dem Flugsicherungsunternehmen festgelegt und im Verkehrsblatt - Amtsblatt des Bundesministeriums für Verkehr der Bundesrepublik Deutschland - oder in den Nachrichten für Luftfahrer bekanntgemacht.

Bemerkungen: Gerade bei CVFR-Flügen ist ein flüssiger und den aktuellen Sprechfunkverfahren angepaßter Sprechfunkverkehr besonders wichtig. Die aktuelle Phraseologie ist in den NfL I 64/01 vom 8. März 2001 und in Kapitel 1 dieses Handbuchs veröffentlicht.

§ 26b Standortmeldungen

(1) Der Luftfahrzeugführer hat in den Fällen des § 26a Abs. 2 beim Überfliegen der nach § 27a Abs. 2 festgelegten Meldepunkte unverzüglich eine Standortmeldung an die zuständige Flugverkehrskontrollstelle zu übermitteln. Die zuständige Flugverkehrskontrollstelle kann im Einzelfall Standortmeldungen an weiteren Punkten verlangen oder auf die Übermittlung von Standortmeldungen verzichten.

(2) Die Einzelheiten über Inhalt und Form der Standortmeldungen werden von dem Flugsicherungsunternehmen festgelegt und im Verkehrsblatt - Amtsblatt des Bundesministeriums für Verkehr der Bundesrepublik Deutschland - oder in den Nachrichten für Luftfahrer bekanntgemacht.

Bemerkungen: Eine Standortmeldung ist bei Überflug eines Pflichtmeldepunktes (in den ICAO-Karten als gestrichelter Kreis mit einem schwarzen Dreieck in der Kreismitte gekennzeichnet) unverzüglich abzusetzen. Daneben gibt es noch Meldepunkte, deren Überflug nur auf Anforderung zu melden ist. Inhalt der Meldung ist das Rufzeichen des Flugzeuges, die Standortbezeichnung, die Zeit des Überfluges sowie die Flughöhe. Die Zeitangabe kann entfallen, wenn die gemeldete Position bei Absetzen der Meldung gerade erreicht ist. In einer Platzrunde ist die Flughöhenangabe nicht erforderlich, da Platzrunden ohnehin eine definierte Höhe haben.

§ 26 c - weggefallen

§ 26d - Startmeldung

(1) Der Luftfahrzeugführer hat für Flüge, für die ein Flugplan abgegeben wurde, der zuständigen Flugverkehrskontrollstelle die tatsächliche Startzeit unverzüglich zu übermitteln. Dies gilt nicht für Flüge von Flugplätzen mit Flugverkehrskontrollstelle. Das Flugsicherungsunternehmen kann Ausnahmen von Satz 1 zulassen.

(2) Einzelheiten über Inhalt, Form, zulässige zeitliche Abweichungen und Übermittlungsart der Startmeldungen werden von dem Flugsicherungsunternehmen festgelegt und im Verkehrsblatt - Amtsblatt des Bundesministeriums für Verkehr der Bundesrepublik Deutschland - oder in den Nachrichten für Luftfahrer bekanntgemacht.

Bemerkungen: Startmeldungen sind in den NfL I 192/97 geregelt. Bei einem Flug per Flugplan von einem Flugplatz ohne Flugverkehrskontrollstelle ist die tatsächliche Startzeit unverzüglich nach dem Start zu übermitteln: Entweder durch einen vom Luftfahrzeugführer Beauftragten dem zuständigen Flugberatungsdienst oder per Sprechfunk als Startmeldung der zuständigen Flugverkehrskontrollstelle.

Falls diese nicht erreichbar ist: Meldung an den zuständigen Fluginformationsdienst zur Weiterleitung an den Flugberatungsdienst. Inhalt der Startmeldung ist das Luftfahrzeugkennzeichen, der Startflugplatz, die Startzeit und der Zielflugplatz.

§ 27 - Landemeldung

(1) Der Luftfahrzeugführer hat bei Flügen, für die ein Flugplan abgegeben wurde, der zuständigen Flugverkehrskontrollstelle unverzüglich eine Landemeldung zu übermitteln. Dies gilt nicht für Flüge zu Flugplätzen mit Flugverkehrskontrollstelle. Das Flugsicherungsunternehmen kann Ausnahmen zulassen.

(2) Einzelheiten über Inhalt, Form und Übermittlungsart der Landemeldungen werden von dem Flugsicherungsunternehmen festgelegt und im Verkehrsblatt - Amtsblatt des Bundesministeriums für Verkehr der Bundesrepublik Deutschland - oder in den Nachrichten für Luftfahrer bekanntgemacht.

Bemerkungen: Landemeldungen sind in den NfL I 193/97 geregelt. Die Landemeldung ist an die für den Flugplatz zuständige Flugberatungsstelle oder - falls diese nicht betriebsbereit ist - an die zuständige Flugverkehrskontrollstelle zu richten. Eine Meldung der voraussichtlichen Landezeit an die Flugverkehrskontrollstelle oder - falls diese nicht erreichbar ist - an den zuständigen Fluginformationsdienst zur Weiterleitung an den Flugberatungsdienst ist ebenso möglich. Die Landemeldung besteht aus der Luftfahrzeugkennung, dem Landeflugplatz und der Landezeit. Wird der Zielflugplatz nicht angeflogen, ist zusätzlich der Startflugplatz und der im Flugplan genannte Zielflugplatz anzugeben.

§ 27a - Flugverfahren

(1) Soweit die zuständige Flugverkehrskontrollstelle keine Flugverkehrskontrollfreigabe nach § 26 Abs. 2 Satz 2 erteilt, hat der Luftfahrzeugführer bei Flügen innerhalb von Kontrollzonen, bei An- und Abflügen zu und von Flugplätzen mit Flugverkehrskontrollstelle und bei Flügen nach Instrumentenflugregeln die vorgeschriebenen Flugverfahren zu befolgen.

(2) Das Luftfahrt-Bundesamt wird ermächtigt, die Flugverfahren nach Absatz 1 einschließlich der Flugwege, Flughöhen und Meldepunkte durch Rechtsverordnung festzulegen. Zur Abwehr von Gefahren für die Sicherheit des Luftverkehrs sowie für die öffentliche Sicherheit oder Ordnung kann das Flugsicherungsunternehmen im Einzelfall Flugverfahren durch Verfügung festlegen; die Dauer der Festlegung darf jedoch drei Monate nicht überschreiten.

Dritter Abschnitt
Sichtflugregeln

§ 28 - Flüge nach Sichtflugregeln in den Lufträumen mit der Klassifizierung B bis G

(1) Flüge nach Sichtflugregeln in den Lufträumen der Klassen B bis G sind so durchzuführen, daß die in Anlage 5 enthaltenen jeweiligen Mindestwerte für Flugsicht und Abstand von Wolken nicht unterschritten werden. Flugsicht ist die Sicht in Flugrichtung aus dem Führerraum eines im Flug befindlichen Luftfahrzeugs.

(2) In Kontrollzonen dürfen Flüge nach Sichtflugregeln nur durchgeführt werden, wenn die in Anlage 5 für Kontrollzonen zusätzlich aufgeführten Mindestwetterbedingungen für Bodensicht und Hauptwolkenuntergrenze gegeben sind. Bodensicht ist die Sicht auf einem Flugplatz, wie sie von einer amtlich dazu beauftragten Person festgestellt wird. Hauptwolkenuntergrenze ist die Untergrenze der niedrigsten Wolkenschicht über Grund oder Wasser, die mehr als die Hälfte des Himmels bedeckt und unterhalb von 6000 m (20000 Fuß) liegt.

(3) Für Kontrollzonen der Klasse D und für bestimmte Teile von anderen Lufträumen kann das Bundesministerium für Verkehr andere als die in Anlage 5 vorgeschriebenen Mindestwerte für Flugsicht, Abstand von Wolken, Bodensicht oder Hauptwolkenuntergrenze festlegen, wenn eine Beeinträchtigung der öffentlichen Sicherheit und Ordnung, insbesondere der Sicherheit des Luftverkehrs, nicht zu erwarten ist.

(4) Wenn die nach den Absätzen 1 bis 3 vorgeschriebenen Mindestwerte innerhalb einer Kontrollzone nicht gegeben sind, dürfen nach Sichtflugregeln betriebene Luftfahrzeuge nur dann auf einem in der Kon-

trollzone gelegenen Flugplatz starten, landen oder in die Kontrollzone einfliegen, wenn die zuständige Flugverkehrskontrollstelle hierzu eine Flugverkehrskontrollfreigabe für einen Sonderflug nach Sichtflugregeln erteilt hat. Die Voraussetzungen für die Erteilung der Flugverkehrskontrollfreigabe werden von dem Flugsicherungsunternehmen festgelegt und im Verkehrsblatt - Amtsblatt des Bundesministeriums für Verkehr der Bundesrepublik Deutschland - oder in den Nachrichten für Luftfahrer bekanntgemacht.

Bemerkungen: Der Grundsatz bei VFR-Flügen ist „Sehen und gesehen werden". Das bedeutet, daß der nach VFR fliegende Luftfahrzeugführer die alleinige Verantwortung trägt und zu einer ständigen Beobachtung des Luftraums verpflichtet ist, um Kollisionen zu vermeiden. Im kontrollierten Luftraum werden dabei deutlich höhere Anforderungen an die Wetterminima bei Sichtflügen als im unkontrollierten Luftraum gestellt. Besondere Vorschriften gelten für VFR-Flüge oberhalb 5.000 ft MSL (mindestens 3.500 ft GND). In diesen Höhen ist der Transponder mit Modus A/C auf Code 0022 zu schalten, und es sind die Halbkreisflugregeln anzuwenden.
Neben den Vorschriften der in diesem Handbuch bereits veröffentlichten Anlage 5 zur LuftVO sind in der Abbildung auf der folgenden Seite nochmals die Luftraumklassifizierung, die Flugverkehrsdienste und die Flugbedingungen zusammengefaßt dargestellt.
Sonderflug nach Sichtflugregeln (Sonder VFR): S-VFR-Flüge sind nur in Kontrollzonen unter bestimmten Wetterminima und bei entsprechender Verkehrslage zulässig. Die Bodensicht muß mindestens 1.500 m betragen (800 m bei Luftschiffen, Hubschraubern, Ballonen) und die Hauptwolkenuntergrenze muß bei mindestens 500 ft liegen.

Abb. 2.13 (nächste Seite): Luftraumklassen, Flugverkehrsdienste und Flugbedingungen (Quelle: DFS).

Luftraumklassifizierung, Flugverkehrsdienste, Flugbedingungen
Airspace Classification, Air Traffic Services, Flight Conditions

Kontrollierter Luftraum / Controlled Airspace

Unkontrollierter Luftraum / Uncontrolled Airspace

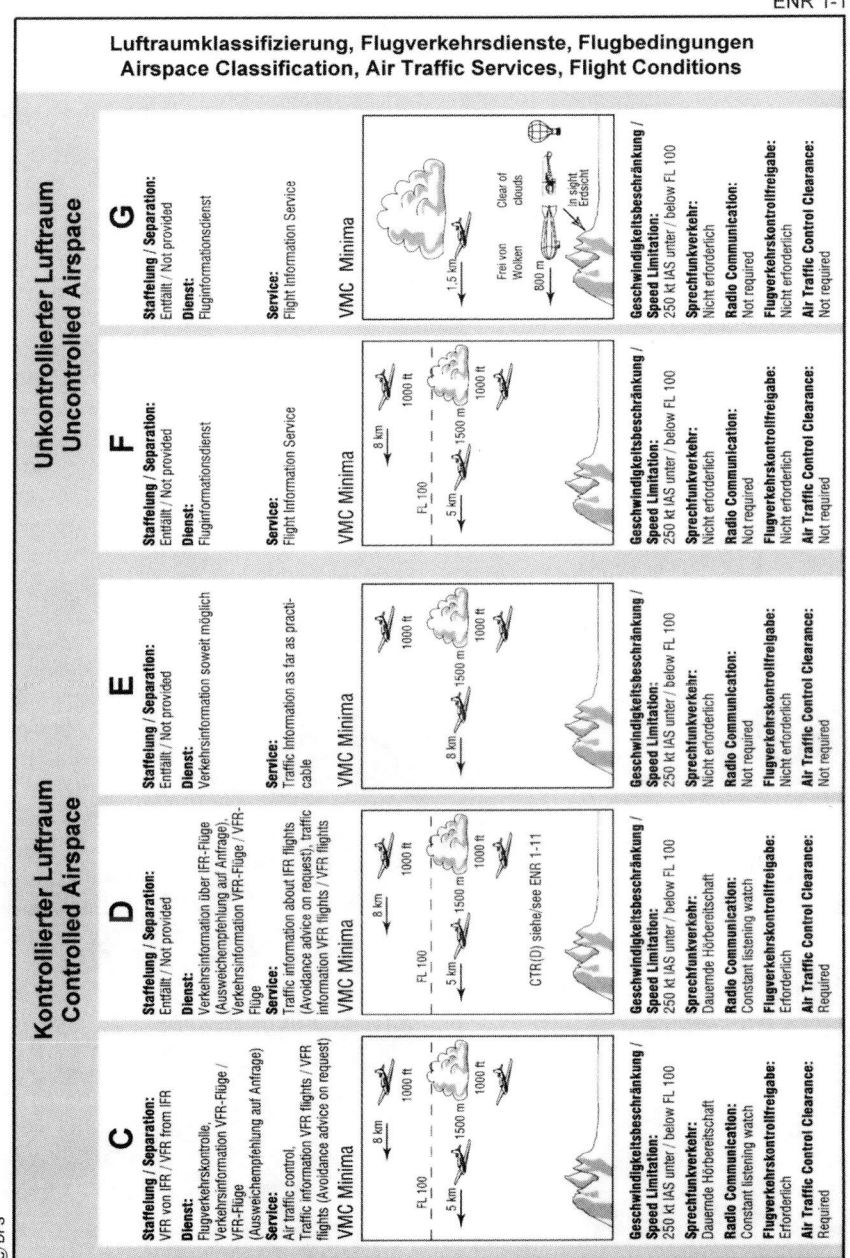

C

Staffelung / Separation:
VFR von IFR / VFR from IFR

Dienst:
Flugverkehrskontrolle,
Verkehrsinformation VFR-Flüge /
VFR-Flüge
(Ausweichempfehlung auf Anfrage)

Service:
Air traffic control,
Traffic information VFR flights / VFR
flights (Avoidance advice on request)

VMC Minima

**Geschwindigkeitsbeschränkung /
Speed Limitation:**
250 kt IAS unter / below FL 100

Sprechfunkverkehr:
Dauernde Hörbereitschaft
Constant listening watch

Flugverkehrskontrollfreigabe:
Erforderlich

Air Traffic Control Clearance:
Required

D

Staffelung / Separation:
Entfällt / Not provided

Dienst:
Verkehrsinformation über IFR-Flüge
(Ausweichempfehlung auf Anfrage),
Verkehrsinformation VFR-Flüge / VFR-
Flüge

Service:
Traffic information about IFR flights
(Avoidance advice on request), traffic
information VFR flights / VFR flights

VMC Minima

CTR(D) siehe/see ENR 1-11

**Geschwindigkeitsbeschränkung /
Speed Limitation:**
250 kt IAS unter / below FL 100

Sprechfunkverkehr:
Dauernde Hörbereitschaft
Constant listening watch

Flugverkehrskontrollfreigabe:
Erforderlich

Air Traffic Control Clearance:
Required

E

Staffelung / Separation:
Entfällt / Not provided

Dienst:
Verkehrsinformation soweit möglich

Service:
Traffic information as far as practi-
cable

VMC Minima

**Geschwindigkeitsbeschränkung /
Speed Limitation:**
250 kt IAS unter / below FL 100

Sprechfunkverkehr:
Nicht erforderlich

Radio Communication:
Not required

Flugverkehrskontrollfreigabe:
Nicht erforderlich

Air Traffic Control Clearance:
Not required

F

Staffelung / Separation:
Entfällt / Not provided

Dienst:
Fluginformationsdienst

Service:
Flight Information Service

VMC Minima

**Geschwindigkeitsbeschränkung /
Speed Limitation:**
250 kt IAS unter / below FL 100

Sprechfunkverkehr:
Nicht erforderlich

Radio Communication:
Not required

Flugverkehrskontrollfreigabe:
Nicht erforderlich

Air Traffic Control Clearance:
Not required

G

Staffelung / Separation:
Entfällt / Not provided

Dienst:
Fluginformationsdienst

Service:
Flight Information Service

VMC Minima

**Geschwindigkeitsbeschränkung /
Speed Limitation:**
250 kt IAS unter / below FL 100

Sprechfunkverkehr:
Nicht erforderlich

Radio Communication:
Not required

Flugverkehrskontrollfreigabe:
Nicht erforderlich

Air Traffic Control Clearance:
Not required

© DFS

DFS DEUTSCHE FLUGSICHERUNG GMBH

27 AUG 1998

§ 29, 30 - weggefallen

§ 31 - Höhenmessereinstellung und Reiseflughöhen bei Flügen nach Sichtflugregeln

(1) Bei Flügen nach Sichtflugregeln in und unterhalb der nach Absatz 3 festgelegten Höhe hat der Luftfahrzeugführer den Höhenmesser auf den QNH-Wert des zur Flugstrecke nächstgelegenen zivilen Flugplatzes mit Flugverkehrskontrollstelle einzustellen, wenn der Flug über die Umgebung des Startflugplatzes hinausführt. QNH-Wert ist der auf mittlere Meereshöhe reduzierte Luftdruckwert eines Ortes, unter der Annahme, daß an dem Ort und unterhalb des Ortes die Temperaturverhältnisse der Normalatmosphäre herrschen.

(2) Bei Flügen nach Sichtflugregeln oberhalb der nach Absatz 3 festgelegten Höhe hat der Luftfahrzeugführer den Höhenmesser auf 1013,2 Hectopascal einzustellen (Standard-Höhenmessereinstellung). Dabei ist die Flugfläche einzuhalten, die nach den Regeln über Halbkreisflughöhen (Anlage 3) dem jeweiligen mißweisenden Kurs über Grund entspricht. Dies gilt nicht, soweit das Luftfahrzeug sich im Steig- oder Sinkflug befindet oder die nach § 28 Abs. 1 und 3 vorgeschriebenen Werte für Flugsicht und Abstand von Wolken in der entsprechenden Flugfläche nicht eingehalten werden können. Flugflächen sind zum Zwecke der Höhenstaffelung vorgesehene Flächen in der Atmosphäre, die durch festgelegte Anzeigewerte eines auf 1013,2 hPa eingestellten Höhenmessers bestimmt sind. Halbkreis-Flughöhe ist die festgelegte Reiseflughöhe, die nach der jeweiligen Hälfte der Kompaßgradeinteilung, in der der mißweisende Kurs über Grund liegt, bestimmt wird.

(3) Die Höhen nach Absatz 1 Satz 1 und Absatz 2 Satz 1 werden von dem Flugsi-

cherungsunternehmen festgelegt und im Verkehrsblatt - Amtsblatt des Bundesministeriums für Verkehr der Bundesrepublik Deutschland - oder in den Nachrichten für Luftfahrer bekanntgemacht.

(4) In den Lufträumen der Klassen B und C sind bei Flügen nach Sichtflugregeln die von der zuständigen Flugverkehrskontrollstelle zugewiesenen Flughöhen einzuhalten.

Bemerkungen: Im Kapitel 4 werden der Höhenmesser und seine Einstellungen umfassend vorgestellt. Zusammengefaßt folgen hier nochmals die wichtigsten Daten:

QFE - Luftdruck auf dem Flugplatz. Der Höhenmesser zeigt am Boden 0 an, im Flug die Höhe über GND.
QNH - Nach der Standardatmosphären-Temperatur auf MSL reduziertes QFE. Der Höhenmesser zeigt am Boden die Fluplatzhöhe an, im Flug die Flughöhe über MSL.
1013,2 hPa - Luftdruck der Standardatmosphäre. Der Höhenmesser zeigt am Boden die Druckhöhe am Flugplatz in ft an, im Flug die Flugfläche (FL). Über 5.000 ft Flughöhe und bei mindestens 2.000 ft über GND ist der Höhenmesser auf den Standardhöhenmesserwert 1013,2 hPa einzustellen. Ist für einen Flug die Anwendung der Halbkreisflugregeln vorgeschrieben, sind Flugflächen zu fliegen (s.a. Abb. 2.14).

§ 32 - Flüge nach Sichtflugregeln über Wolkendecken

Bei Flügen nach Sichtflugregeln dürfen Wolkendecken nur dann überflogen werden, wenn

1. die Flughöhe mindestens 300 m (1000 Fuß) über Grund oder Wasser beträgt und die Flugsicht sowie der Abstand von den Wolken (§ 28 Abs. 1) nach den Werten für den Luftraum der Klasse E (Anlage 5) eingehalten werden;

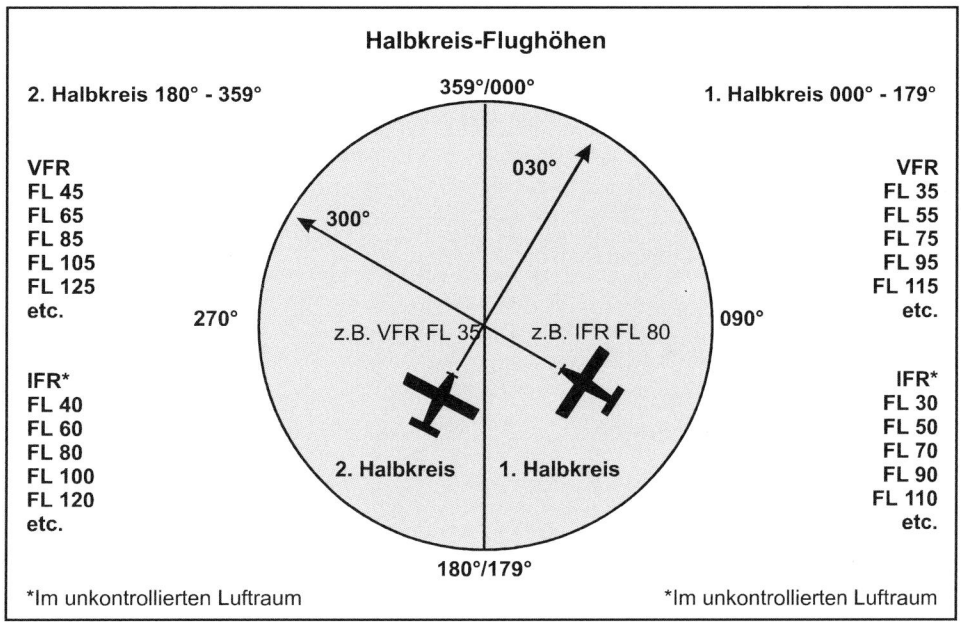

Halbkreis-Flughöhen

| 2. Halbkreis 180° - 359° | 359°/000° | 1. Halbkreis 000° - 179° |

2. Halbkreis 180° - 359°

VFR
FL 45
FL 65
FL 85
FL 105
FL 125
etc.

270°

IFR*
FL 40
FL 60
FL 80
FL 100
FL 120
etc.

030°

300°

z.B. VFR FL 35   z.B. IFR FL 80

2. Halbkreis   1. Halbkreis

090°

1. Halbkreis 000° - 179°

VFR
FL 35
FL 55
FL 75
FL 95
FL 115
etc.

IFR*
FL 30
FL 50
FL 70
FL 90
FL 110
etc.

180°/179°

*Im unkontrollierten Luftraum   *Im unkontrollierten Luftraum

Abb. 2.14: Halbkreisflugregeln.

2. der Luftfahrzeugführer in der Lage ist, den beabsichtigten Flugweg einzuhalten;

3. der Anflug zum Zielflugplatz und die Landung bei Flugverhältnissen, bei denen nach Sichtflugregeln geflogen werden darf, gewährleistet ist;

4. der Luftfahrzeugführer die Berechtigung zur Ausübung des Flugfunkverkehrs hat.

Bemerkungen: Zusätzlich zu diesen Vorschriften muß das Luftfahrzeug mit einem betriebsbereiten UKW-Sprechfunkgerät, einer VOR und einem ADF ausgerüstet sein.

§ 33 - Flüge nach Sichtflugregeln bei Nacht

Für Flüge nach Sichtflugregeln bei Nacht gelten die §§ 28 bis 32. Als Nacht gilt der Zeitraum zwischen einer halben Stunde nach Sonnenuntergang und einer halben Stunde vor Sonnenaufgang. Flüge nach Sichtflugregeln bei Nacht mit Luftsportgeräten, ausgenommen einsitzige Sprungfallschirme, sind nicht erlaubt.

Bemerkungen: Befindet sich das Luftfahrzeug in Sichtweite eines für den Nachtflug genehmigten und befeuerten Flugplatzes, muß es (auch bei unkontrollierten Flugplätzen) mit einem betriebsbereiten UKW-Sprechfunkgerät ausgerüstet sein.
Befindet sich das Luftfahrzeug außerhalb der Sichtweite eines für den Nachtflug genehmigten und befeuerten Flugplatzes, muß es im unkontrollierten Luftraum mit einem betriebsbereiten UKW-Sprechfunkgerät, einer VOR und einem ADF ausgerüstet sein.
Befindet sich das Luftfahrzeug außerhalb der Sichtweite eines für den Nachtflug genehmigten und befeuerten Flugplatzes, muß es im kontrollierten Luftraum nach Aufgabe eines Flugplans mit einem betriebsbereiten UKW-Sprechfunkgerät und einer VOR ausgerüstet sein. Außerdem besteht die Pflicht zur ständigen Hörbereitschaft.

Generelle Voraussetzung zur Durchführung von Flügen nach Sichtflugregeln bei Nacht ist für Luftfahrzeugführer ohne IFR-Berechtigung die nach der CVFR-Berechtigung zu erwerbende Nachtflugberechtigung.

§ 34 - Such- und Rettungsflüge

Bei Flügen im Such- und Rettungseinsatz oder zur Hilfeleistung bei einer Gefahr für Leib und Leben einer Person kann von den §§ 28 bis 33 abgewichen werden.

Abschließende Ergänzungen

Der vierte Abschnitt der LuftVO befaßt sich in den § 35 bis 42 mit den Instrumentenflugregeln.

Im fünften Abschnitt der LuftVO werden die Bußgeld- und Schlußvorschriften geregelt. § 43 listet entsprechend § 58 die Ordnungswidrigkeiten auf, die mit Geldbußen bis zu 10.000 DM (einige Fälle bis 20.000 DM) geahndet werden können. Begeht der Luftfahrzeugführer im Sinne der §§ 59, 60 und 62 eine Straftat, können Freiheitsstrafen bis zu 2 Jahren oder eine Geldstrafe verhängt werden. Bei fahrlässig begangenen Straftaten ist mit 6 Monaten Freiheitsstrafe bzw. mit einer Geldstrafe bis zu 180 Tagessätzen zu rechnen.

Zuständig für die Verfolgung der Straftaten sind die örtlich zuständigen Luftfahrtbehörden der Länder, die DFS Deutsche Flugsicherung und das Luftfahrt-Bundesamt. Nach der LuftVO werden Straftaten außerdem von der Staatsanwaltschaft verfolgt.

Sonstige Regelungen

Transponderschaltung

Die Radarsysteme der Flugsicherung werden vorrangig für die Überwachung und Kontrolle des nach Instrumentenflugregeln (IFR) operierenden Flugverkehrs eingesetzt. Wegen der zunehmenden Luftverkehrsdichte sollen aber auch VFR-Flüge auf den Radarbildschirmen besser dargestellt werden.

Deshalb ist geplant, auch für VFR-Flüge eine Ausrüstung mit einem Transponder vorzuschreiben. Z.Zt. besteht eine Pflicht zur Transponderausrüstung nur für bestimmte VFR-Flüge.

Der Transponder darf nur nach einer entsprechenden Aufforderung eines Fluglotsen geschaltet werden. Bei VFR-Flügen mit motorgetriebenen Luftfahrzeugen oberhalb von 5.000 ft MSL oder oberhalb von 3.500 ft GND (der höhere Wert ist maßgebend) jedoch ist der Transponder ohne besondere Aufforderung (ohne Funkkontakt mit der Flugsicherungskontrollstelle) auf Code 0022 (Modi A und C) zu schalten. Zusätzlich sollte bei VFR-Flügen unterhalb dieser Flughöhe (Ausnahme: Flüge in der Platzrunde) der Transponder auf Code 0021 (Modi A und C) geschaltet werden. Dadurch verbessert sich zwar die Luftlagedarstellung auf den Radarbildschirmen, eine Kontrolle der entsprechenden VFR-Flüge findet allerdings nicht statt.

Da alle nach VFR fliegenden Luftfahrzeuge den gleichen Code (Gruppencode) senden, werden sie entsprechend auf den Radarschirmen identifiziert. Ein bestimmtes Flugzeug (z.B. durch das Kennzeichen definiert) kann bei dieser Methode jedoch nicht verfolgt werden.

Für Luftnotfälle sind international folgende Transponder-Codes festgelegt, die selbstverständlich ohne Aufforderung der Flugsicherung geschaltet werden dürfen:

- 7500 Entführung
- 7600 Funkausfall
- 7700 Notfall

Weitere Details können in Kapitel 3 „Funknavigation" unter Transponder nachgelesen werden.

Verfahren bei Funkausfall

Bei Funkausfall (Radio Communication Failure) während eines VFR-Fluges mit vorgeschriebener Funkverbindung zur Flugsicherung ist der Transponder auf Code 7600 zu schalten und auf dem nächstgelegenen geeigneten Flugplatz zu landen. Die Landung ist der zuständigen Flugverkehrskontrollstelle sofort zu melden.

Durch den Code 7600 erhält das Luftfahrzeugsymbol auf den Radarschirmen eine besondere Markierung, der Fluglotse wird dadurch unmittelbar auf den Funkausfall aufmerksam.

Einflüge in Kontrollzonen ohne Sprechfunkverkehr sind gefährlich und sollten bei Funkausfall unbedingt vermieden werden. Der Einflug ist aber erlaubt, wenn der Pilot vor dem Funkausfall schon eine entsprechende Flugverkehrskontrollfreigabe erhalten hatte oder wenn eine Landung auf einem Flugplatz innerhalb der Kontrollzone, z.B. wegen Treibstoffmangels, Einbruch der Dunkelheit u.ä., nicht vermieden werden kann.

Der Einflug (VFR) in einen Luftraum Klasse C allerdings ist bei Funkausfall zu vermeiden, auch wenn bereits eine Einflugfreigabe erteilt wurde. Fällt der Funk innerhalb des Luftraums Klasse C in und oberhalb FL 100 aus, muß der Luftraum nach Sichtflugregeln auf dem kürzesten Weg verlassen werden. Unterhalb FL 100 muß bei gleichen Bedingungen der VFR-Flug entsprechend der erhaltenen und vom Piloten bestätigten Flugverkehrskontrollfreigabe fortgesetzt werden. Ist dies z.B. wegen Wolken nicht möglich, muß dieser Luftraum nach Sichtflugregeln auf dem kürzesten Weg verlassen werden.

Checklist bei Funkausfall

- Transponder auf Code 7600 schalten (nur bei vorgeschriebener Funkverbindung zur Flugsicherung)

- Kontrollzone meiden oder gemäß Freigabe weiterfliegen

- Luftraum Klasse C meiden

- Im Luftraum Klasse C unter FL 100 gemäß Freigabe weiterfliegen oder Luftraum nach VFR verlassen

- Im Luftraum Klasse C in oder oberhalb FL 100 Luftraum nach VFR verlassen

- Auf dem nächstgelegenen geeigneten Flugplatz landen

- Die zuständige Flugverkehrskontrollstelle über die Beendigung des Fluges informieren

Haftungsbestimmungen

Die Haftung für Schäden sowohl bei Personen und Sachen im Flugzeug als auch außerhalb des Flugzeuges werden im Luftverkehrsgesetz LuftVG in den §§ 33-57 geregelt. Es handelt sich um eine Gefährdungshaftung (wie beim PKW), bei der es auf ein Verschulden nicht ankommt.

§ 33 enthält die Haftungsbestimmungen für Personen und Sachen, die nicht im Luftfahrzeug befördert werden (Auszug aus § 33, 1): „Wird beim Betrieb eines Luftfahrzeugs durch Unfall jemand getötet, sein Körper oder seine Gesundheit verletzt oder eine Sache beschädigt, so ist der Halter des Luftfahrzeugs verpflichtet, den Schaden zu ersetzen."

Der Haftungsumfang ist in § 37 LuftVG festgelegt. Er beträgt bei Luftfahrzeugen mit

- maximal 1.200 kg Gewicht bis zu 5 Mio. DM,

- mit 1.200 bis 2.000 kg bis zu 7,5 Mio. DM und

- mit 2.000 kg bis 5.700 kg bis zu 15 Mio. DM (Auszug aus § 37).

Der Luftfahrzeughalter ist verpflichtet, bei einem Versicherer mit Sitz in der europäischen Union einen entsprechenden Haftpflichtversicherungsvertrag abzuschließen.

§ 44 regelt die Haftung bei Schäden an Personen und Sachen, die bei der Beförderung an Bord eines Flugzeuges entstehen (Auszug aus § 44, 1): „Wird ein Fluggast an Bord eines Luftfahrzeugs oder beim Ein- und Aussteigen getötet, körperlich verletzt oder sonst gesundheitlich geschädigt, so ist der Luftfrachtführer verpflichtet, den Schaden zu ersetzen. Das gleiche gilt für den Schaden, der an Sachen entsteht, die der Fluggast an sich trägt oder mit sich führt."

Bei dieser gesetzlichen Vorschrift haftet der Luftfrachtführer, d.h. derjenige, mit dem ein Beförderungsvertrag abgeschlossen wurde (z.B. Luftfahrtunternehmen). Bei schuldhaftem Verhalten des Luftfrachtführers oder einer seiner Beauftragten ist die Haftung unbegrenzt. Ein Ausschluß oder eine Begrenzung dieser Haftung ist nichtig. Der Luftfrachtführer hat für seine Fluggäste eine Unfallversicherung abzuschließen.

Kapitel 3
Funknavigation

Grundlagen der Funktechnik

Arbeitsweise von Sende- und Empfangsanlagen

Die Arbeitsweise der meisten Funknavigationsanlagen entspricht der von Radiosendern: Hochfrequenten elektrischen Trägerschwingungen werden die zu übertragenden Informationen „aufgeprägt" (moduliert). Bei Radiosendern sind dies z.B. Sprachsignale, bei Funknavigationsanlagen Kennungen. Nach dem Verstärken auf die notwendige Ausgangsleistung werden die modulierten Trägerschwingungen über eine Sendeantenne als elektromagnetische Wellen ausgestrahlt. NDBs und VORs senden in alle Richtungen, das ILS sendet gerichtet.

Mit einer Funknavigationsanlage in einem Flugzeug können nun über eine entsprechende Antenne diese elektromagnetischen Wellen empfangen werden. Danach werden sie verstärkt und demoduliert (Trennen der aufgeprägten Information von der Trägerwelle), ausgewertet und akustisch (z.B. im Lautsprecher eines ADF) oder optisch (z.B. als Anzeige auf einem VOR) dargestellt. Durch Messung der Einfallsrichtung oder der Laufzeit der elektromagnetischen Wellen können außerdem die Richtung und die Entfernung zur Bodenstation ermittelt werden.

Da eine Empfangsantenne elektromagnetische Wellen verschiedener Sendestationen empfängt, müssen die Wellen der gewünschten Sendestation durch Einstellen der entprechenden Frequenz am Empfänger herausgefiltert werden.

Für die Navigation mit NDB und VOR werden nur Empfangsgeräte benötigt.

Das Sprechfunkgerät, der Transponder und das DME aber haben je einen Sende- und Empfangsteil. Alle bordeigenen Geräte werden über das Bordnetz betrieben. Für die einzelnen Geräte sind je nach Frequenzbereich Antennen unterschiedlicher Form und Länge am Flugzeugrumpf angebracht.

Funkwellen

Um die Antenne eines Senders bauen sich beim Sendevorgang abwechselnd elektrische und magnetische Felder auf, die sich in Wellenform in den Raum ausbreiten. Man nennt diese Wellen elektromagnetische Wellen.

In der Empfangsantenne erzeugen die elektromagnetischen Wellen durch Induktionsvorgänge eine der Frequenz der Welle entsprechende Wechselspannung. So können zwischen Sender und Empfänger drahtlos Informationen übermittelt werden. Dieser Vorgang ist allgemein als Funk bzw. Funken bekannt. Die elektromagnetischen Wellen nennt man Funk- oder Radiowellen.

Elektromagnetische Wellen haben wie Licht- und Schallwellen einige gemeinsame Eigenschaften (Reflexion, Beugung, Brechung). Ihre Ausbreitungsgeschwindigkeit entspricht der von Lichtwellen (ca. 300.000 km/sec).

Mit einer sogenannten Sinusschwingung lassen sich Berg und Tal der elektrischen und magnetischen Schwingungen (Wellen) darstellen (s. Abb. 3.1). Die Zeit, die eine Schwingung benötigt, nennt man Wellenlänge, den Abstand zur Zeit-Achse (Null-Linie) Amplitude (Schwingungsweite). Mit Frequenz bezeichnet man die Anzahl der Schwingungen pro Sekunde (Maßeinheit Hertz, Hz):

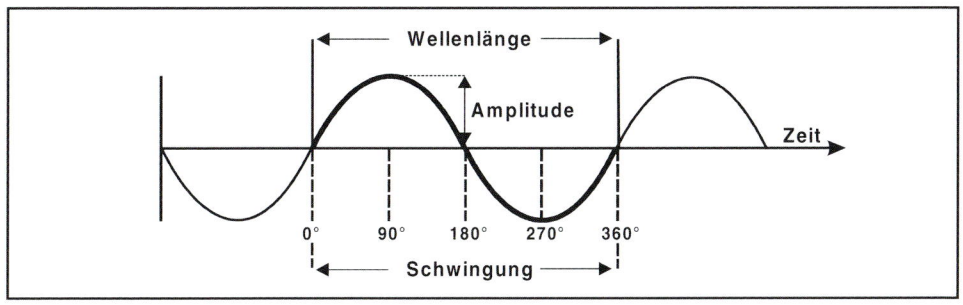

Abb. 3.1: Sinus-Schwingung.

1 Schwingung/sec	= 1 Hz
1.000 Schwingungen/sec	= 1.000 Hz = 1 kHz (Kilohertz)
1.000.000 Schwingungen/sec	= 1.000 kHz = 1 MHz (Megahertz)
1.000.000.000 Schwingungen/sec	= 1.000 MHz = 1 GHz (Gigahertz)

Zwischen Länge, Ausbreitungsgeschwindigkeit und Frequenz der Funkwellen bestehen folgende Zusammenhänge:

Frequenz =
Ausbreitungsgeschwindigkeit : Wellenlänge

Abb. 3.2: Frequenz mit 4 Hz.

Wellenlänge =
Ausbreitungsgeschwindigkeit : Frequenz

Diese beiden Formeln lassen also folgenden Schluß zu: Je höher die Frequenz, desto kleiner die Wellenlänge.

Berechnungsbeispiele

1. Gesucht: Wellenlänge der von Friedrichshafen NDB (Frequenz 473 kHz) ausgestrahlten Funkwellen

Wellenlänge =
300.000 km/sec : 473 kHz =
300.000 km/sec : 473.000 Hz =
0,634249 km =
ca. 634 m

2. Gesucht: Wellenlänge der von Weser VOR (Frequenz 112,90 MHz) ausgestrahlten Funkwellen

Wellenlänge =
300.000 km/sec : 112,90 MHz =
300.000 km/sec : 112.900.000 Hz =
0,002657 km =
ca. 2,7 m

Frequenzbereiche

Nach internationaler Übereinkunft werden die für den Funk verwendbaren Frequenzen in folgende Frequenzbereiche unterteilt:

Very Low Frequency (VLF)	
Längstwelle 3-30 kHz	100 - 10 km
Low Frequency (LF)	
Langwelle - LW 30-300 kHz	10 - 1 km
Medium Frequency (MF)	
Mittelwelle - MW 300-3.000 kHz	1.000 - 100 m
High Frequency (HF)	
Kurzwelle - KW 3-30 MHz	100 - 10 m
Very High Frequency (VHF)	
Ultrakurzwelle - UKW 30-300 MHz	10 - 1 m
Ultra High Frequency (UHF)	
Dezimeterwelle 300-3.000 MHz	100 - 10 cm
Super High Frequency (SHF)	
Zentimeterwelle 3-30 GHz	10 - 1 cm
Extremely High Frequency (EHF)	
Millimeterwelle 30-300 GHz	10 - 1 mm

Langwelle, Mittelwelle und Ultrakurzwelle (UKW) sind allgemein als Frequenzbereiche für den Radioempfang bekannt. Viele Funknavigationsanlagen arbeiten ebenfalls in diesen Bereichen:

NDB	190 - 1.750 kHz
VOR	108 - 117,975 MHz
DME	962 - 1.213 MHz
ILS	LLZ: 108 - 111,975 MHz GP: 328,6 - 335,4 MHz OM/MM: 75 MHz
VDF	117,975 - 137 MHz (Frequenzbereich für Flug- sprechfunk)
RADAR	ca. 1 - 30 GHz
GPS	ca. 1,2 - 1,6 GHz

Frequenzschutz

Frequenzen werden national und international zugeteilt und für den Nutzer geschützt. Der Sprechfunkverkehr z.B. hat einen geschützten Bereich von 117,975 bis 137 MHz. Unerlaubtes Senden in diesem Frequenzbereich ist strafbar.

Mit festgelegten Abständen zwischen den einzelnen Frequenzen werden wechselseitige Störungen ausgeschlossen: Der Abstand zwischen den Sprechfunkfrequenzen beträgt 25 kHz (= 0,025 MHz), zwischen den VOR-Frequenzen 50 kHz (= 0,05 MHz) und den NDB-Frequenzen 0,5 kHz.

Um diesen Abstand sicherzustellen, können die Frequenzen der Bordanlagen nur in diesen Stufen gerastet werden (z.B. beim VOR von 108,00 MHz über 108,05 MHz, 108,10 MHz, 108,15 MHz usw.).

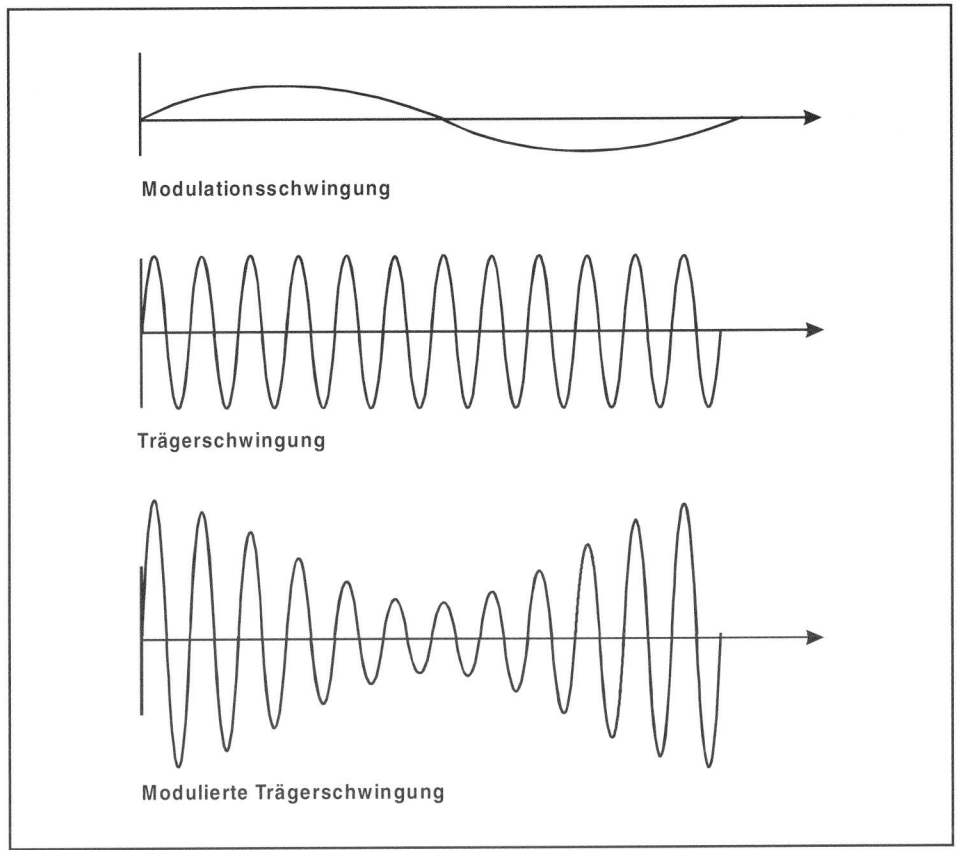

Modulationsschwingung

Trägerschwingung

Modulierte Trägerschwingung

Abb. 3.3: Amplitudenmodulation.

Modulation und Sendeart

Für die Übertragung von Funkwellen eignen sich vor allem hochfrequente Wellen.

Da niederfrequente Wellen (Sprache, Musik) nicht direkt abgestrahlt werden können, muß man sie einer hochfrequenten Welle (Trägerwelle) aufprägen (modulieren). Dabei werden in der Senderanlage die niederfrequenten Schwingungen (z.B. Sprache über ein Mikrofon) den hochfrequenten Trägerschwingungen aufgeprägt und die so

modulierten Trägerwellen über die Sendeantenne ausgestrahlt. Im Empfänger werden in einem umgekehrten Vorgang die niederfrequenten Schwingungen von den Trägerwellen getrennt (demoduliert) und z.B. über einen Lautsprecher wiedergegeben. Beim Aufprägen der Informationen auf die Trägerwellen unterscheidet man zwischen folgenden Modulationsverfahren:

- Amplitudenmodulation (AM)

- Frequenzmodulation (FM)

- Pulsmodulation (PM)

117

Bei der Funknavigation wird vorrangig die Amplitudenmodulation eingesetzt. Hierbei wird die Amplitude der Trägerwelle entsprechend dem Rhythmus der zu modulierenden niederfrequenten Schwingungen verändert. Amplitudenmodulierte elektromagnetische Wellen sendet man vor allem nach folgenden Arten (Hinter den Sendearten sind in Klammern die alten, aber immer noch verwendeten Abkürzungen angegeben):

NON (A0)
Unmodulierte Trägerwelle (*Abb.3.4*).

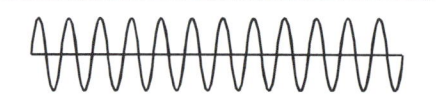

NON/A1A (A0/A1)
Unterbrochene Trägerwelle (*Abb.3.5*).
Die Trägerwelle wird im Rhythmus einer Kennung im Morsecode unterbrochen (Verwendung nur noch bei wenigen NDB-Anlagen).

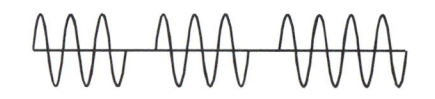

NON/A2A (A0/A2)
Tonmodulierte Trägerwelle (*Abb.3.6*).
Auf die Trägerwelle wird ein niederfrequenter Ton moduliert und dieser im Rhythmus einer Kennung im Morsecode unterbrochen. Dies ist die übliche Art der Übertragung von Kennungen bei Funknavigationsanlagen.

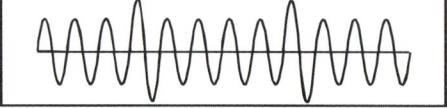

A3E (A3)
Sprachmodulierte Trägerwelle (*Abb.3.7*).
Auf die Trägerwelle wird Sprache (oder Musik) moduliert (Sprechfunk).

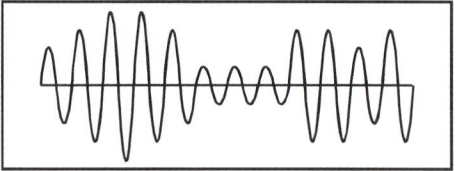

A9W (A9)
Sprachmodulierte Trägerwelle mit Morsekennung. Kombination aus A2A und A3E Angewendet wird dieses Verfahren z.B. bei VOR und bei paralleler Ausstrahlung einer Kennung und von gesprochenen Start- und Landeinformationen (ATIS).

Ausbreitung der Funkwellen

Funkwellen breiten sich von der Sendeantenne in alle Richtungen als Bodenwelle, Raumwelle und direkte Welle gleichmäßig aus. Ausgenommen sind z.B. das ILS und das Radar, die nur in eine Richtung Funkwellen senden.

Bodenwellen folgen vorwiegend der Oberfläche der Erde und damit dem Gelände und der Erdkrümmung. Mit höheren Frequenzen (kleineren Wellenlängen) aber sinkt ihre Reichweite.

In den Raum ausgestrahlte Funkwellen (Lang-, Mittel- und Kurzwellen) können von der Ionosphäre reflektiert oder gebrochen als Raumwelle zur Erde zurückkehren. Dadurch ist auch in größerer Entfernung vom Sender noch ein Empfang möglich.

Die Ionosphäre reicht von ca. 60 bis 400 km Höhe über der Erde.

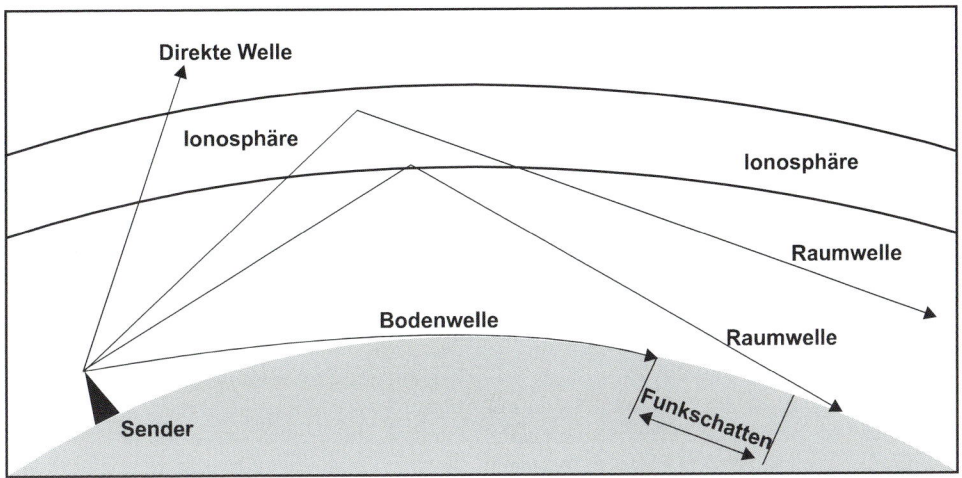

Direkte Welle

Ionosphäre

Ionosphäre

Raumwelle

Bodenwelle

Raumwelle

Sender

Funkschatten

Abb. 3.8: Funkwellen-Ausbreitung.

Durch Einstrahlung der Sonne wird diese Schicht abhängig von der Tageszeit, der Jahreszeit und der Sonnenfleckentätigkeit stark ionisiert (Ionen = Teilchen mit positiver oder negativer elektrischer Ladung) und damit elektrisch leitend.

Funkwellen mit höheren Frequenzen breiten sich wie Lichtwellen nur noch direkt (quasi-optisch) aus.

Lang- und Mittelwellen breiten sich als Bodenwellen und als Raumwellen aus. Da Raumwellen aber während des Tages durch die verstärkt ionisierte untere Schicht der Ionosphäre gedämpft werden, treten sie am Tage vorwiegend als Bodenwellen auf. Ihre Reichweite wird von der Sendeleistung, der Frequenz und den geografischen Gegebenheiten bestimmt.

Ab Dämmerungsbeginn löst sich die untere Ionosphärenschicht zunehmend auf, die Raumwellen werden nun von den darüberliegenden Schichten reflektiert. Die Reichweite der Bodenwellen wird von diesen reflektierten Wellen dabei überschritten, nachts

wird ihre Reichweite noch größer. Allerdings können durch die Überlagerung von Raum- und Bodenwellen Empfangsstörungen und damit Fehlpeilungen entstehen.

Kurzwellen mit höheren Frequenzen haben als Bodenwellen eine nur sehr geringe Reichweite. Als Raumwellen aber können sie in sehr großer Entfernung empfangen werden, da sie von der unteren Ionosphärenschicht nur gering absorbiert und somit von den darüber liegenden Schichten reflektiert werden. Ein weltweiter Empfang von Kurzwellen ist möglich, wenn die Raumwellen mehrfach zwischen Ionosphäre und Erdboden reflektiert werden.

Funkwellen im UKW-Frequenzbereich und darüber breiten sich nur als direkte Wellen aus und folgen nicht mehr der Erdkrümmung. In den Raum ausgestrahlte UKW-Funkwellen durchdringen die Ionosphäre, sie werden nicht reflektiert.

Beim Empfang dieser Wellen ist jedoch eine quasi-optische Verbindung (Sichtverbindung) zwischen Sender und Empfänger erforderlich.

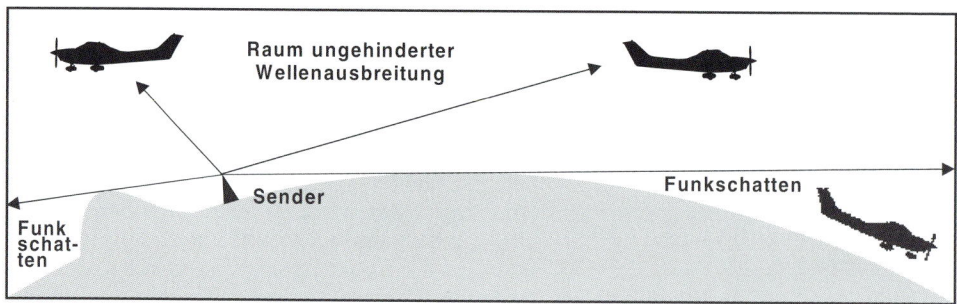

Raum ungehinderter
Wellenausbreitung

Funkschatten

Sender

Funk
schat-
ten

Abb. 3.9: Ausbreitung von Ultrakurzwellen nach dem quasi-optischen Prinzip.

Berge und andere hohe zwischen Sender und Empfänger liegende Hindernisse machen einen Empfang unmöglich.

Störungen

Lang- und Mittelwellen können sich vor allem während der Dämmerung und der Nacht als Raum- und Bodenwellen überlagern. Dabei kommt es zu Empfangsstörungen und Peilfehlern. Ebenso führen Gewitter und andere elektrische Entladungen in der Atmosphäre zu so starken Störungen, daß eine Navigation dann nicht mehr möglich ist. Auch die durch Reibung mit der Luft hervorgerufene elektrische Auf- und Entladung des Flugzeuges, die besonders bei Wolkendurchflügen auftritt, verursacht ähnliche Störungen.

Mit sogenannten „Entladern" (Ableitern) an den Tragflächen- und Leitwerksenden kann man diese Effekte jedoch verringern.

Lang- und Mittelwellen breiten sich als Bodenwellen aus und werden beim Wechsel vom Land zum Wasser aus der Richtung abgelenkt. Dadurch entstehen Peilfehler. In bergigem Gelände sind Peilfehler durch Reflexion der Funkwellen möglich.

Störungen dieser Art treten bei UKW-Wellen und höheren Frequenzen nicht auf. Aber auch die UKW-Ausstrahlung kann durch Reflexion an Hindernissen deutlich gestört werden. Deswegen versucht man, dies durch eine weitgehend hindernisfreie Installation der Sendeanlagen (auch durch sog. Doppler-Anlagen) zu vermeiden.

Aufgrund dieser Einschränkungen werden heute Funknavigationsanlagen (ausgenommen NDB-Anlagen) nur noch im UKW-Bereich oder im höheren Frequenzbereich betrieben.

Reichweite der Funkwellen

Die Reichweite von Funkwellen (z.B. von Funknavigationsanlagen) hängt vor allem von der Leistung des Senders ab. Je nach Art der Anlage und Verwendungszweck reicht die Sendeleistung von 50 Watt bei NDBs bis zu 5.000 Kilowatt bei Radaranlagen. Daneben wird die Reichweite durch die Frequenz, die Ausbreitung in der Atmosphäre und an der Erdoberfläche sowie durch die Empfängerempfindlichkeit bestimmt.

Da sich Funkwellen im UKW-Bereich und in höheren Frequenzbereichen quasi-optisch ausbreiten, beeinflussen terrestrische Hindernisse (Berge, hohe Gebäude u.ä.) und die Krümmung der Erde außerdem ihre Reichweite (Abb. 3.9).

Die Flugsicherung legt die nutzbaren Reichweiten der Funknavigationsanlagen fest und veröffentlicht sie in der AIP. Innerhalb dieser Reichweiten ist ein Empfang nach der von der ICAO geforderten Genauigkeit garantiert. Außerdem darf nach einem international abgestimmten Frequenzplan innerhalb dieser Reichweiten keine andere Anlage auf der gleichen Frequenz arbeiten.

A	· —	Alfa
B	— · · ·	Bravo
C	— · — ·	Charlie
D	— · ·	Delta
E	·	Echo
F	· · — ·	Foxtrot
G	— — ·	Golf
H	· · · ·	Hotel
I	· ·	India
J	· — — —	Juliett
K	— · —	Kilo
L	· — · ·	Lima
M	— —	Mike
N	— ·	November
O	— — —	Oscar
P	· — — ·	Papa
Q	— — · —	Quebec
R	· — ·	Romeo
S	· · ·	Sierra
T	—	Tango
U	· · —	Uniform
V	· · · —	Victor
W	· — —	Whiskey
X	— · · —	X-Ray
Y	— · — —	Yankee
Z	— — · ·	Zulu
1	· — — — —	Wun
2	· · — — —	Too
3	· · · — —	Tree
4	· · · · —	Fow-er
5	· · · · ·	Fife
6	— · · · ·	Six
7	— — · · ·	Sev-en
8	— — — · ·	Ait
9	— — — — ·	Nin-er
0	— — — — —	Zero

Abb. 3.10: Morsecode-Tabelle.

Grundbegriffe in der Funknavigation

Basis-Navigationsbegriffe

In der folgenden Abbildung sind die grundlegenden Navigationsbegriffe Rechtweisend Nord (True North, TN), Mißweisend Nord (Magnetic North, MN) und Mißweisung (Variation, VAR) dargestellt:

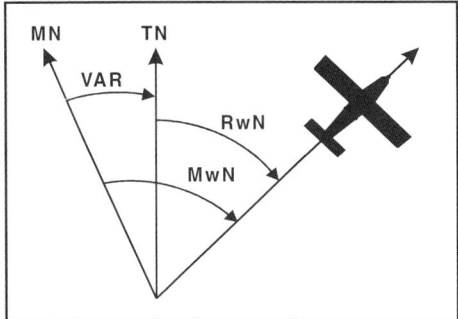

Abb. 3.11: Grundlegende Navigationsbegriffe.

Mit Mißweisung wird die Winkeldifferenz zwischen TN und MN bezeichnet, mit Rechtweisend Nord (RwN) der auf den geografischen Nordpol bezogene, mit Mißweisend Nord (MwN) der auf den magnetischen Nordpol bezogene Winkel.

Peilungen

Der Winkel, unter dem die von einem Bodensender ausgestrahlten Funkwellen am Flugzeug einfallen, wird als Peilung (Bearing) bezeichnet. Mit einer Peilung läßt sich die Standlinie des Flugzeugs zu einer Bodenstation ermitteln. Zwei oder mehrere Peilungen zu verschiedenen Bodensendern nennt man Kreuzpeilung. Der Kreuzungspunkt ergibt dabei den Standort des Flugzeugs.

Eine Peilung kann sich auf die Flugzeuglängsachse und auf recht- oder mißweisend Nord beziehen. Zur Unterscheidung verwendet man teilweise die aus dem Morseverkehr stammenden Q-Gruppen. Mißweisende Peilungen sind in der Funknavigation von besonderer Bedeutung.

Funkseitenpeilung

Unter Funkseitenpeilung (Relative Bearing, RB) versteht man den Winkel zwischen der Flugzeuglängsachse und der Linie Flugzeug zum Bodensender. Gemessen wird dieser Winkel im Uhrzeigersinn:

- RB 000° > Siehe RB 360°.

- RB 090° > Die Bodenstation liegt rechts querab (abeam) vom Flugzeug.

- RB 180° > Die Bodenstation liegt genau hinter dem Flugzeug.

- RB 270° > Die Bodenstation liegt links querab vom Flugzeug.

- RB 360° > Die Bodenstation liegt genau voraus in Richtung Flugzeuglängsachse.

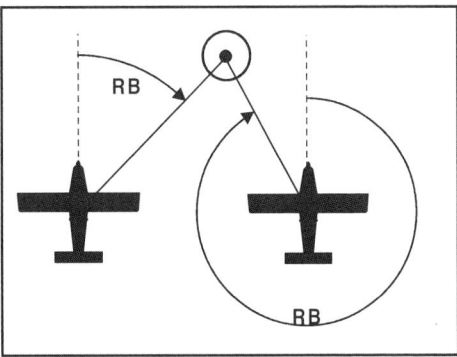

Abb. 3.12: Funkseitenpeilung: RB linkes Flugzeug ca. 50°, RB rechtes Flugzeug ca. 325°.

Das RB allein reicht allerdings nicht aus, um die Standlinie zur Bodenstation zu bestimmen, auf der sich das Flugzeug befindet.

Rechtweisende Peilung

Unter rechtweisender Peilung (True Bearing, TB) versteht man den Winkel zwischen rechtweisend Nord (TN) und der Linie Flugzeug zur Bodenstation (bzw. umgekehrt). Gemessen wird dieser Winkel im Uhrzeigersinn. Zu unterscheiden sind Peilungen zur Bodenstation (TB to the station) und Peilungen von der Bodenstation (TB from the station).

Die Peilung vom Flugzeug zur Bodenstation wird als **QUJ** (rechtweisende Peilung Flugzeug-Bodenstation) und die Peilung von der Bodenstation zum Flugzeug als **QTE** (rechtweisende Peilung Bodenstation-Flugzeug) bezeichnet.

Durch Addition des rechtweisenden Steuerkurses (TH) und der Funkseitenpeilung (RB) errechnet sich das QUJ:

$$QUJ = TH + RB$$

Abb. 3.13: Rechtweisende Peilungen (QUJ und QTE).

Das QTE (rechtweisende Gegenrichtung) ist die Umkehrung des QUJ um 180°:

$$QTE = QUJ +/- 180°$$

Entsprechend den Angaben in Abbildung 3.13 ergeben sich folgende Berechnungen:

$$TH = 30°, RB = 60°, QUJ = 90°, QTE = 270°$$

$$QUJ = TH + RB = 30° + 60° = \mathbf{90°}$$
$$\mathbf{QTE} = QUJ +/- 180° = 90° + 180° = \mathbf{270°}$$

Mißweisende Peilung

Unter mißweisender Peilung (Magnetic Bearing, MB) versteht man den Winkel zwischen mißweisend Nord (MN) und der Linie Bodenstation zum Flugzeug (bzw. umgekehrt). Gemessen wird dieser Winkel im Uhrzeigersinn. Wie bei der rechtweisenden Peilung werden auch hier Q-Codes verwendet.

Die mißweisende Peilung vom Flugzeug zur Bodenstation (MB to the station) ist das **QDM**, die mißweisende Peilung von der Bodenstation zum Flugzeug das **QDR** (MB from the station).

Abb. 3.14: Mißweisende Peilungen (QDM und QDR).

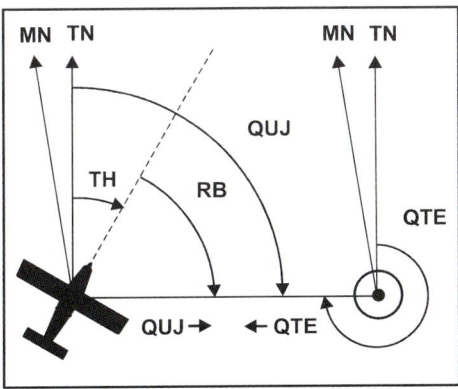

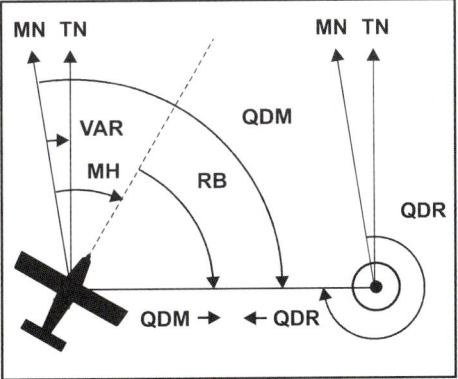

Das QDM errechnet sich aus der Addition von mißweisendem Steuerkurs (MH) und Funkseitenpeilung (RB):

$$QDM = MH + RB$$

Das QDR (mißweisende Gegenrichtung) ist die Umkehrung des QDM um 180°:

$$QDR = QDM +/- 180°$$

Entsprechend den Angaben in Abbildung 3.14 ergeben sich folgende Berechnungen:

$$VAR = 5°, MH = 35°, RB = 60°, QDM = 95°, QDR = 275°$$

$$MH = TH + VAR = 30° + 5°$$
$$QDM = MH + RB = 35° + 60° = \mathbf{95°}$$
$$\mathbf{QDR} = QDM +/- 180° = 95° + 180° = \mathbf{275°}$$

Allgemein üblich in der fliegerischen Umgangssprache sind die Peilbegriffe QDM als „Zur Station hin" und QDR als „Von der Station weg". Von den Anzeigeinstrumenten der NDB- und VOR-Bordanlagen (ADF und VOR) können QDM und QDR direkt abgelesen werden. Fliegt man z.B. bei Windstille das QDM als mißweisenden Steuerkurs MH, führt dieser Kurs geradewegs zur Bodenstation.

Funkstandlinie

Die Funkstandlinie (Line of Position, LOP) ist die Linie, auf der sich das Flugzeug zum Zeitpunkt der Peilung befindet. Definiert ist diese Linie als Winkel zwischen rechtweisend Nord (TN) und der Linie Bodenstation-Flugzeug. Sie entspricht der rechtweisenden Peilung QTE. Funknavigatorisch werden jedoch Kurse und Peilungen auf mißweisend Nord (MN) bezogen.

Deswegen wird unter Funkstandlinie i.d.R. der Winkel zwischen mißweisend Nord (MN) und der Linie Bodenstation-Flugzeug bezeichnet. Sie entspricht der mißweisenden Peilung QDR.

Auf den Bordanlagen ADF und VOR kann man das QDR des Flugzeuges ablesen. Zum Einzeichnen dieses QDR in eine Luftfahrtkarte muß allerdings die Ortsmißweisung (OM; Variation, VAR) berücksichtigt werden. Daraus ergibt sich dann die rechtweisende Peilung QTE.

Bei einer parallelen Peilung mit zwei verschiedenen Bodenstationen ergeben sich zwei Funkstandlinien, deren Kreuzungspunkt der Standort des Flugzeugs ist. Diese Peilmethode nennt man Kreuzpeilung (Crossing Bearing).

Auf Funknavigationskarten werden Flugstrecken im allgemeinen als mißweisende Kurse über Grund (Magnetic Track, MT) veröffentlicht. Dadurch wird festgelegt, daß der geplante Kurs (Magnetic Course, MC) und der tatsächlich geflogene Kurs über Grund (Magnetic Track, MT) identisch sein müssen. Fliegt man auf einem festgelegten Kurs über Grund eine Navigationsanlage (z.B. VOR) an, muß das abgelesene QDM mit diesem Kurs über Grund identisch sein: QDM = MT. Für den Abflug von einer Navigationsanlage gilt QDR = MT.

Peilungen mit Sichtfunkpeilern

Mit Hilfe des Sichtfunkpeilers können sowohl die Flugverkehrskontrolle als auch der Flugzeugführer den Kurs des Luftfahrzeuges zur Station (Peilung Luftfahrzeug-Station), die Funkstandlinie (Peilung Station-Luftfahrzeug) oder die Position eines Luftfahrzeuges feststellen. Der Peiler ist für den Empfang des Frequenzbereiches von 118,000 bis 136,975 MHz eingerichtet.

Es können unterschiedliche Peilungen, die mit Q-Gruppen bezeichnet werden, eingestellt und abgelesen werden:

- QDM > Mißweisender Kurs zur Peilstation

- QTE > Rechtweisende Funkstandlinie

- QDR > Mißweisende Funkstandlinie

Abb. 3.15: Peilung mit QDM.

Während der Pilot nach Aufforderung durch die Peilstation sendet, zeigt von der Mitte des Sichtgerätes in der Peilstation ein Peilstrahl nach außen. An einer ringförmig angebrachten Windrose kann nun der entsprechende Peilwert (Q-Gruppe) als Gradzahl abgelesen werden. Auch eine digitale Anzeige ist möglich.

QDM

Das QDM ist die übliche Peilung, um eine Peilstation (meist einen Flughafen) anzufliegen. Das übermittelte QDM liefert den mißweisenden Kurs zur Empfangsantenne des Peilers, die Kurse führen aber nicht direkt auf die Landebahn.

Zum Anflug fordert der Pilot in regelmäßigen Zeitabständen ein QDM an und steuert die jeweils übermittelten Kurse. Durch eine regelmäßige Anforderung läßt sich der Kurs kontrollieren und korrigieren, denn der Wind, der bei der Übermittlung des QDM nicht berücksichtigt ist, versetzt das Flugzeug nach links oder rechts vom Sollkurs.

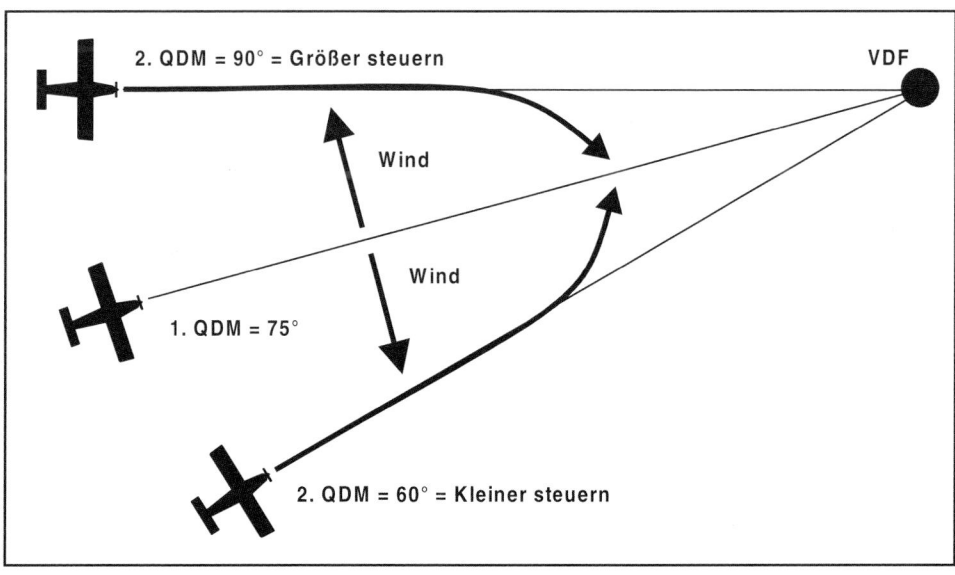

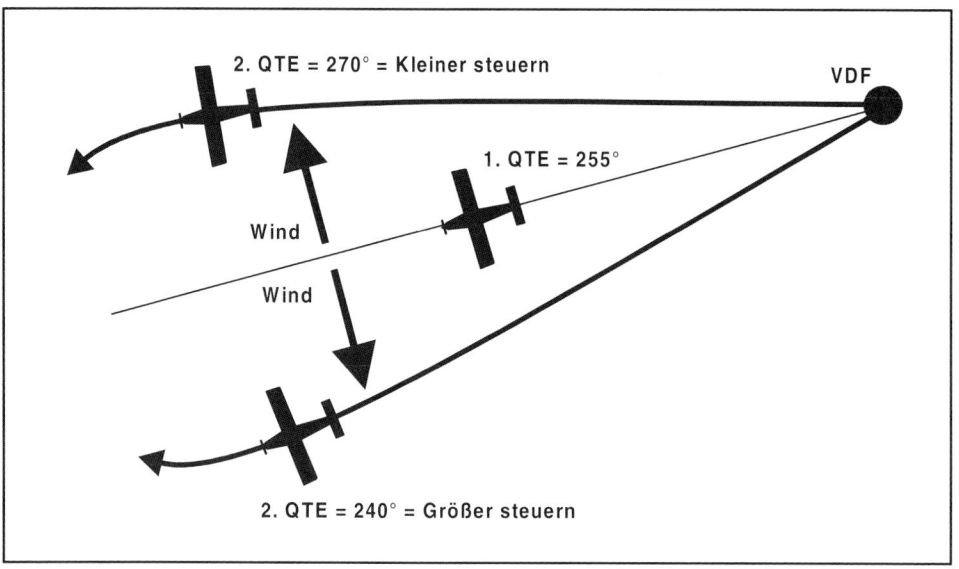

Da es keine optische Abdrift-Darstellung gibt, gilt als Faustregel:

- Werden die nachfolgenden QDMs größer, kommt der Wind von rechts und es muß <u>größer</u> gesteuert werden (nach rechts verbessern).

- Werden die QDMs kleiner, kommt der Wind von links und es muß <u>kleiner</u> gesteuert werden (nach links verbessern).

Dieses QDM-Prinzip ist in Abbildung 3.15 dargestellt. Von der Größe der Verbesserung hängt es ab, wie der Flugweg vom Feststellen der ersten Abdrift bis zum Peiler aussieht. Steuert man immer nur die jeweils um den Abdriftwinkel verbesserten QDMs, bewegt man sich auf einer Zielkurve zur Peilstation.

Wählt man die Kursverbesserung aber so, daß der Abdriftwinkel jeweils um einen zusätzlichen Betrag vergrößert oder verklei-

nert wird, kann man sich den Luvwinkel („stehendes QDM") erfliegen. Beim Überflug der Peilstation springt die Peilung um 180 Grad.

QTE und QDR

QTE und QDR sind im Prinzip identisch. Sie unterscheiden sich nur durch den Wert der Ortsmißweisung. Das QTE ist als rechtweisende Funkstandlinie vorteilhafter, weil damit ohne Korrektur in der Karte geflogen werden kann.

Kontrolle des Abflugkurses mit QTE

Ähnlich wie beim Anflug läßt man sich beim Abflug in regelmäßigen Abständen ein QTE geben. Sind die QTEs verschieden, liegt ein Peilsprung und damit eine Wind-Versetzung vor. Die Richtung der Verbesserung ergibt sich aus folgender Regel:

- Wird das QTE kleiner, kommt der Wind von rechts = <u>Größer</u> steuern.

- Wird das QTE größer, kommt der Wind von links = <u>Kleiner</u> steuern.

Diese Regel zeigt Abbildung 3.16. Ähnlich wie beim QDM ist auch hier das Erfliegen eines „stehenden QTE" möglich.

Standortbestimmung mit QTE

Die häufigste Anwendung des QTE ist die Standortbestimmung. Dazu läßt man sich von zwei Peilstationen unmittelbar nacheinander jeweils ein QTE übermitteln.

Die so erhaltenen Funkstandlinien werden, ausgehend von der Position der Peilantenne, in die Karte eingetragen. Sie ergeben eine Kreuzpeilung (Abb. 3.17). Der Schnittpunkt beider Peilungen ist der eigene Standort.

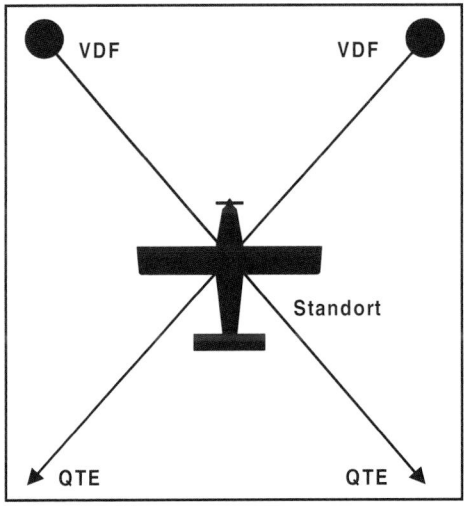

Abb. 3.17: Kreuzpeilung mit QTE.

Navigation mit ADF

Bodenstation (NDB)

Ein NDB (Non Directional Beacon, ungerichtetes Funkfeuer) arbeitet im Lang- und Mittelwellenbereich und strahlt ungerichtete Funkwellen aus. Es besteht aus einem Sender mit Sendeantenne und Überwachungsanlage. Als Antenne wird ein isoliert aufgestellter Sendemast oder eine gespannte T-Antenne verwendet. Die Überwachungsanlage prüft den regulären Betrieb der Anlage und löst bei Ausfall, Leistungsabfall oder Ausfall der Kennung Alarm aus.

Bedingt durch die Abstrahlung der Funkwellen liegt oberhalb der Sendestation ein Bereich mit unzuverlässigem Empfang (Schweigekegel), der eine Breite von etwa +/- 40° hat (Abb. 3.18).

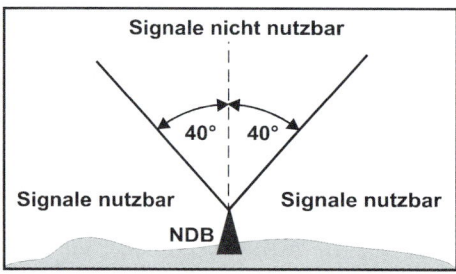

Abb. 3.18: Schweigekegel bei einem NDB.

Frequenzbereich

NDB-Anlagen werden nach den Vorschriften der ICAO (Anhang 10) weltweit im Lang- und Mittelwellen-Frequenzbereich von 190 bis 1.750 kHz betrieben, NDBs in Deutschland nutzen den Frequenzbereich von 200 bis 526,5 kHz mit einem Frequenzabstand von 1 kHz.

Es gibt aber auch Ausnahmefälle mit einem Frequenzabstand von 0,5 kHz.

Verschiedene Lang- und Mittelwellen-Rundfunksender arbeiten ebenfalls im NDB-Frequenzbereich und können daher mit dem ADF (NDB-Empfänger im Flugzeug) ebenso empfangen und abgehört werden. Zu Navigationszwecken sind diese Empfänger allerdings nur bedingt geeignet.

Kennung, Sendeart und Reichweite

NDBs werden zur eindeutigen Identifizierung Kennungen mit 2 oder 3 Buchstaben im Morsecode aufmoduliert. Gesendet wird häufig eine tonmodulierte Trägerwelle (NON/A2A), sehr selten wird eine unmodulierte, im Rhythmus der Kennung unterbrochene Trägerwelle (NON/A1A) gesendet. Ungefähr alle 30 Sekunden wird die Kennung wiederholt. Um eine Kennung in NON/A1A (in Deutschland nur bei Helgoland NDB) abzuhören, muß ein entsprechender Schalter am ADF gerastet werden.

Je nach Verwendungszweck (beispielsweise für Strecken- oder Anflugnavigation) und abhängig von der Sendeleistung haben NDBs eine Reichweite von 15 bis 150 NM (teilweise bis zu 200 NM). Diese Reichweiten werden im Luftfahrthandbuch (AIP) veröffentlicht.

NDB-Anlagearten

NDB-Anlagen, die auf der Anfluggrundlinie eines Flugplatzes stehen und ausschließlich dem Anflug dienen, nennt man Locator (L). Sie haben eine Reichweite von etwa 15 bis 25 NM.

Einen Locator unmittelbar am Voreinflugzeichen (Outer Marker, OM) eines Instrumentenlandesystems (ILS) nennt man Locator Outer (LO).

Sinngemäß heißt der Locator am Haupteinflugzeichen (Middle Marker, MM) Locator Middle (LM). Locator haben im Gegensatz zu der bei normalen NDBs mit großer
Reichweite verwendeten 3-Buchstaben-Ken-
nung häufig nur eine Kennung mit 2 Buchstaben.

Friedrichshafen ②
473 FHA ③
④

Legende

1 = NDB-Symbol
2 = Stationsname
3 = Frequenz, Kennung
4 = Morsekennung

*Abb. 3.19: Beispiele für ein NDB-Symbol auf
Luftfahrtkarten (Friedrichshafen NDB).*

ADF (NDB-Bordanlage)

Mit dem ADF (Abb. 3.20) können ungerichtete Funkfeuer (NDB) angepeilt werden. Jedes ADF-System besteht aus dem
Anzeigegerät, dem Empfänger und zwei
Antennen. Mit dem Empfänger können Signale zwischen 200 und 1.799 kHz empfangen werden. Mit der sogenannten Loop-
Antenne (Antenne mit Richtcharakteristik)
kann die Richtung des empfangenen Si-
gnals festgestellt werden. Sie stellt sich automatisch auf den Sender ein und ermöglicht die Bestimmung der Standlinie Flug-
zeug-Sender.

*Abb. 3.20: ADF-Anzeigegerät
(Quelle: Bendix/King).*

Mit der Loop-Antenne alleine aber kann man
nicht feststellen, auf welcher Seite der
Standlinie der Sender liegt. Für diese Information ist eine zweite Antenne, die sogenannte Sense-Antenne, eingebaut. Mit
der Auswertung der Empfangssignale beider Antennen kann der Empfänger den
Winkel zwischen Flugzeuglängsachse und
Sender bestimmen (s. Abb. 3.21).

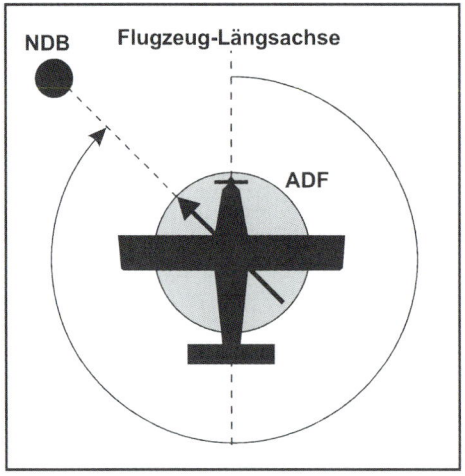

Abb. 3.21: Prinzip der ADF-Anzeige.

Die so erhaltene Peilung wird mit Funkseitenpeilung (Relative Bearing, RB) bezeichnet. Mit dem Anzeigegerät wird dieser Winkel im Uhrzeigersinn von der Flugzeug-Längsachse zum Sender gemessen.

Am gebräuchlichsten ist die ADF-Streckennavigation für den Flug von einem NDB zum anderen. Der Überflug eines NDB wird durch das Umspringen der Anzeigenadel von 0 Grad auf 180 Grad angezeigt. Fliegt man ohne Windeinfluß auf ein NDB zu, bewegt man sich auf geradem Kurs. Bei Windeinfluß entwickelt sich der Kurs zu einer sogenannten „Hundekurve".

Abb. 3.22: „Hundekurve".

NDB

WIND

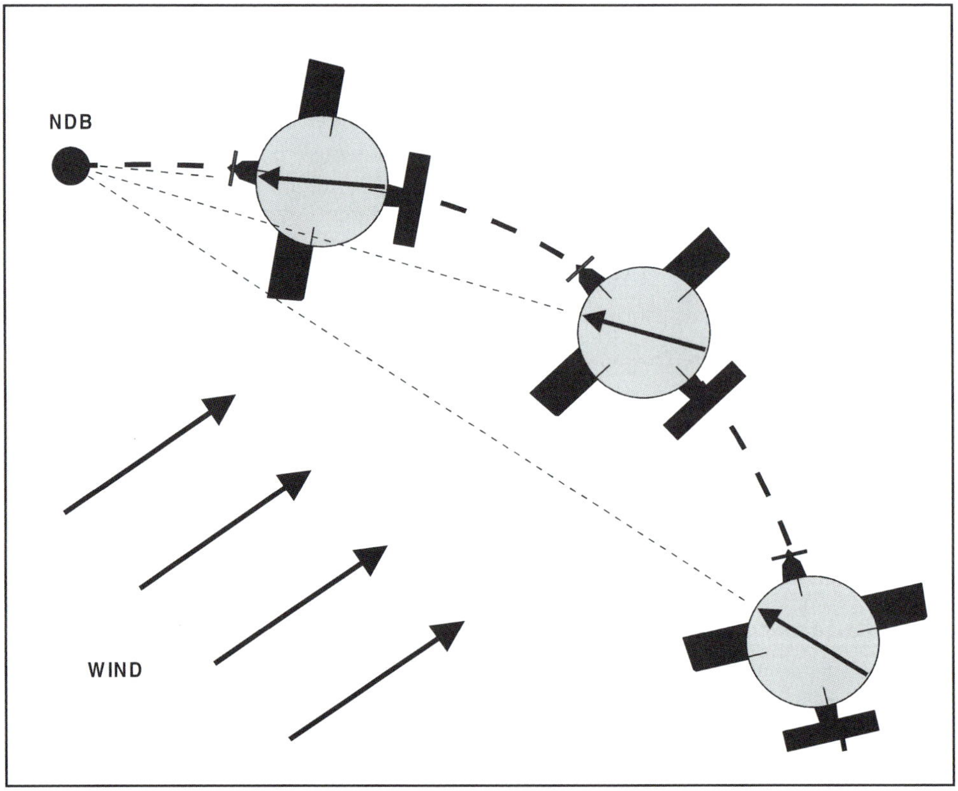

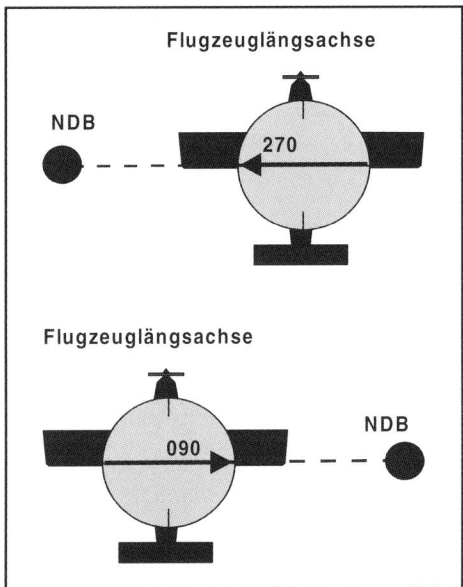

Abb. 3.23: Querab-Anzeige.

Mit ständiger Verbesserung des Vorhaltewinkels kann man sich auch ein „stehendes QDM" erfliegen.

Fliegt man an einem NDB vorbei, das entweder links oder rechts vom Flugzeug liegt, passiert man dieses NDB irgendwann „querab". Querab bedeutet, daß Flugzeuglängsachse und Standlinie des NDB einen Winkel von 90 Grad bilden (Abb. 3.23). Liegt ein NDB rechts querab, zeigt die Indikatornadel 090 Grad, liegt es links querab, werden 270 Grad angezeigt.

Bedienung

Trotz unterschiedlicher Konstruktion der ADF-Anlagen findet man annähernd gleiche Bedienungselemente:

- 4 Knöpfe zum Rasten der NDB-Frequenz (diese Frequenz oder die eines LW/MW-Senders kann maximal 4-stellig sein)

- EIN/AUS-Schalter mit Lautstärkeregler zum Abhören der Kennung

- Funktionsschalter mit den Stellungen ADF - ANT - BFO

- Testschalter

Die unterschiedlichen Stellungen des Funktionsschalters bedeuten:

- ADF > Die Anlage arbeitet als Radiokompaß.

- ANT > In dieser Stellung ist die Antenne eingeschaltet, nicht aber der Indikator. Jetzt arbeitet die Anlage nur als Rundfunkempfänger. Man kann NDBs und auch LW/MW-Sender empfangen.

- BFO > In dieser Stellung bleibt die Funktion des Empfängers erhalten. Das Anzeigegerät bleibt ausgeschaltet. Zusätzlich wird jetzt im Empfänger ein Signal erzeugt, das dem empfangenen Signal überlagert wird.
  Diese Überlagerung des Empfangssignales mit dem Hilfsoszillator (Beat Frequency Oscillator) wird bei solchen NDBs notwendig, die in der Betriebsart A1 arbeiten. A1 bedeutet: Nichttönende Telegraphie.
  In den Karten und in der AIP ist die Betriebsart des NDB jeweils angegeben. Die Kennung des NDB ist nicht hörbar, da lediglich die unmodulierte Trägerwelle des NDB im Rhythmus der Morsekennung getastet wird. Um diese Kennung hörbar zu machen, muß BFO zugeschaltet werden.
  In der Stellung BFO sollte der Funktionsschalter also nur dann stehen, wenn man die Kennung des NDB abhören will. Eine ADF-Anzeige erhält man allerdings erst in der Stellung ADF.

- TEST > Mit dem Testschalter kann bei bestehender Funktionsschaltung ADF die Indikatornadel nach links oder rechts abgelenkt werden. Läßt man den Knopf wieder los, muß bei einwandfrei arbeitendem Gerät die Nadel wieder in ihre ursprüngliche Stellung zurückkehren.

Weitere Bedienungselemente findet man lediglich noch am Indikator. Wichtig ist dabei der Knopf zur Einstellung des Steuerkurses (Heading, HDG). Wird dieser Knopf gedreht, bewegt sich die Skala des Indikators. Stellt man so den momentan geflogenen Steuerkurs unter die oben angebrachte Marke, kann man unter der Indikatornadel direkt das QDM zum NDB ablesen. Korrekt wird das ADF folgendermaßen bedient:

- Frequenz des NDB mit den Frequenzwahlknöpfen rasten (bei 4-stelliger Frequenz für die erste Stelle eine Null (0) einstellen).

- Funktionsschalter auf ANT stellen.

- Gerät einschalten und Lautstärke aufdrehen.

- Kennung abhören. In der Betriebsart A1 muß BFO zugeschaltet werden.

- Funktionsschalter nun auf ADF schalten. Die Indikatornadel bewegt sich in Senderrichtung.

- Funktionsprüfung mit dem Testschalter.

- Steuerkurs unter die Marke des Skalenringes einstellen.

Am ADF-Bedienteil kann nur die eingestellte Frequenz abgelesen werden. Sie muß mit den Angaben in der AIP oder der Karte übereinstimmen.

Für die Anzeige des Peilergebnisses gibt es im Prinzip zwei verschiedene Geräte. Das einfachere Gerät ist der RBI (Relative Bearing Indicator). Die Instrumentennadel zeigt die reine Funkseitenpeilung (RB). Addiert man den Steuerkurs, erhält man das QDM. Beispiel:

RB 230 + Steuerkurs 120 = QDM 350

Das heute im allgemeinen benutzte und hier auch beschriebene Gerät ist der RMI (Radio Magnetic Indicator), mit dem ohne Umrechnung gleich das QDM abgelesen werden kann. Dieser RMI (Abb. 3.24) hat einen schmalen und einen breiten Zeiger. Die 360-Grad-Skala wird durch einen Fernkompaß nachgeführt.

Mit dem RMI können zwei ADF-Peilungen von zwei getrennten ADF-Anlagen gleichzeitig angezeigt werden. Durch die vom Fernkompaß nachgeführte 360-Grad-Skala kann bei beiden Zeigern das QDM zu der jeweils empfangenen Sendestation direkt abgelesen werden.

Abb. 3.24: RMI, Radio Magnetic Indicator (Quelle: Bendix/King).

Peilfehler treten immer dann auf, wenn die vom Sender abgestrahlten elektromagnetischen Wellen nicht direkt, sondern auf Umwegen empfangen werden. Dies kann folgende Ursachen haben:

- Reflexionen an Gebirgen und Küstenlinien

- Reflexionen an ionisierten Schichten oberhalb der Atmosphäre (Dämmerungseffekt)

- Atmosphärische Störungen (Gewitter)

Diese Fehler können z.T. vermieden werden, wenn man folgende Punkte beachtet:

- Bei unzuverlässigen Peilungen in Gebirgsgegenden wählt man eine größere Flughöhe.

- In Küstennähe sind Peilungen nur innerhalb eines Sektors von zum Beispiel 60 Grad im rechten Winkel zur Küste zuverlässig.

- Während der Dämmerung sollte möglichst auf Peilungen verzichtet werden, da die für die Peilung benutzte Bodenwelle von einer Raumwelle überlagert wird. Peilungen sind dabei nur in Sendernähe zuverlässig.

- Bei Gewittern ist das ADF nur mit äußerster Vorsicht zu gebrauchen, da die bei atmosphärischen Entladungen entstehenden Störfrequenzen falsche Anzeigen liefern.
Das Risiko von Fehlinterpretationen ist bei Gewittern in unmittelbarer Umgebung des Flugzeuges aber so groß, daß man besser auf eine ADF-Navigation verzichtet.

Kurzportrait Radiokompaß (ADF)

Abb. 3.25: Radiokompaß KI 227, Moving Dial Indicator (Quelle: Bendix/King).

Der Radiokompaß ist das älteste Funknavigations-Instrument, das sich bis heute in nahezu unveränderter Form gehalten hat. Das bordseitige ADF-System besteht aus zwei Antennen (Loop, Sense), dem Empfangsgerät, dem Bediengerät mit separatem Anzeigegerät oder einem kombinierten Anzeige/Bediengerät. Es gibt zwei Anzeiger-Typen: Den RBI und den MDI.

Relativ Bearing Indicator (RBI)

Der RBI ist die einfachste Form des ADF. Er hat eine starre 360-Grad-Kompaßrose mit einer Anzeigenadel. Die Verlängerung zwischen 0 und 180 Grad entspricht der Flugzeug-Längsachse, der Zeiger ist auf das NDB gerichtet. Angezeigt wird die relative Peilung (RB, Relative Bearing). Addiert man zum RB das Magnetic Heading, (MH), erhält man die mißweisende Peilung (QDM).

Moving Dial Indicator (MDI)

Im Gegensatz zum RBI ist bei dieser Anzeige (s. Abb. 3.25) die 360-Grad-Skala mit dem Drehknopf HDG (Heading) verstellbar (Moving Dial, bewegliche Skala). Stellt man den Steuerkurs (MH) unter die Dreiecksmarke am oberen Rand des Skalenringes, sind Additionen wie beim RBI überflüssig. Der MDI-Zeiger steht dann unmittelbar über der mißweisenden Peilung zum NDB. Oft ist in der Skalenmitte ein unbewegliches Flugzeugsymbol sichtbar, das in Richtung des mißweisenden Steuerkurses zeigt.

Bedienteil

Der Empfänger (Abb. 3.26) wird mit dem Wählschalter ON/OFF/VOL, der auch die Lautstärke reguliert, eingeschaltet. Die Frequenz der Bodenstation wird mit den Frequenzwahlknöpfen rechts eingestellt.

Mit der Drucktaste ADF (in gelöster Position) wird die Anlage geprüft. Dabei schwenkt die Anzeigenadel in die sogenannte „90°-Parkposition". Nach Eindrücken der Taste muß die Nadel wieder in die Ursprungsposition zurückgehen, andernfalls liegt eine Störung des Gerätes vor. Ist die ADF-Taste gedrückt, arbeitet das Gerät als Radiokompaß, ist sie gelöst, im ANT-Modus (Antenne). Dabei ist die Anzeige ausgeschaltet, das Gerät arbeitet nur als Empfänger.

Abb. 3.26: ADF, Anzeige-/Bedienteil KR 87 (Quelle: Bendix/King).

In dieser Position können z.B. Rundfunksender im Lang- und Mittelwellenbereich abgehört werden.

Mit der Taste BFO (Beat Frequency Oscillator) wird das Empfangssignal mit einem weiteren Signal überlagert, das von einem im Empfänger eingebauten Oszillator erzeugt wird. In dieser Stellung ist die Kennung des NDB zu hören, die ADF-Anzeige ist jedoch abgeschaltet.

Die Taste FRQ arbeitet wie ein Flip-Flop-Schalter. Mit ihr wechselt man zwischen aktiver Frequenz (linke Displayhälfte) und Stand-by-Frequenz (rechte Displayhälfte).

Die Anzeige des Flight Timer (FLT) oder der vergangenen Flugzeit (Elapsed Time, ET) erscheint rechts auf dem Display und kann mit der Taste FLT/ET gewählt werden. Die ET wird mit der Taste SET/RST eingestellt oder zurückgesetzt.

Fehlermöglichkeiten

Durch die Art der Wellenausbreitung treten beim ADF gerätebedingte Fehler auf. Vor allem in Gebirgsnähe, über Wasser, in Küstennähe, bei Dämmerung und in der Nacht kann es zu Fehlanzeigen kommen.

Peilfehler gibt es auch durch Gewitter und statische Auf- und Entladung des Flugzeuges. Mit geeigneten technischen Gegenmaßnahmen können diese Fehler jedoch weitgehend kompensiert werden.

Kurzportrait Radiokompaß mit VOR (RMI)

Der RMI wird wie der ADF zu Peilzwecken verwendet. Beim RMI allerdings wird die 360-Grad-Skala von einem Fernkompaß gesteuert. Auch hier ist wie beim normalen Radiokompaß (Moving Dial Indicator) eine Dreiecksmarke am oberen Skalenring angebracht, die, bedingt durch die permanente Nachführung der Skala durch den Fernkompaß, immer den mißweisenden Steuerkurs anzeigt. Je nach Gerätetyp können entweder zwei NDB- oder ein VOR- und ein NDB-Empfänger angeschlossen werden.

Das abgebildete Anzeigegerät erhält seine Signale von einem ADF- und einem VOR-Empfänger, auf dessen Bedienteilen die entsprechenden Frequenzen der Bodenstationen eingestellt werden.

Auf der Abbildung 3.27 zeigt die breitere Nadel (mit ADF gekennzeichnet) den mißweisenden Kurs zum NDB, die schmalere den mißweisenden Kurs zur VOR an.

Schalter oder Drehknöpfe gibt es beim RMI nicht, da der Fernkompaß die Kompaßrose automatisch auf den jeweiligen Steuerkurs dreht. Die korrekte Arbeitsweise beider Anzeigenadeln wird durch entsprechende Testeinrichtungen an den ADF- und VOR-Bediengeräten überprüft.

Wichtig erscheint noch der Hinweis, daß der RMI trotz aller Digitalisierung in den Panels komplexer Verkehrsflugzeuge wie Boeing 747-400 und Airbus A320 als zusätzliches Sicherheitsinstrument im Rahmen der erforderlichen Redundanz zu finden ist.

In den Flugzeugen der Allgemeinen Luftfahrt wird der RMI nach ADF und VOR häufig zur Absicherung der Navigation eingesetzt. Seine Bedeutung als primäres Navigationsinstrument nimmt allerdings mit der steigenden Verwendung der Satellitennavigation zusehends ab.

Abb. 3.27: Radiokompaß KI 229 RMI mit VOR (Quelle: Bendix/King).

ADF-Navigation in der Praxis

Die grundlegenden Navigationsbegriffe und -verfahren haben wir bereits in den vorangegangenen einführenden Abschnitten ausführlich besprochen. Angewendet auf das ADF fassen wir hier nochmals kurz diese Peilverfahren zusammen.

ADF Anwendungen

Funkseitenpeilung (RB)

Bei der Funkseitenpeilung wird unter Verwendung des ADF (RBI) unter der Anzeigenadel immer das Relative Bearing angezeigt. Gemessen wird dieser Winkel im Uhrzeigersinn (Abb. 3.28 und 3.29).

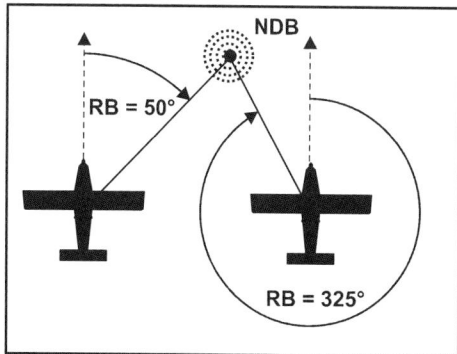

Abb. 3.28: Funkseitenpeilung mit verschiedenen RB-Peilwerten.

Rechtweisende Peilung (TB, QUJ)

Das TB (QUJ) ergibt sich aus der Addition a) des Winkels zwischen rechtsweisend Nord (TN) und dem rechtsweisenden Steuerkurs (TH) des Flugzeuges und b) des Winkels zwischen dem TH und dem NDB (RB) (Abb. 3.30).

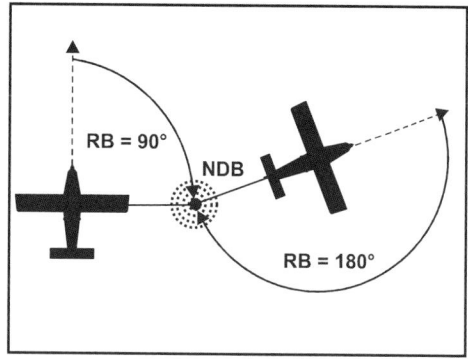

Abb. 3.29: Funkseitenpeilung mit verschiedenen RB-Peilwerten.

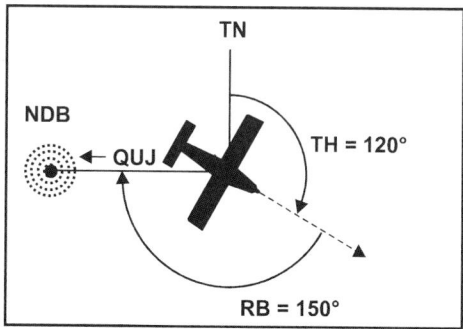

Abb. 3.30: Rechtweisende Peilung: TB (QUJ) = TH 120° + RB 150° = 270°.

Mißweisende Peilung (MB, QDM)

Das MB (QDM) ergibt sich aus der Addition a) des Winkels zwischen mißweisend Nord (MN) und dem rechtweisenden Steuerkurs (MH) des Flugzeuges und b) des Winkels zwischen dem MH und dem NDB (RB) (s. Abb. 3.31).

Funkstandlinie (LOP, QTE)

Die LOP (auch QTE) entspricht dem Winkel zwischen rechtweisend Nord (TN) und der Richtung von der Bodenstation zum Flugzeug (TB) (s. Abb. 3.32).

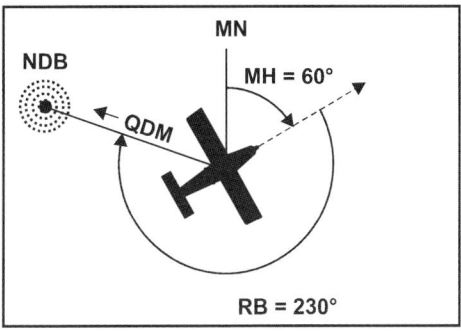

Abb. 3.31: Mißweisende Peilung:
MB (QDM) = MH 060° + RB 230° = 290°.

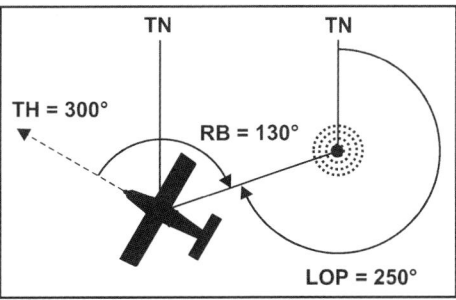

Abb. 3.32: Funkstandlinie (LOP):
LOP = TH 300° + RB 130° = 430° - 180° = 250°.

Anflugverfahren

Homing (Zielkurve)

Mit dem Homing, einer zwar einfachen, aber auch zeitaufwendigen Methode, kann mit dem ADF ein NDB angeflogen werden. Zunächst wird das anzufliegende NDB identifiziert (Frequenz, Kennung). Danach fliegt man so lange in die Anzeigerichtung der Nadel, bis die Nadel exakt auf 360° steht und somit deckungsgleich mit der Flugzeug-Längsachse ist. Das RB beträgt nun 0°. Nun wird der Steuerkurs abgelesen.

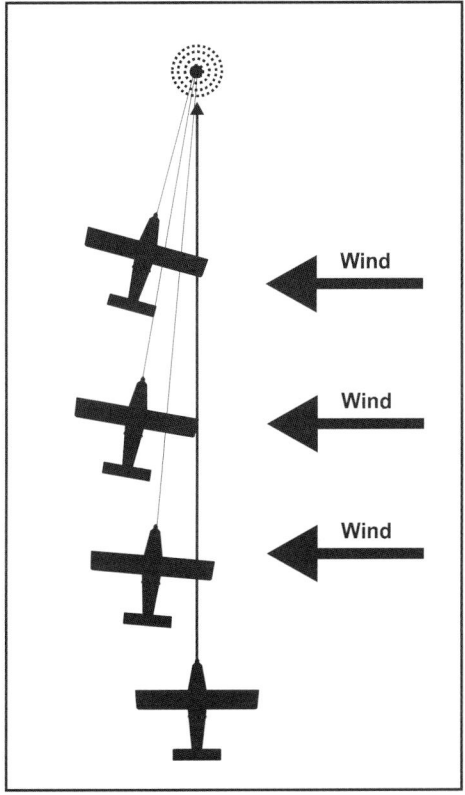

Abb. 3.33: Homing: NDB-Anflug bei Verset-
zung durch Windeinfluß. Bei jeder 5°-Abwei-
chung der ADF-Anzeigenadel wird der Steu-
erkurs entsprechend korrigiert.

Dieser Kurs wird unter Beobachtung der ADF-Anzeigenadel beibehalten. Weicht die Anzeigenadel des ADF jetzt um 5° nach links oder rechts ab (Windeinfluß, Versetzen des Flugzeuges), ist der Steuerkurs so zu ändern, bis die Anzeigenadel des ADF wieder auf 360° zeigt.

Dieses Verfahren wird so lange fortgesetzt, bis sich die Anzeigenadel nicht mehr von der 360°-Marke wegbewegt.

An- und Abflug auf ein und von einem NDB mit dem ADF (Tracking)

Beim Tracking handelt es sich um ein Verfahren, bei dem auf einem Sollkurs der Windeinfluß (Wind Correction Angle, WCA; Luvwinkel) berücksichtigt wird. Der Sollkurs ist entweder ein QDM bzw. QDR. Bei einer VOR wäre es ein Radial.

Man kann diesen WCA entweder grob schätzen, erfliegen oder berechnen. Bei der Schätzung oder dem Erfliegen sind allerdings regelmäßig Korrekturen vorzunehmen.

Beim Anflug (Tracking Inbound) ist zunächst ein RB von 360° zu erfliegen: Man fliegt direkt auf die Station zu. Ändert sich das RB um 5° auf RB = 005° oder RB = 355°, wird der WCA berechnet:

$$WCA = (T \times G) : t$$

Beispiel

T = Restflugzeit zur Station = 30 Minuten
G = Peilsprung = 5°
t = Versetzungsdauer = 10 Minuten

$$WCA = (30 \times 5°) : 10 = 15°$$

Nach der ersten Kurskorrektur auf 360° ist nun der WCA zu berücksichtigen. Man steuert jetzt ein MH an, das entsprechend dem o.a. Beispiel um +/- 15° (je nachdem woher der Wind kommt) zu korrigieren ist. Nach dieser Methode ist dann der weitere Anflug auf die Station regelmäßig neu einzurichten.

Das Korrekturverfahren beim Stationsabflug (Tracking Outbound) unterscheidet sich vom Anflug lediglich durch das RB, das hier bei 180° liegt (Anzeigenadel zeigt entgegengesetzt zur Flugrichtung).

Erfliegen (Anschneiden) eines festgelegten Kurses über Grund

Stellt man während des Fluges fest, daß der Sollkurs (Track) nicht mit dem gerade geflogenen Kurs übereinstimmt, muß der Track schnellstmöglich wieder erflogen werden. Der Track ist also in einem bestimmten Winkel anzuschneiden. Dabei sind bestimmte Richtlinien zu beachten:

- Der Anschnittwinkel ist immer größer als der Winkel zwischen dem Track und dem momentanen effektiven Kurs (auf keinen Fall aber größer als 90°).

- Bei ein- und zweimotorigen Leichtflugzeugen sind Anschneidewinkel von 30° oder 45° üblich. 90° sollte man nur dann wählen, wenn der Track schnellstens erreicht werden muß oder wenn die Winkeldifferenz zwischen Track und dem augenblicklichen Kurs über 60° liegen.

Beispiel

Track = 60°
Momentaner Steuerkurs = 90°
Anschnittwinkel = 45°

Der Steuerkurs ist bei diesem Beispiel auf folgenden Wert zu ändern:

Neuer Steuerkurs = 60° - 45° = 25°

Ist die Station noch weit entfernt und die Winkeldifferenz zwischen Sollkurs und Istkurs groß (bis zu 60° Differenz), kann man mit einem Anschnittwinkel von 90° beginnen, der dann bei etwa 15° Winkeldifferenz auf 30° verringert werden kann.

Abstandsbestimmung zum NDB

Eine Positionsbestimmung während eines Fluges ist relativ einfach mit einer Kreuzpeilung möglich. Allerdings sind dazu zwei Navigationssender erforderlich. Steht nur einer zur Verfügung, sind andere Methoden erforderlich.

30°-Methode

Bei diesem Verfahren erfliegt man zunächst eine stehende Peilung. Anschließend ist der anliegende Kurs um 30° nach links oder rechts zu ändern. Beim Ändern des Kurses beginnt man mit der Zeitmessung (Stopp A). Sobald sich ein Peilsprung von 10° ergibt, wird die Zeitmessung gestoppt (Stopp B). Nach folgender Formel kann man nun die Flugzeit in Minuten zur Sendestation ermitteln:

$$T = t(s) : 2G$$

Beispiel

T = Zeit zur Station in Minuten
t(s) = Sekunden bis zum Peilsprung = 120
G = Peilsprung 10°

T = 120 : 20 = 6 Minuten

Zu beachten ist hierbei vor allem, daß die Richtungsänderung um 30° mit dem Wind durchgeführt wird, um schneller zu dem 10°-Peilsprung zu kommen.

45°-Methode

Bei diesem Verfahren ändert man die momentane Peilung zur Station um 45° nach links oder rechts und erhält ein RB von 45° (Station liegt rechts) bzw. 315° (Station liegt links) und drückt in diesem Moment die Stoppuhr (Stopp A).

Sobald nun ein RB von 90° (Station querab rechts) bzw. 270° (Station querab links) anliegt, wird die Stoppuhr erneut gedrückt (Stopp B). Die Strecken Stopp A - Stopp B und Stopp B - Station sind bei Windstille identisch (gleichschenkliges Dreieck). Die gestoppte Zeit entspricht also der Zeit von Stopp B zur Station.

Zu betonen ist, daß dieses Verfahren bei Windstille genaue Ergebnisse liefert. Unter Windeinfluß jedoch ist mit einem - je nach Windstärke - größeren Fehler zu rechnen.

90°-Methode

Zunächst ist bei diesem Verfahren der momentane Kurs so zu ändern, bis ein RB von 80° bzw. 280° zur Station anliegt.

Nach Erreichen eines RB von 85° bzw. 275° beginnt man die Zeitmessung (Stopp A). Bei einem RB von 95° bzw. 265° beendet man die Zeitmessung (Stopp B). Nach folgender Formel kann jetzt die Flugzeit in Minuten zur Sendestation an Stopp B ermittelt werden:

$$T = t(s) : G$$

Beispiel

T = Zeit zur Station in Minuten
t(s) = Sekunden bis zum Peilsprung = 120
G = Peilsprung 10°

T = 120 : 10 = 12 Minuten

Nachteile dieses Verfahrens sind u.a. ein möglicher Windeinfluß, die Begrenzung des Peilsprungs auf maximal 20° sowie der zeitliche Aufwand bei der Berechnung.

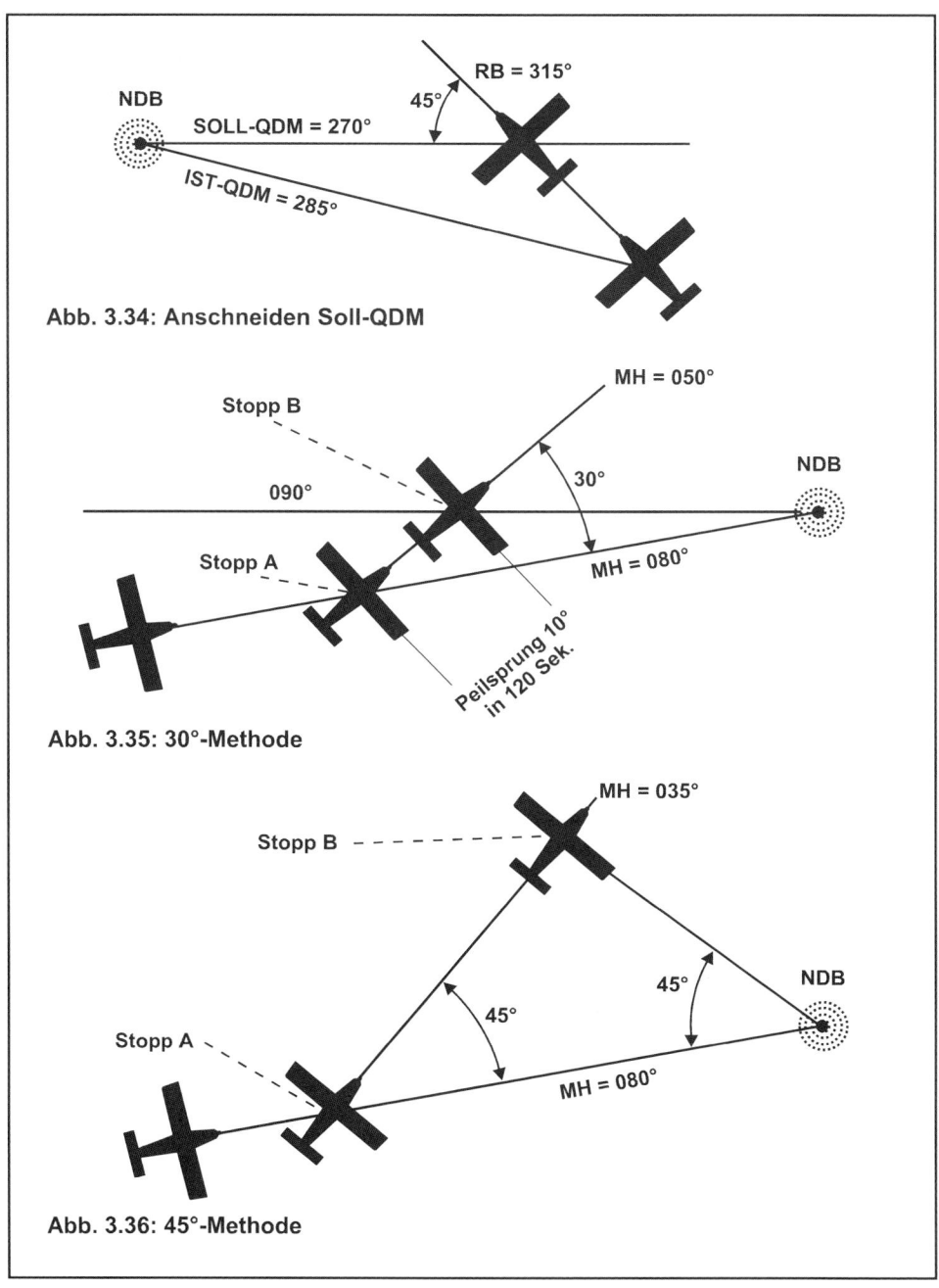

Abb. 3.34: Anschneiden Soll-QDM

Abb. 3.35: 30°-Methode

Abb. 3.36: 45°-Methode

Abb. 3.34-3.36: Anschneiden QDM-Sollkurs (3.34), 30°-Methode (3.35), 45°-Methode (3.36).

Navigation mit VOR

VOR-Bodenstation

Funktionsweise

Eine VOR (VHF Omnidirectional Radio Range, UKW-Drehfunkfeuer) strahlt im Gegensatz zum ungerichteten Funkfeuer NDB gerichtete Funkwellen im UKW-Bereich aus. Der VOR-Sender erzeugt zwei gegeneinander phasenverschobene Signale. Das Bezugssignal strahlt in alle Richtungen, das Umlaufsignal ist gerichtet. Abhängig von ihrer Abstrahlrichtung haben beide Signale zueinander eine bestimmte Phasenlage, die mit dem Winkel zwischen mißweisend Nord und der Richtung, die das Flugzeug zur Bodenstation momentan hat, identisch ist.

Durch Messung der Phasendifferenz an Bord des Flugzeuges kann man feststellen, in welcher Richtung sich das Flugzeug zur VOR-Bodenstation befindet. Der Steuerkurs des Flugzeuges ist dabei ohne Bedeutung.

Eine VOR kann so theoretisch unendlich viele Funkstandlinien aussenden, praktisch sind aber nur 360 Leitstrahlen nutzbar (Gradeinteilung der Kompaßrose). Die VOR-Leitstrahlen werden allgemein als Radial (R) bezeichnet. Um Radiale von Kursen zu unterscheiden, werden sie ohne Gradzeichen geschrieben, z.B. Radial 095 (R 095).

Aufbau

Jede VOR-Sendeanlage hat zwei Sendeantennen und eine Überwachungsanlage (Monitor). Die Antennen sind in einem Antennenturm auf dem Dach des Sendehauses montiert. Im Gegensatz zu früheren Anlagen gibt es heute keine rotierenden Antennen mehr.

Das Umlaufsignal wird elektronisch erzeugt und über eine fest montierte Antenne abgestrahlt. Die Monitoranlage überwacht den Anlagenbetrieb und zeigt Anlagenausfälle, einen Abfall der Sendeleistung sowie falsche Kursinformation und gestörte Kennungsabstrahlungen an.

Empfangseinschränkung

Ähnlich dem NDB gibt es auch bei der VOR oberhalb der Sendestation einen Bereich ohne zuverlässigen Empfang (Verwirrungskegel, Cone of Confusion) mit einer Breite von ca. +/- 50° (Abb. 3.37).

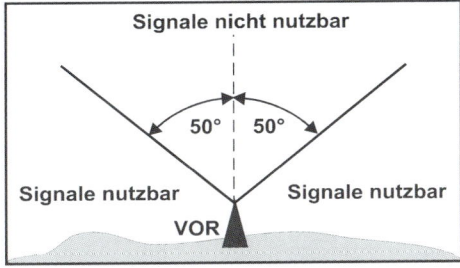

Abb. 3.37: Verwirrungskegel (Cone of Confusion) über einer VOR-Sendestation.

Frequenzbereich

VOR-Anlagen werden vorwiegend im UKW-Frequenzbereich 111,975 bis 117,975 MHz betrieben. In Ausnahmefällen können auch Frequenzen im Bereich von 108 bis 111,975 MHz genutzt werden, die normalerweise für die Landekurssender (Localizer, LLZ) des ILS vorgesehen sind.

Der Frequenzabstand (Kanalabstand) ist mit 50 kHz (0,05 MHz) festgelegt, die höchste nutzbare Frequenz ist 117,95 MHz.

Kennung und Sendeart

VOR-Anlagen strahlen wie NDB-Anlagen zur Identifikation eine aus 2 oder 3 Buchstaben bestehende Morsekennung ab, die im Abstand von < 30 Sekunden wiederholt wird (Aussendung allgemein als tonmodulierte Trägerwelle, NON/A2A). Mit dem Bordempfänger wird diese Morsekennung abgehört. Die Station kann so eindeutig identifiziert werden. Auf oder in unmittelbarer Nähe internationaler Verkehrsflughäfen senden VORs außerdem automatisch Start- und Landeinformationen (Automatic Terminal Information Service, ATIS). Die VOR-Anlagen mit ATIS-Abstrahlung sind im Luftfahrthandbuch AIP veröffentlicht und auch auf der ICAO-Luftfahrtkarte 1:500.000 am Rand abgedruckt.

Reichweite

Die Reichweite der VOR-Anlagen liegt je nach Verwendungszweck und Sendeleistung bei etwa 25 NM bis 200 NM. VOR-Anlagen im Flughafenbereich (Terminal VOR, TVOR, nur für An- und Abflüge) haben eine Reichweite von ca. 25 NM.

Da sich die UKW-Funkwellen quasi-optisch ausbreiten und nicht wie beim NDB der Krümmung der Erdoberfläche folgen, ist die Reichweite der VOR-Anlagen zusätzlich von der Flughöhe des Flugzeuges abhängig.

Hindernisse (Berge, größere Bauten usw.) zwischen der VOR-Bodenstation und dem Flugzeug reduzieren in geringer Flughöhe die Reichweite, ein VOR-Empfang kann sogar völlig ausgeschlossen sein. Auch die Erdkrümmung beeinträchtigt den Empfang erheblich.

Theoretisch ergeben sich für VOR-Bodensender in Abhängigkeit von der Flughöhe Reichweiten entsprechend Tabelle 3.38.

Flughöhe (ft)	Reichweite (NM)
500	28
1.000	39
2.000	55
3.000	67
4.000	78
5.000	87
6.000	95
7.000	103
8.000	110
9.000	117
10.000	123

Abb. 3.38: VOR-Reichweiten in Abhängigkeit von der Flughöhe.

Funknavigatorisch sind allerdings nur die in der AIP veröffentlichten tatsächlichen VOR-Reichweiten maßgebend. Die AIP-Werte sind mit Meßflugzeugen erflogene Daten und entsprechen den effektiv navigatorisch nutzbaren Reichweiten.

Arten von VOR-Anlagen

Ermöglicht das Gelände um eine VOR-Station wegen topografischer oder baulicher Hindernisse keine einwandfreie Abstrahlung, wird eine Doppler-VOR (DVOR) verwendet. Kreisförmig sind hierbei 50 Antennen um eine Antenne in der Mitte angeordnet. Der mit dieser Anlage ausgenutzte Doppler-Effekt (Frequenzverschiebung bei Bewegung des Senders oder Empfängers) gleicht Unebenheiten in der Topographie weitgehend aus und verbessert die Genauigkeit der Kursinformation.

Für die VOR-Bordanlage ändert sich bei Nutzung einer DVOR nichts, denn sie erkennt nicht, ob es sich um ein VOR- oder ein DVOR-Signal handelt.

Auch für den Piloten ist es bedeutungslos, ob er mit einer VOR oder einer DVOR navigiert. Viele VOR- und DVOR-Stationen sind zusätzlich mit einem Entfernungsmeßgerät (Distance Measuring Equipment, DME) ausgerüstet. Diese Kombination nennt man entweder VOR/DME oder DVOR/DME.

Kombiniert man VOR- oder DVOR-Anlagen mit dem militärischen Navigationssystem TACAN (Tactical Air Navigation), nennt man sie VORTAC bzw. DVORTAC. Eine TACAN liefert nur für militärische Flugzeuge Richtung und Entfernung zur Anlage. Zivile Flugzeuge empfangen von einer VORTAC die Kursinformation von dem VOR- und die Entfernung vom TACAN-Teil. Militärische Flugzeuge erhalten dagegen Kurs und Entfernung nur vom TACAN-Teil. In der zivilen Navigation arbeitet eine VORTAC daher wie eine VOR/DME.

Die Genauigkeit des VOR-Anzeigegerätes kann man an Bord mit einer Test-VOR (VOT), die an einigen Flughäfen installiert ist, überprüfen. Für die Navigation ist allerdings eine VOT nicht nutzbar. Der gelegentlich verwendete Begriff „VOR on test" bedeutet, daß diese VOR zur Zeit getestet wird (Wartung usw.) und für die Navigation vorübergehend nicht genutzt werden kann. Dies darf mit der Test-VOR VOT nicht verwechselt werden.

Übersicht VOR-Daten
- Frequenzbereich 108 - 117,975 MHz (eingeschränkt 108 - 111,975 MHz)
- Frequenzabstand 50 kHz (0,05 MHz)
  - Kennung 2 oder 3 Buchstaben
  - Sendeart A2A (A9W bei ATIS)
  - Reichweite ca. 25 - 200 NM

Übersicht VOR-Anlagen
- TVOR (Terminal VOR)
- DVOR (Doppler VOR)
- VOR/DME (VOR mit DME)

- TVOR/DME (TVOR mit DME)
- DVOR/DME (Doppler VOR mit DME)
- VORTAC (VOR mit TACAN)
- DVORTAC (DVOR mit TACAN)
- VOT (Test VOR)

Darstellung in Luftfahrtkarten

VOR-Anlagen werden auf Luftfahrtkarten als Sechseck mit einem Punkt in der Mitte (oft auch in Verbindung mit einer Kompaßrose) dargestellt. Dabei ist die Kompaßrose exakt nach MN (Radial 360) ausgerichtet.

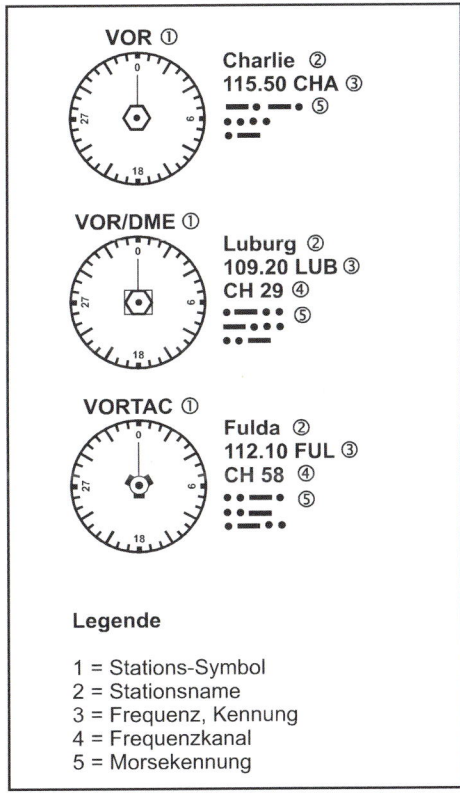

Legende

1 = Stations-Symbol
2 = Stationsname
3 = Frequenz, Kennung
4 = Frequenzkanal
5 = Morsekennung

Abb. 3.39: Darstellungsbeispiele für VOR, VOR/DME und VORTAC auf Luftfahrtkarten.

143

Bedienung der VOR-Bordanlage

Das VOR-Bordsystem besteht aus Antenne, Empfänger und Anzeigegerät. Ähnlich dem ADF ist das Gerät in Bedien- und Anzeigebereich aufgeteilt. Vielfach findet man auch sogenannte COM/NAV-Kombinationen, bei denen ein UKW-Sprechfunk-Sender/Empfänger mit dem VOR-Empfänger in einem Gehäuse untergebracht ist.

Der Bedienteil hat zwei Knöpfe zum Einstellen der 5-stelligen VOR-Frequenz (z.B. 115,50 MHz) und einen EIN/AUS-Schalter mit Lautstärkeregler. Die Funktion dieses Schalters ist selbsterklärend, der Lautstärkeregler wird zum Abhören der Kennung und der ATIS-Meldungen benötigt.

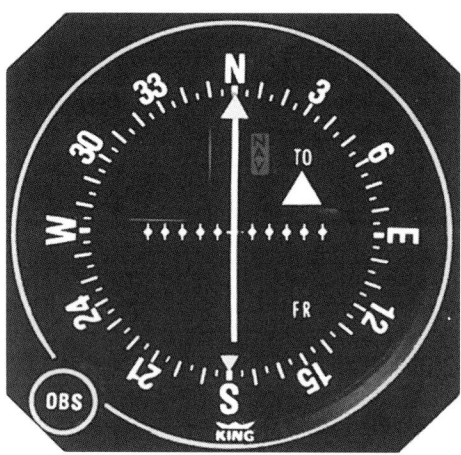

Abb. 3.40: VOR-Anzeige (Quelle: Bendix/King).

Die Anzeige-Instrumente des Systems können verschiedene Bauformen haben. Es besteht z.B. auch die Möglichkeit, einen RMI als zusätzliches Anzeigeinstrument mit dem VOR-System zu kombinieren.

In der einfachsten Form bestehen die Anzeigeinstrumente aus folgenden Elementen:

- Eine meist drehbare 360-Grad-Skala (Azimut-Skala) mit einem oben angebrachten kleinen Dreieck (Course Index)

- Einem Knopf, um die Skala zu drehen (Omni Bearing Selector, OBS)

- Eine Nadel (Course Deviation Indicator) zur Anzeige der Kursabweichung

- Ablagepunkte jeweils links und rechts von der Nullstellung der Nadel (pro Punkt 2 Grad Ablage)

- Eine OFF-Flagge (rote Fahne mit der Aufschrift OFF)

- Eine TO- und FROM-Anzeige, die auch durch Dreiecke (▲ = TO, ▼ = FROM) ersetzt werden kann

Die Bedienung der VOR-Anlage erfolgt in dieser Reihenfolge:

- Frequenz rasten

- Gerät einschalten

- Lautstärke so weit aufdrehen, daß die Kennung abgehört werden kann

- OBS so lange drehen, bis die CDI-Nadel in der Mitte steht und TO oder ▲ erscheint

Wird der OBS-Knopf weiter gedreht, weicht die CDI-Nadel aus der Mittelstellung so lange ab, bis sie wieder in der Mitte steht und FROM oder ▼ erscheint.

Hat die CDI-Nadel nach dem Drehen des OBS-Knopfes die Mittelstellung erreicht, kann am Course-Index, dem kleinen Dreieck am oberen Skalenrand, der Kurs bzw. das eingestellte Radial abgelesen werden.

Erscheint jetzt im Fenster TO oder ▲, entspricht die angezeigte Kurszahl auf der 360-Grad-Skala dem QDM. Fliegt man diesen Kurs immer weiter, kommt man direkt zur VOR. Fliegt man über die Station hinaus, ändert sich die Anzeige auf FROM oder ▼.

Ist man z.B. mit einem QDM von 090 Grad auf Radial 270 zur Station geflogen, fliegt man nun auf dem Radial 090 Grad von der Station weg, also genau auf Ostkurs.

Während des Fluges muß die CDI-Nadel ständig beobachtet werden. Wandert sie nach links aus, ist man rechts vom eingestellten Radial, d.h. rechts vom beabsichtigten Kurs. Man muß also nach links fliegen, um wieder auf den ursprünglichen Radial zu kommen. In diesem Fall arbeitet der CDI als Kommandogerät:

- Abweichung der Nadel nach <u>rechts</u> = Verbessern nach <u>rechts</u>

- Abweichung der Nadel nach <u>links</u> = Verbessern nach <u>links</u>

Die VOR arbeitet immer dann als Kommandogerät, wenn sich Kurs und eingestelltes Radial um <u>nicht mehr als 90 Grad</u> unterscheiden.

Es besteht auch die Möglichkeit, mit TO-Anzeige von der VOR-Station wegzufliegen. Dazu wird nach dem VOR-Überflug der OBS-Knopf so lange gedreht, bis TO erscheint und die Nadel wieder in der Mitte steht. In diesem Fall arbeitet der CDI als Anzeigegerät:

- Abweichung der Nadel nach <u>rechts</u> = Verbessern nach <u>links</u>

- Abweichung der Nadel nach <u>links</u> = Verbessern nach <u>rechts</u>

Die VOR arbeitet immer dann als Anzeigegerät, wenn sich Kurs und eingestelltes Radial um <u>mehr als 90 Grad</u> unterscheiden.

Den Schnittpunkt von zwei Radialen verschiedener VOR-Stationen nennt man Kurskreuzung.

Wird ein RMI verwendet, zeigt die drehbare Skala den geflogenen Kurs an. Jede der beiden Nadeln zeigt die Peilung zu der eingestellten VOR an. Das QDM zu der jeweiligen Station kann unter der entsprechenden Nadel direkt abgelesen werden. Durch Kreuzpeilung ist der Standort des Flugzeuges leicht zu ermitteln.

Fehler können bei der VOR hauptsächlich durch falsche Bedienung entstehen. Wird z.B. bei einer QDM-Peilung der Kurs um 180 Grad an der Azimut-Skala falsch abgelesen, fliegt man mit TO-Anzeige von der Station weg. Dies kann bei Orientierungsverlust passieren, wenn anschließend versucht wird, mit Hilfe einer VOR einen Fixpunkt zu finden.

Eine Überprüfung ist so möglich: Man fliegt kurzzeitig einen nach rechts versetzten Kurs. Bei richtiger TO/FROM-Anzeige muß die CDI-Nadel von der Mitte nach links auswandern. Wandert sie dagegen in diesem Fall nach rechts, arbeitet die VOR als Anzeigegerät, man fliegt mit TO-Anzeige von der Station weg. Um zur Station zu kommen, muß der Kurs um 180 Grad geändert werden.

Schwingungen der CDI-Nadel sind meist nur in unmittelbarer Nähe des Senders zu beobachten. Beginnt die Nadel zu pendeln, ist die VOR-Station nicht mehr weit entfernt. Ohne Rücksicht auf die CDI-Nadel sollte der zuvor geflogene Kurs beibehalten werden, bis die TO-Anzeige in FROM wechselt.

145

Kurzportrait VOR/LOC

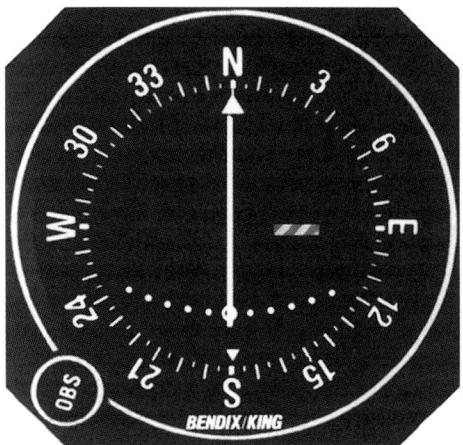

Abb. 3.41: VOR/LOC Indicator KI 208 (Quelle: Bendix/King).

Aufgabe der VOR an Bord des Flugzeuges ist die Kurz- und Mittelstrecken-Navigation mit UKW-Drehfunkfeuern.

Die VOR-Bordanlage besteht aus einer Antenne, einem Empfänger, einem Bediengerät und einem Anzeigegerät. Es gibt auch Kombi-Instrumente, bei denen Bedien- und Anzeigegerät in einem Gerät zusammengefaßt sind. Da mit der VOR-Bordanlage auch der Landekurssender (Localizer, LOC) einer ILS-Bodenanlage empfangen und angezeigt werden kann, spricht man häufig von einer „VOR/LOC"-Anlage.

Bei VOR/LOC-Anzeigern gibt es viele Modelle, die in diesem VOR/LOC-Portrait aus Platzgründen leider nur teilweise abgebildet werden können.

Grundsätzlich werden bei den VOR/LOC-Anzeigegeräten drei verschiedene Anzeigeinformationen unterschieden:

1. Anzeige der mißweisenden und der relativen Peilung (RMI, digitale Anzeige/Bediengeräte, z.B. CD 412 des VNS-41-NAV-Systems von Bendix/King)

2. Angabe der Abweichung (nach links oder rechts) vom eingestellten Kurs mit der Kursablageanzeigenadel (Course Deviation Indicator, CDI)

3. TO/FROM-Anzeige (Information darüber, ob das Flugzeug zu oder von der Station fliegt)

Je nach Gerätetyp und -hersteller gibt es verschiedene Anzeigeformen. Alle erfüllen jedoch navigatorisch die gleiche Aufgabe.

Course Deviation Indicator (CDI)

Auf dem Anzeigegerät wird mit dem Kurswähler (OBS, Omni Bearing Selector) der geplante Kurs eingestellt. Dabei kann die am äußeren Strahlenring befindliche Kursmarke bei einem Gerätetyp auf einer feststehenden 360-Grad-Skala gedreht werden.

Bei einem anderen Gerätetyp aber ist die Kursmarke am oberen Skalenrand fixiert, die 360-Grad-Skala dagegen drehbar (Abb. 3.41).

In der Mitte dieses Instruments befindet sich eine senkrechte, am oberen Ende befestigte Nadel (Course Deviation Indicator, CDI). Dadurch kann sie entweder nach links oder nach rechts ausschlagen.

Steht sie in der Mitte, so befindet sich das Flugzeug exakt auf dem mit dem OBS gewählten Kurs. Weicht die Nadel nach rechts aus, muß der Pilot den Kurs nach rechts verbessern.

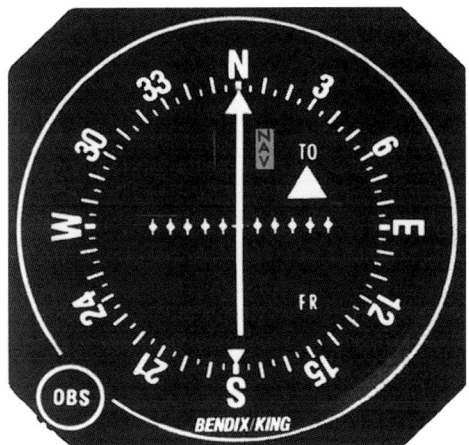

*Abb. 3.42: VOR/LOC Indicator KI 202
(Quelle: Bendix/King).*

Weicht sie nach links aus, so muß er den Kurs nach links korrigieren und zwar in beiden Fällen so lange, bis die Nadel genau in der Mitte steht. Dabei ist unter Kurs das eingestellte Radial zu verstehen.

Der Schwingungsbereich der Nadel (nach links oder nach rechts) wird durch eine Punktreihe angezeigt. Nach links und rechts sind es, von der Mitte aus gesehen, jeweils fünf Punkte (Dots). Damit kann der Pilot die Kursabweichung errechnen.

Der Abstand zwischen den Punkten beträgt jeweils zwei Grad, so daß sowohl nach links als auch nach rechts 10 Grad Kursabweichung abgelesen werden kann.

Es gibt aber auch Anzeigegeräte, bei denen die Nadel senkrecht bleibt und wie eine senkrechte Linie nach rechts oder links abweicht (Abb. 3.42). Die Berechnung der Kursabweichung entspricht der vorangegangenen.

TO/FROM-Indicator

Das nach oben weisende Dreieck mit der Bezeichnung TO zeigt an, daß sich das Flugzeug zu der Station bewegt, das nach unten weisende Dreieck FROM zeigt an, daß es sich von der Station wegbewegt. Diese Anzeige ändert sich z.B. beim Überfliegen einer Station (Abb. 3.42).

Der letzte Teil der VOR/LOC-Anzeige ist die VOR/LOC-Warnflagge. In der Regel ist diese Warnflagge in Form eines roten Rechtecks mit der Aufschrift NAV ausgeführt.

Die Warnflagge erscheint, wenn z.B. die VOR-Signale zu schwach sind (Entfernung zur Station zu groß), wenn die VOR-Station oder die Bordanlage ausgefallen ist, und wenn eine Station überflogen wird.

Beim Überfliegen der Station schaltet also nicht nur die Richtungsanzeige TO/FROM um, sondern es erscheint zusätzlich die Warnflagge. Mit Peilfehlern ist zu rechnen, wenn in der Anzeige die Warnflagge nur teilweise auftaucht.

VOR/LOC-Bedienteil

Abbildung 3.43 zeigt ein Kombigerät, bei dem die linke Hälfte für den Sprechfunkverkehr, die rechte Hälfte für die VOR-Navigation ausgelegt ist. Nach dem Rasten der VOR-Stationsfrequenz (Drehknopf PULL RAD) wird der VOR-Empfänger mit dem Einschalten des Gerätes aktiviert. Durch Ziehen des Drehknopfes PULL IDENT kann die Kennung der VOR-Bodenanlage abgehört werden.

Mit dem Drehknopf (PULL RAD) rechts daneben kann in Normalposition die Frequenz gewählt werden.

Abb. 3.43: NAV/COMM-Bedienteil KX 165 (Quelle: Bendix/King).

Wird dieser Drehknopf jedoch gezogen, erscheint in der rechten Hälfte des darüberliegenden Displays das eingestellte Radial der VOR. Der CDI des VOR/LOC-Anzeigers steht hierbei in der Mitte.

Das linke Display zeigt im Standardbetrieb die in Betrieb befindliche Frequenz, rechts die Stand-By-Frequenz. Zwischen beiden Frequenzen kann hin- und hergeschaltet werden, wenn man die mit zwei Pfeilen gekennzeichnete Taste drückt.

Fehlermöglichkeiten

Fehler ergeben sich zunächst einmal durch die quasi-optische Ausbreitungsart der Wellen und durch das Gelände, in dem die VOR-Bodenanlage aufgestellt ist.

Hinzu kommen noch gerätebedingte Fehler sowie mögliche Störungen durch eine nicht korrekte Antennenbefestigung, eventuell sogar an einer falschen (abgeschatteten) Position am Flugzeugrumpf.

Abb. 3.44 (ohne Beschreibung): RNAV-Bedienteil KNS 81 mit Waypoint-Eingabe (Quelle: Bendix/King).

VOR-Navigation in der Praxis

Einleitung der VOR-Navigation

Stichwortartig folgt nun zuerst die Bedienung einer VOR-Bordanlage, um die Navigation während des Fluges einzuleiten.

VOR-Bediengerät

- Einschalten

- Frequenz der VOR-Bodenstation wählen

- Lautstärke einstellen

- Schalter auf IDENT zum Abhören der Kennung (bei ATIS auf VOICE, je nach Geräteausstattung)

VOR-Anzeigegerät

- Warnflagge beobachten (erst, wenn nicht mehr sichtbar, ist der Empfang einwandfrei)

- OBS so lange drehen, bis bei einem Anflug auf eine VOR die Anzeige TO und bei einem Abflug von einer VOR die Anzeige FROM erscheint und die CDI-Nadel in beiden Fällen in der Mitte steht

Bei richtiger Verfahrensweise zeigt jetzt bei Geräten mit drehbarer Kursmarke diese auf der 360-Grad-Skala entweder den mißweisenden Kurs zur VOR-Bodenstation TO = INBOUND (QDM) oder den mißweisenden Kurs von der Bodenstation FROM = OUTBOUND (QDR) an.

Bei der Anzeige FROM entspricht das QDR dem Radial, auf dem man sich gerade befindet.

VOR-An- und Abflug

Anflug

Beabsichtigt man während des Fluges, eine bestimmte VOR-Bodenstation anzufliegen, dreht man nach dem Ermitteln des QDM sofort auf den angezeigten Kurs und fliegt auf die Station zu.

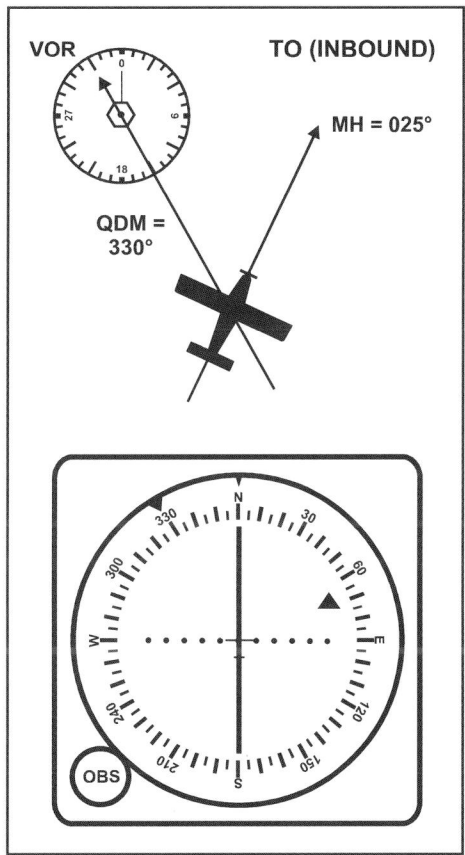

Abb. 3.45: Anflug auf eine VOR. In dieser Flugzeugposition wird nach Drehen des OBS ein QDM von 330° TO angezeigt, die CDI-Nadel steht in der Mitte: Dreht das Flugzeug auf ein MH von 330°, fliegt es auf die VOR zu.

Abflug

Beabsichtigt man während des Fluges, von einer bestimmten VOR-Bodenstation abzufliegen, dreht man nach dem Ermitteln des QDR (Radial, s. Einleitung auf der vorhergehenden Seite) sofort auf den angezeigten Kurs und fliegt von der Station ab.

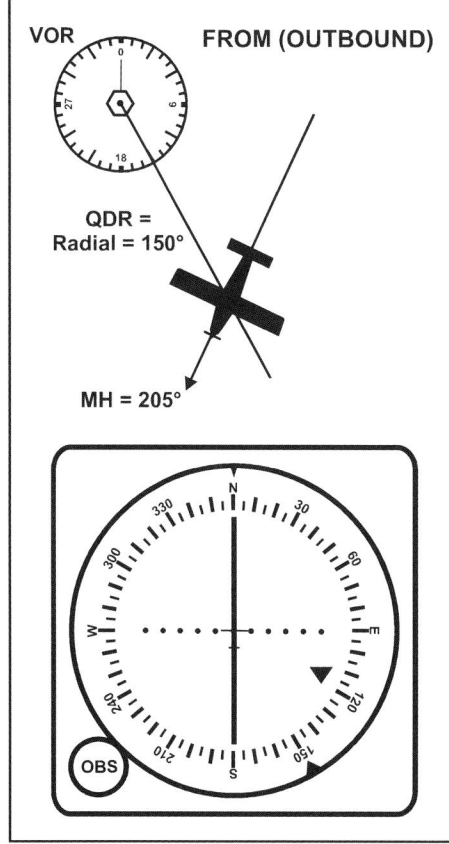

Abb. 3.46: Abflug von einer VOR. In dieser Flugzeugposition wird nach Drehen des OBS ein QDR (Radial) von 150° FROM angezeigt, die CDI-Nadel steht in der Mitte: Dreht das Flugzeug auf ein MH von 150°, fliegt es von der VOR ab.

Tracking - Einhalten des mißweisenden Steuerkurses

Fliegt man eine VOR mit einem mißweisenden Steuerkurs von z.B. 20° (auf Radial 200, s. Abb. 3.47) unter Windeinfluß an, wird das Flugzeug je nach Windstärke mehr oder weniger vom Track versetzt. Jeweils in Richtung des Windes muß ein entsprechender WCA erflogen werden, um auf den Track zurückzukommen. In Abbildung 3.47 ist der WCA nach links zu erfliegen.

Das Versetzen durch den Wind kann man am VOR-Anzeigegerät schnell feststellen. Je nach Abstand vom Track und damit vom eingestellten Radial wandert die CDI-Nadel entsprechend aus. Die Abweichung in Grad läßt sich leicht errechnen, indem man die unter der Anzeigenadel liegenden waagerechten Punkte mit 2° multipliziert:

Wandert die Nadel z.B. nach links aus und steht über dem 2. Punkt (s. Abb. 3.47), dann beträgt die Abweichung 2 x 2° = 4°.

In Abbildung 3.47 arbeitet die VOR-Anzeige als Kommandogerät. Da die CDI-Nadel nach links abweicht, muß nach links korrigiert werden. Bei einem Auswandern nach rechts wäre entsprechend nach rechts zu korrigieren.

Hat man den Track wieder erreicht, steht die CDI-Nadel in der Mitte. Da allerdings der WCA zum Rückflug auf den Track größer als der zum Beibehalten des Kurses erforderliche WCA ist, muß bei Erreichen des Track der WCA neu erflogen werden, um nicht den Track bzw. das Radial zu überschießen.

Dann wäre nämlich ein erneutes Anfliegen des Tracks mit entsprechenden Korrekturen erforderlich.

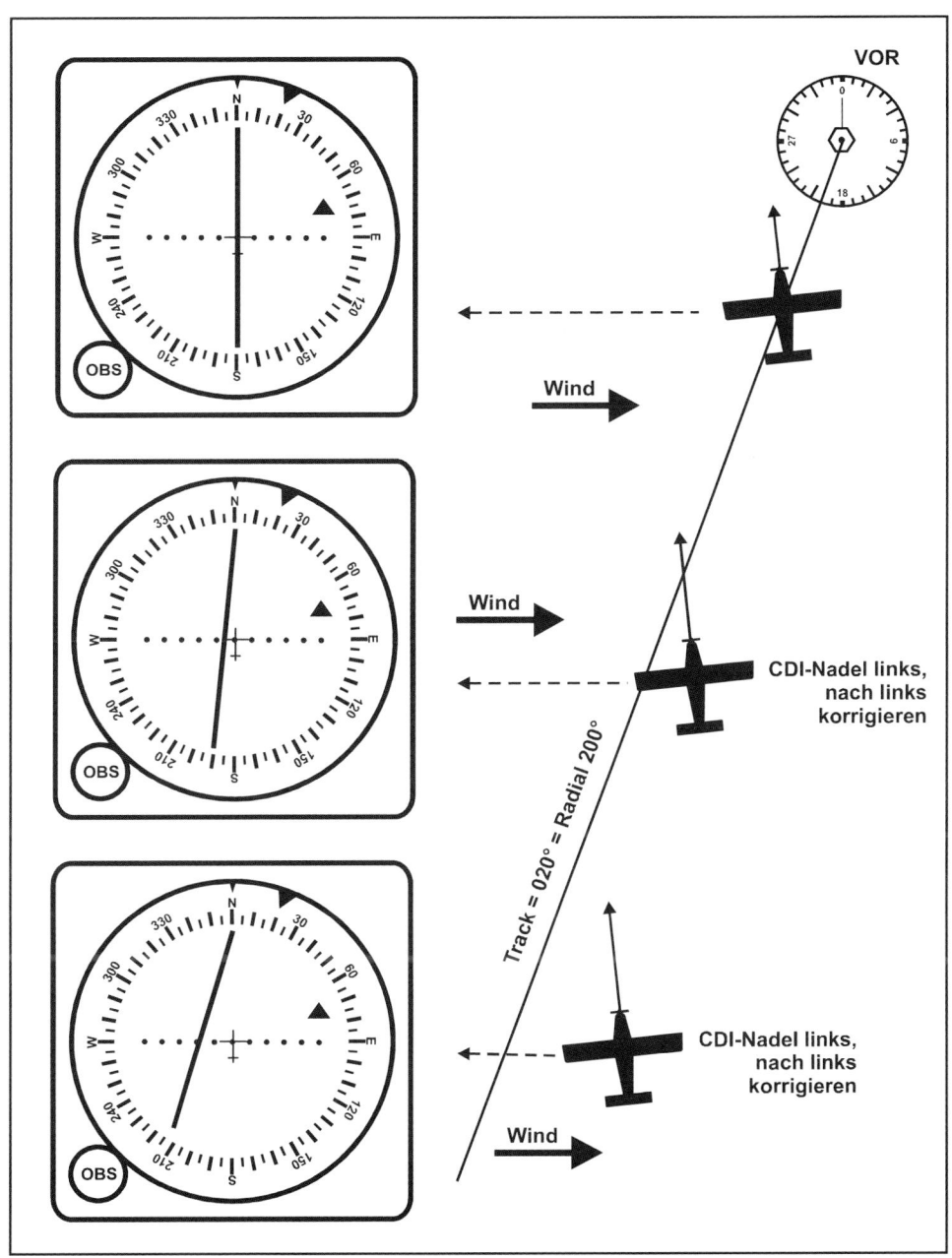

Abb. 3.47: VOR-Tracking unter Windeinfluß.

Standortbestimmung

Eine Standortbestimmung mit zwei VORs ist nicht nur bei Orientierungsverlust sinnvoll. Man kann und sollte damit z.B. seine terrestrische Navigation vor allem bei längeren Überlandflügen ergänzen und abgleichen. IFR-Piloten setzen die Standortbestimmung ein, um ein Holding Fix zu erfliegen, das in den Anflugkarten als Intersection Holding veröffentlicht wird.

Die Schnittpunkte von zwei VOR-Radialen nennt man VOR-Kurskreuzung (VOR Fix, VOR Intersection). Um ein solches VOR Fix zu erfliegen, geht man folgendermaßen vor:

● Frequenz des 1. VORs rasten

● Kennung abhören

● OBS drehen, bis FROM erscheint und die CDI-Nadel in der Mitte steht

● Die Kursmarke zeigt nun das Radial an, auf dem man sich befindet

Mit dem 2. VOR wird in der gleichen Weise verfahren.

Anschließend zeichnet man ausgehend von den VORs die beiden Radiale als mißweisende Standlinien (LOP) in die Karte ein. Der Schnittpunkt beider Standlinien ist der VOR Fix.

Allerdings kann diese Kurskreuzung nicht exakt ermittelt werden, da aufgrund der Zeitunterschiede bei der Messung mit einem gewissen Positionsfehler gerechnet werden muß. Dieser Fehler ist um so geringer, je weiter die VORs entfernt sind.

Abb. 3.48: Standortbestimmung mit zwei VORs.

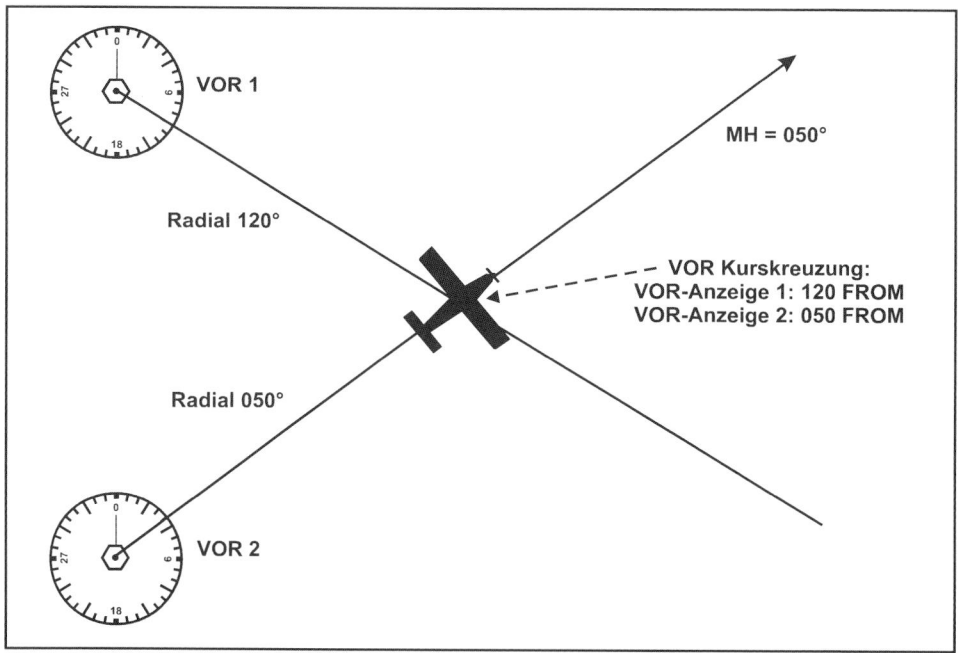

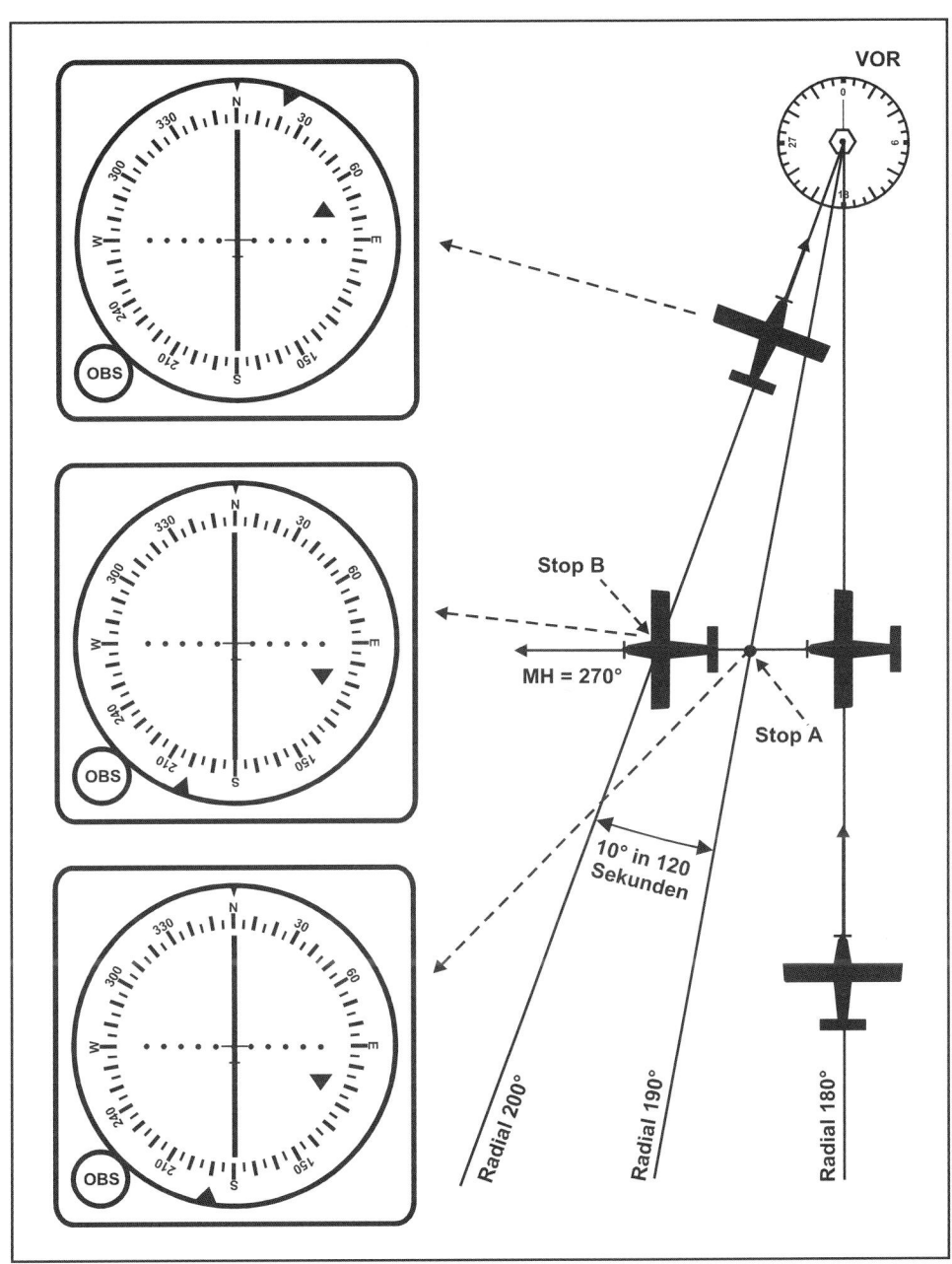

Abb. 3.49: Abstandsbestimmung zur VOR.

Abstandsbestimmung zur VOR

Die Abstandsbestimmung mit dem VOR entspricht dem ADF-Verfahren. Bei unserem Beispiel (s. Abb. 3.49) wird zunächst die VOR auf Radial 180 angeflogen. Während des Fluges verfährt man wie folgt:

- Anflug auf Radial 180° mit MH 0°/360°

- Einstellen des Radials 190° mit Anzeige FROM (CDI-Nadel wandert aus)

- Einleiten einer 90°-Kurve nach links auf MH 270°

- Bei Erreichen des Radials 190°, Anzeige FROM und CDI-Nadel in der Mitte: Stoppuhr drücken (Stopp A, s. Abb. 3.49).

- Einstellen des Radials 200° mit Anzeige FROM (CDI-Nadel wandert aus), MH von 270° beibehalten

- Bei Erreichen des Radials 200°, Anzeige FROM und CDI-Nadel in der Mitte: Stoppuhr drücken (Stopp B, s. Abb. 3.49).

Nach folgender Formel kann man jetzt den Abstand zur VOR bestimmen:

$$T = t(s) : G$$

Beispiel

T = Zeit zur VOR in Minuten
t(s) = Sekunden bis zum Peilsprung = 120
G = Peilsprung 10°

$$T = 120 : 10 = 12 \text{ Minuten}$$

Bei diesem Verfahren ist zu beachten, daß der Peilsprung mindestens 10°, höchstens jedoch 30° betragen sollte.

Instrumenten-Landesystem (ILS)

Das für den Flugverkehr nach Instrumenten-Flugregeln vorgesehene Instrumenten-Landesystem (Instrument Landing System, ILS) erlaubt nach dem heutigen Standard Anflüge auf einen Verkehrsflughafen selbst unter widrigen Wetterverhältnissen. Da die genauen Kenntnisse der ILS-Verfahren zu dem Bereich der IFR-Ausbildung gehören, sollen hier nur Grundlagen vermittelt werden.

ILS-Bodenanlage

Landekurssender (Localizer)

Der Localizer liegt etwa 350 m hinter dem Ende der Landebahn, genau in der Verlängerung der Mittellinie. Die von ihm ausgestrahlten Kursinformationen (Frequenz 108-112 MHz) haben eine Reichweite in der Anflugrichtung von ca. 25 NM und eine Fächerung von 10° nach links und rechts.

Zwei keulenförmig ausgestrahlte, horizontal nebeneinander liegende elektromagnetische Felder sind unterschiedlich moduliert (linkes Feld 90 Hz, rechtes Feld 150 Hz). Bei der Navigation wird nun empfängerseitig die Differenz des Modulationsgrades genutzt. Der Empfänger identifiziert den Landekurs durch Vergleich der Anteile der 90°- und 150°-Modulation.

Sind beide Anteile gleich groß, befindet sich das Flugzeug genau auf dem Landekurs. Abweichungen nach links oder rechts (Überwiegen eines der beiden Signale) zeigt der Empfänger durch einen entsprechenden Zeigerausschlag an.

Gleitwegsender
(Glide Slope Transmitter)

Im Abstand von 120 bis 180 m neben der Landebahn befindet sich ein Antennensystem, über das eine zur Erde geneigte Höhenleitlinie erzeugt wird. Wie beim Landekurssender werden auch hier zwei keulenförmig angeordnete elektromagnetische Felder erzeugt, die hier allerdings senkrecht zueinander stehen. Die Modulation beträgt wie beim Landekurssender 90 Hz (obere Keule) und 150 Hz (untere Keule). Sind die Anteile der beiden Signale gleich groß, befindet sich das Flugzeug genau auf dem Gleitweg. Unterscheiden sich die Signalanteile, zeigt der ILS-Empfänger die jeweilige Abweichung vom Gleitweg nach oben oder unten durch einen entsprechenden Zeigerausschlag an.

Einflugzeichen (Marker)

Zur ILS-Bodenanlage zählen noch das Voreinflugzeichen (Outer Marker, OM), das sich ca. 7,2 km vor der Schwelle befindet, und das Haupteinflugzeichen (Middle Marker, MM) mit einem Abstand zur Schwelle von ca. 1 km.

Beide Marker arbeiten auf einer Frequenz von 75 MHz und strahlen die Signale senkrecht nach oben so ab, daß bei einem Überflug mit 96 kt das Signal beim OM 12 Sekunden und beim MM 6 Sekunden lang im Markerempfänger an Bord des Flugzeuges empfangen wird.

ILS-Bordanlage

Einzelheiten über den Aufbau und die Bedienung der ILS-Bordanlage und die Funktionsweise des Markerempfängers können den folgenden Texten entnommen werden.

Kurzportrait VOR/LOC mit Gleitwegempfänger

Abb. 3.50: VOR/LOC/GS Indicator KI 209 (Quelle: Bendix/King).

Die Aufgabe dieses Anzeigegerätes besteht darin, zusätzlich zu seiner Funktion als VOR-Navigationsinstrument noch die vollständigen Informationen des Instrumentenlandesystems (ILS) zu verarbeiten und anzuzeigen. Dies sind die Informationen des Landekurs- und des Gleitwegsenders.

Der Landekurssender wird mit der Standard-VOR/LOC-Ausrüstung bereits empfangen. Für den Empfang des Gleitwegsenders aber müssen eine spezielle Antenne sowie ein Gleitweg-Empfänger eingebaut sein. Durch die Koppelung des Gleitweg-Empfängers mit dem Landekursempfänger ist bis auf das Rasten der Frequenz des Landekurssenders am Bedienteil der Bordanlage keine zusätzliche Bedienung erforderlich.

Der Gleitwegsender liefert die Höheninformation zum ILS-Anflug. Diese Höheninformation wird mit einem waagerechten Balken auf dem Anzeigegerät dargestellt.

Da sich der CDI und dieser Balken kreuzen, wird das Anzeigegerät auch Kreuzzeigerinstrument (Cross Pointer) genannt.

Ein korrekter ILS-Anflug ist erreicht, wenn sich beide Zeiger in der Mitte des Instrumentes kreuzen. Bewegt sich jedoch der waagerechte Zeiger nach oben, fliegt man unterhalb des Gleitpfades und muß steigen. Bewegt er sich nach unten, fliegt man oberhalb und muß sinken.

Beim CDI (senkrechter Zeiger) bedeutet ein Ausschlag nach links, daß nach links korrigiert werden muß, um den korrekten Landekurs zu erfliegen, und umgekehrt. In diesem Fall verhält sich der CDI genau wie beim Anflug auf eine normale VOR-Bodenstation, bei dem er als Kursablagezeiger funktioniert.

Diese Funktionen des VOR/LOC/GS-Anzeigegerätes findet man in einer Vielzahl von VOR-Bordgeräten, auch in Flugzeugen der Allgemeinen Luftfahrt, die nach Sicht fliegen. Gedacht aber ist das Kreuzzeigerinstrument ausschließlich für den Instrumentenanflug auf Flughäfen, die mit einem ILS ausgerüstet sind. Bei modernen Bildschirmsystemen in großen Reiseflugzeugen der Allgemeinen Luftfahrt und in Verkehrsflugzeugen werden die Anzeigen digitalisiert und über den EADI und EHSI in komplexen Flug- und Kurslageansichten ausgegeben.

Markerempfängeranzeiger (Marker Beacon Indicator)

Der Markerempfänger ist Teil der ILS-Empfangsanlage an Bord des Flugzeuges und meldet beim ILS-Anflug auf der Anfluggrundlinie mit verschiedenen Licht- und Tonsignalen jeweils den Überflug der Markierungsfunkfeuer.

Das erste Markierungsfunkfeuer, das Voreinflugzeichen (Outer Marker, OM), befindet sich etwa 7,2 km vor der Schwelle der Landebahn. Bei Überflug des OM ertönt ein 400-Hertz-Ton, und die blaue OM-Lampe beginnt zu blinken.

Ca. 1 km vor der Landebahnschwelle befindet sich das zweite Markierungsfunkfeuer, das Haupteinflugzeichen (Middle Marker, MM). Hier ertönt beim Überflug ein 1.300-Hertz-Ton, und die gelbe MM-Lampe beginnt zu blinken.

Die mit FM/Z gekennzeichnete Lampe ist weiß und blinkt bei allen anderen Markern (Z-Marker, Fan-Marker). Sie ist lediglich eine Kontrollampe und für einen ILS-Anflug ohne Bedeutung.

An dem Markerempfängeranzeiger befinden sich außerdem noch ein Schalter für die Beleuchtungseinstellung (BRITE, OFF und DIM).

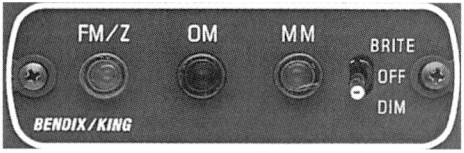

Abb. 3.51: Markerempfängeranzeiger des KA 134 (Teil der Audio Control Console) (Quelle: BendixKing).

Entfernungsmessung (DME)

Die Arbeitsweise des DME-Systems ist mit der des Sekundärradars vergleichbar. Die von der DME-Bordanlage gesendeten Signale werden von der Bodenstation zurückgesendet. Aus der Laufzeit der Signale errechnet die DME-Anlage an Bord die Entfernung zur DME-Bodenstation und zeigt den errechneten Wert auf einem Display an (Abb. 3.52).

Dieser angezeigte Wert entspricht nicht der Entfernung des Flugzeuges über Grund zur Station, sondern der Schrägentfernung, d.h. der Länge der quasi-optischen Verbindungslinie Flugzeug-Bodenstation. Beim Überflug der DME-Bodenstation wird nicht mehr die Entfernung, sondern die Flughöhe über Grund angezeigt.

DME-Stationen arbeiten im Frequenzbereich von 960 und 1213 MHz und haben eine Sendereichweite von ca. 200-300 NM. Oft werden sie zusammen mit VORs betrieben und haben dann folgende Kennzeichnung:

VOR/DME: Die Winkeldaten (Radiale) stammen von der VOR, die Entfernungsdaten vom DME.

VORTAC: Die Winkeldaten (Radiale) stammen von der VOR, die Entfernungsdaten vom DME-Teil der TACAN-Anlage.

TACAN: Diese vorwiegend militärisch genutzten Stationen liefern sowohl Winkel- als auch Entfernungsdaten, wobei für zivile Flugzeuge lediglich der DME-Teil nutzbar ist.

Kurzportrait Entfernungsmeßgerät (DME)

Das DME mißt an Bord des Flugzeuges die Entfernung zu einer mit einem Entfernungsmeßteil ausgestatteten Bodenstation. Entfernungsmeßeinrichtungen sind bei TACAN-, VORTAC-, VOR/DME- und reinen DME-Stationen zu finden.

Abb. 3.52: DME Master Display KDI 572 (Quelle: Bendix/King).

An Bord benötigt man neben der DME-Antenne einen DME-Sender/Empfänger und ein VOR/DME-Anzeige/Bedienteil. Der Sender strahlt nach dem Eindrehen der Frequenz, z.B. einer VORTAC, Impulse aus, die von der VORTAC empfangen und ebenfalls mit Impulsen beantwortet werden.

Im Empfänger werden nun diese Impulse bezüglich ihrer Laufzeitverschiebung zu den ausgesendeten Impulsen gemessen. Ein Rechner bestimmt anhand dieser Messung die Entfernung zur Station, die Geschwindigkeit des Flugzeuges und die Zeit bis zum Erreichen der Station. Die Daten werden über ein Display ausgegeben.

Die Frequenzeinstellung wird an dem Bedienteil der VOR/DME-Bordanlage vorgenommen. Rastet man z.B. die Frequenz einer VORTAC, wird die Frequenz der Entfernungsmeßeinrichtung der VORTAC, die im UHF-Bereich arbeitet, ebenfalls automatisch eingestellt.

An Anzeigen liefert das DME-Display (s. Abb. 3.52) zunächst die Entfernung zur Station in Nautischen Meilen (linke Zahlenangabe). Daneben werden die Geschwindigkeit über Grund in Knoten (mittlere Zahlenangabe) und die verbleibende Flugzeit zur Station in Minuten (rechte Zahlenangabe) angezeigt.

Bei dem abgebildeten Master Display können mit dem Drehschalter die DME-Werte von 2 verschiedenen VOR/DME-Empfängern (N1 = NAV 1, N2 = NAV 2) abgerufen werden.

In der Wählposition HLD (Hold) wird die zuletzt eingestellte Frequenz einer VORTAC, unabhängig davon, welche Frequenzen am VOR/DME-Bedienteil eingestellt werden, „eingefroren".

Abb. 3.53: DME Slave Display KDI 573 (Quelle: Bendix/King).

Das Slave-Display („Tochter"-Anzeige, Abb. 3.53) ist mit dem System verbunden, es liefert die gleichen Anzeigen wie das Master Display und kann an beliebiger Stelle zusätzlich installiert werden (z.B. für den Co-Piloten).

Radarsysteme

Bei Radaranlagen (Radar = **RA**dio **D**etecting **A**nd **R**anging) unterscheidet man zwischen Primär- und Sekundärradaranlagen. Beide Systeme vermitteln den Lotsen der Flugsicherung Fluglagebilder, nach denen eine Staffelung und Führung der Flugzeuge, besonders bei Flügen nach Instrumentenflugregeln, möglich ist.

Radaranlagen arbeiten in diesen Frequenzbereichen:

- DME, Sekundärradar (Secondary Surveillance Radar, SSR) und Streckenrundsichtradar (Route Surveillance Radar, RSR): 1,0 bis 2,0 GHz

- Flughafenrundsichtradar (Airport Surveillance Radar, ASR): 2,0 bis 4,0 GHz

- Wetterradaranlage in Flugzeugen: 4,0 bis 8,0 GHz und 8,0 bis 12,5 GHz

- Präzisionsanflugradar (Precision Approach Radar, PAR): 8,0 bis 12,0 GHz

- Rollfeldradar (Airport Surface Detection Equipment, ASDE): > 12,5 GHz

Primärradar

Beim Primärradar werden elektromagnetische Impulse über die Radarantenne abgestrahlt, von Objekten reflektiert und von der Radarantenne wieder empfangen und zur Darstellung auf den Radarbildschirmen weitergeleitet. Sowohl für das Abstrahlen der Impulse als auch für den Empfang steht nur eine Antenne zur Verfügung. Der Sender muß also in festgelegten Abständen ab- und der Empfänger eingeschaltet werden.

Diese wechselseitige Schaltung wird vom sogenannten Duplexer, dem Steuerimpulsgeber, gesteuert.

Da es fast überall auf Verkehrsflughäfen im Flughafen- und Anflugbereich Objekte (Bauten) und topografische Hindernisse (Berge, Erhebungen) mit reflektierenden Flächen gibt und Wolken und Niederschläge die Signale mehr oder weniger stark reflektieren, muß man mit besonderen technischen Einrichtungen die empfangenen Signale filtern, um unerwünschte Reflexionen auf ein Minimum zu unterdrücken.

Für den aktiven Piloten von vitalem Interesse ist das Sekundärradar, dessen bordseitige Einrichtung ihm in Form des Transponders zur Verfügung stehen sollte.

Sekundärradar

Jede Primär-Radaranlage ist in Deutschland mit einer Sekundärradar-Anlage kombiniert. Das Sekundärradar (SSR) wurde aus militärischen Ortungssystemen entwickkelt. Heute sind mit SSR dreidimensionale Positionsbestimmungen und Datenübertragungen möglich.

Die SSR-Bodenstation sendet als Abfragegerät (Interrogator) elektromagnetische Impulse an das Luftfahrzeug. Der Transponder an Bord des Luftfahrzeuges beantwortet die Abfrageimpulse ebenfalls mit kodierten Impulsen. Für Modus A muß der Transponder mit 4.096 Codes und für die Höhenabfrage zusätzlich mit Modus C oder Modus S ausgerüstet sein.

Je nach Einfallsrichtung und Laufzeit dieser Impulse können von der Bodenstation Position und Höhe des Luftfahrzeuges berechnet werden. Anhand dieser Werte wird die Position des Luftfahrzeuges exakt auf dem SSR-Sichtgerät dargestellt und individuell gekennzeichnet. Dadurch ist die Luftverkehrslage im Bereich einer SSR-Anlage schnell und zuverlässig erkennbar.

In der zivilen Luftfahrt werden von 6 möglichen Modi 4 verwendet. Mit den Modi A und B werden die Luftfahrzeuge identifiziert, Modus C liefert die Höheninformation. Modus D ist noch nicht festgelegt.

Der Transponder darf nur auf Anweisung der Flugverkehrskontrolle eingeschaltet werden. Um eine sofortige Betriebsbereitschaft sicherzustellen, kann er im sogenannten Standby-Verfahren betrieben werden. Dabei ist er betriebsbereit, sendet aber keine Antwortimpulse.

Verwendung des Transponders

- Auf Anweisung der Flugverkehrskontrolle, z.B. „Squawk Alpha 5211", wird der Transponder eingeschaltet.

- Mit dem Betriebsarten-Schalter wird der angewiesene Modus Alpha eingestellt. Wurde Mode C (Charlie) verlangt, ist die Schalterposition C bzw. ALT zu wählen.

- Danach folgt das Einstellen des Codes 5211 mit den vier Code-Wahlschaltern.

- Bei der Aufforderung „Squawk Ident" ist einige Sekunden die Ident-Taste zu drücken. Dadurch erhält der SSR-Empfänger zusätzliche Antwortimpulse, mit denen das Radarziel auf dem Sichtgerät des Radarlotsen hervorgehoben wird.

- Nach der Anweisung „Squawk Standby" ist der Transponder wieder in Betriebsbereitschaft zu schalten.

Die FSAV (Verordnung über die Flugsicherungsausrüstung der Luftfahrzeuge) verlangt bei verschiedenen Sichtflügen die Ausrüstung mit Transponder. Dazu zählen:

- Flüge im kontrollierten Luftraum Klasse C

- Nachtflüge im kontrollierten Luftraum

- Flüge oberhalb 5.000 ft MSL bzw. oberhalb 3.500 ft GND (maßgebend ist der höhere Wert). Hier ist der Transponder ohne besondere Anweisung der Flugsicherungskontrollstelle auf Modus A und **Code 0022** einzustellen. Verläßt das Luftfahrzeug diesen Luftraum, wird der Transponder wieder auf Standby geschaltet.

- Unterhalb 5.000 ft MSL wird bei VFR-Flügen der Betrieb des Transponders im Modus A mit **Code 0021** empfohlen.

Die Überwachung des nach VFR fliegenden Luftfahrzeuges mit Sekundärradar entbindet den Piloten nicht von seiner Pflicht, weiter nach Sicht zu navigieren und den Luftraum ständig zu beobachten.

Folgende Notsituationen können während des Fluges mit bestimmten Transponder-Codes der Flugverkehrskontrolle übermittelt werden:

Flugzeugentführung Alpha 7500
Funkausfall Alpha 7600
Notfälle Alpha 7700

Anzeigen und Bedienungselemente bei einem Transponder (Abb. 3.54)

- **Anzeige ACT und 1:** Von zwei anschließbaren Empfängern (1/2) ist Empfänger 1 aktiv. Neben dieser Anzeige ist der gewählte Code zu sehen (1745).

- **Anzeige ID:** Erscheint bei einem Abfrageimpuls oder bei gedrücktem IDENT-Testknopf (rechts neben TPR)

- **OFF:** Transponder ist ausgeschaltet

- **TST:** Gerätetest (mit IDENT-Testknopf)

- **SBY (Stand-By):** Gerät ist betriebsbereit, sendet aber keine Antwortimpulse

- **ON:** Abfrage/Antwort-Modus A

- **ALT (Altitude):** Abfrage/Antwort-Modus A/C (mit Höheninformation)

- **VFR:** Sonder-Kodierung für VFR-Flüge

- **Drehknopf rechts unten:** Wahl des Transponder-Codes

Auf die Aufforderung der Bodenfunkstellen „SQUAWK IDENT" wird in ON-, ALT- oder VFR-Position der IDENT-Knopf gedrückt.

Die korrekte Gerätefunktion kann über die Anzeige ID, die beim Senden der Antwortimpulse sichtbar ist, überwacht werden.

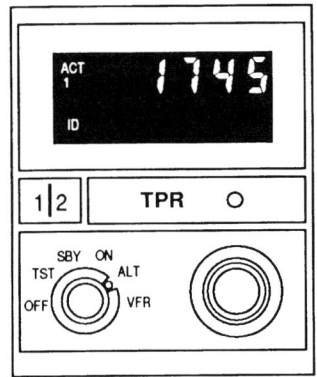

Abb. 3.54: Transponder Control Display CD 422 (Quelle: Bendix/King).

Kurzportrait
Transponder (XPDR)

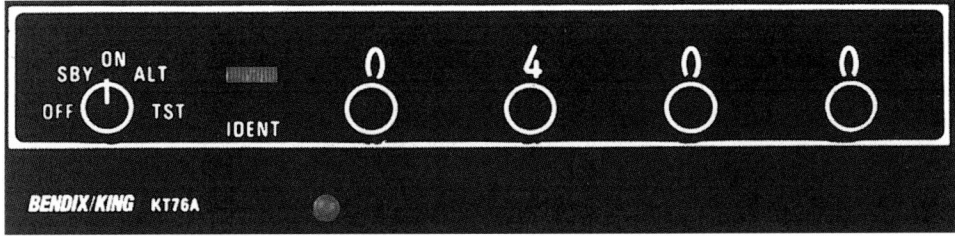

Abb. 3.55: Transponder KT76A für Modus A/C (Quelle: Bendix/King).

Im Gegensatz zum Primärradar, bei dem das Flugzeug die Radarstrahlen passiv reflektiert, wird es beim Sekundärradar aktiv in ein „Frage-Antwort-Spiel" zwischen ihm und der Bodenstation eingebunden: Der Transponder an Bord des Flugzeuges sendet auf die Abfragesignale der Bodenstation eigene, kodierte Signale als Antwort.

Ein Bord-Transpondersystem besteht aus der Antenne, dem Sender/Empfänger und dem Anzeige/Bedienteil. Je nach Betriebsart (Modus) werden die Position (Modus A) oder zusätzlich die Höhe (Modus C) an die Bodenstation übermittelt.

Bei den neuen Modus-S-Transpondern tauschen Flugzeug und Bodenstation digitalisierte Daten aus, so daß die Kommunikation bei Ortung und Datalink automatisch ablaufen kann (z.B. bei TCAS).

Der Transponder (Abb. 3.55) ist für die Abfrage-Modi A und C ausgelegt. Die Codes werden über die 4 Drehschalter unterhalb der Zahlenanzeige eingestellt.

Mit dem Drehschalter links dieser Anzeige werden der Stand-By-Betrieb (SBY), der Normalbetrieb (ON), die Höhenübermittlung (ALT) und der Gerätetest (TST) gewählt.

Rechts neben dem Drehschalter liegt die IDENT-Drucktaste, mit der auf Anforderung „Squawk Ident", der Identifizierungsimpuls, gesendet wird. Die darüber liegende Anzeigelampe zeigt das Arbeiten des IDENT-Modus an.

Abb. 3.56 (ohne Beschreibung):
Transponder KT 70 TSO für Modus A/C
(Quelle: Bendix/King).

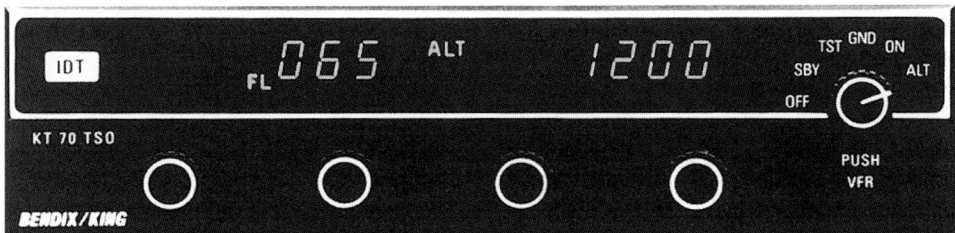

Funknavigation und Luftfahrtkarten

Es ist eine der Aufgaben der Flugsicherung, alle erforderlichen Daten über Funknavigationsanlagen der Luftfahrt in Luftfahrthandbüchern, Luftfahrtkarten u.ä. zu veröffentlichen. Das von der Flugsicherung herausgegebene Luftfahrthandbuch enthält eine Liste aller in Deutschland vorhandenen für die zivile Luftfahrt nutzbaren Funknavigationsanlagen. Die Anlagen werden dort detailliert mit Namen, Kennung, geographischen Koordinaten, Frequenz und Reichweite beschrieben. Zusätzlich sind Angaben über Nutzungseinschränkungen wie z.B. reduzierte Reichweite enthalten.

Auf den Luftfahrtkarten werden die einzelnen Funknavigationsanlagen je nach Verwendungszweck dargestellt. Karten für IFR-Flüge liefern mehr funknavigatorische Informationen als VFR-Karten. Die für die VFR-Navigation vorgesehene Luftfahrtkarte ICAO 1:500.000 zeigt neben der Topographie und den Flugsicherungsinformationen die Standorte aller VOR- (mit VOR/DMEs, VORTACs) und NDB-Anlagen mit Namen, Frequenzen, Buchstaben- und Morsekennungen.

Die jede VOR-Anlage umgebende Kompaßrose ist genau nach mißweisend Nord ausgerichtet und hilft dadurch, VOR-Kurse direkt aus der Karte zu entnehmen. Am Rand der Luftfahrtkarte ist eine Übersicht über die VOR-Anlagen mit ATIS (Automatic Terminal Information Service) abgedruckt. Auch auf den Sichtanflugkarten sind Funknavigationsanlagen abgebildet. Außerdem werden Kurse und Entfernungen von in der unmittelbaren Umgebung liegenden VOR- und NDB-Anlagen angegeben.

Eine Übersicht über alle Funknavigationsanlagen (ohne ILS- und sonstige Anfluganlagen) liefert die Streckenkarte 1:1.000.000, die vorrangig für IFR-Flüge auf festgelegten Flugverkehrsstrecken verwendet wird. Für VFR-Piloten ist sie bei VFR-Nachtflügen und Flügen im Luftraum C oberhalb Flugfläche 100 (CVFR) erforderlich.

In Nachträgen zum Luftfahrthandbuch und durch den Neudruck der Luftfahrtkarten werden die Daten der Funknavigationsanlagen (Frequenzwechsel u.ä.) immer wieder aktualisiert. Kurzfristige Änderungen werden per NOTAM (NOtice To AirMen) veröffentlicht.

Das in einem 14-tägigen Rhythmus erscheinende VFR-Bulletin der DFS informiert u.a. über kurzfristige Änderungen von Funknavigationsanlagen. Darin sind alle zum Zeitpunkt der Veröffentlichung gültigen NOTAMs (falls für die VFR-Luftfahrt wichtig) enthalten.

In den Anflugstreckenkarten (Standard Instrument Arrival Charts, STAR) wird der Flugweg dargestellt, der zu einem Anflugfix (Initial Approach Fix, IAF) führt, von dem aus dann das Instrumentenanflugverfahren durchgeführt werden soll. IAFs sind z.B. VORs, VORTACs, NDBs oder Waypoints.

Die Instrumentenanflugverfahren werden auf den Instrument Approach Charts dargestellt. Diese Karten, die international nach den Vorschriften der ICAO standardisiert sind, gibt es weltweit für jeden nach IFR anfliegbaren Flughafen.

Die IFR-Abflugstrecken schließlich werden auf den Standard Instrument Departure Charts (SID) dargestellt.

Für die IFR-Streckennavigation werden IFR-Enroute-Charts verwendet, die es für einen oberen und einen unteren Luftraumbereich gibt (Low Level Charts, High Level Charts).

Verzeichnis der Funknavigationsanlagen

Auf der folgenden Seite ist als Beispiel für das Verzeichnis der Funknavigationsanlagen eine Tabelle der in Deutschland verfügbaren Funknavigationsanlagen aufgelistet.
Die Tabellenseite stammt aus dem Luftfahrthandbuch AIP VFR, Teil ENR (Enroute).

Die einzelnen Spaltenüberschriften in den Tabellen bedeuten:

Station	Name und Betreiber der Anlage	
Anlage	Art der Anlage	
	DME	Distance Measuring Equipment (Entfernungsmeßgerät)
	DVOR	Doppler VOR (VOR, arbeitet nach dem Doppler-Prinzip)
	DVORTAC	Kombinationsanlage aus DVOR und TACAN
	L	Locator (NDB im Anflugbereich, mit geringer Reichweite)
	LO	Locator, Outer (Position am ILS-Voreinflugzeichen)
	NDB	Non Directional Beacon (Ungerichtetes Funkfeuer)
	TACAN	Tactical Air Navigation (Militärische Funknavigationsanlage)
	TVOR	Terminal VOR (VOR im Flugplatzbereich, mit geringer Reichweite)
	VOR	HF-Omnidirectional Radio Range (UKW-Drehfunkfeuer)
	VORTAC	Kombinationsanlage aus VOR und TACAN
ID	Kennung der Anlage, beim Rasten der Frequenz ist diese Kennung im Morse-Alphabet hörbar	
FREQ	Frequenz in MHz und Frequenzkanal (CH ...)	
HR	Betriebszeit in Stunden (z.B. HR 24 = 24 Stunden am Tag)	
Koordinaten	Geografische Koordinaten, angegeben in *Grad Minuten Sekunden Nord* und *Grad Minuten Sekunden Ost*	
Reichweite	Reichweite der Anlage in Nautischen Meilen	

Funknavigationsanlagen / Radio Navigational Aids

Funknavigationsanlagen sind nur innerhalb der angegebenen Reichweite benutzbar. Außerhalb der Reichweite können Navigationsfehler auftreten.	Radio Navigational Aids can only be used within the designated operational range. Outside this range, navigational errors may occur.
* Fiktive Frequenz	* Ghost frequency

Station	Anlage Facility	ID	FREQ	HR	Koordinaten Coordinates	Reich- weite Coverage
Allersberg DFS	VOR/DME	ALB	111.20 CH 49x	H 24	49 12 52 N 11 13 17 E	60 NM
Alster DFS	DME	ALF	CH 105x (115.80*)	H 24	53 38 07 N 09 59 39 E	25 NM
Altenburg-Nobitz Flugplatz Altenburg-Nobitz GmbH	NDB	ABU	330	H 24	50 59 38 N 12 31 16 E	25 NM
	DME	AGD	CH 100x (115.30*)	H 24	50 58 58 N 12 30 44 E	25 NM
Ansbach Mil	NDB	ANS	452	H 24	49 18 35 N 10 37 58 E	25 NM
Arpe DFS	DVOR	ARP	112.00	H 24	51 00 58 N 08 18 20 E	40 NM
Augsburg Luftamt Südbayern	NDB	AGB	318	H 24	48 25 27 N 10 55 59 E	25 NM
	DME	AUG	CH 106x	H 24	48 25 27 N 10 55 59 E	25 NM
Barmen DFS	DVORTAC	BAM	113.60 CH 83x	H 24	51 19 40 N 07 10 37 E	40 NM
Barth Ostsee-Flughafen Stralsund-Barth GmbH	NDB	BTH	373	H 24	54 20 18 N 12 41 10 E	30 NM
	DME	BHD	CH 101x (115.40*)	H 24	54 20 26 N 12 42 35 E	25 NM
Bautzen Flugplatz Bautzen – Betreibergesellschaft	NDB	BA	359	H 24	51 11 55 N 14 32 45 E	25 NM
Bayreuth DFS	VOR	BAY	110.60	H 24	49 59 07 N 11 38 12 E	40 NM
Stadt Bayreuth – Tiefbauverwaltung	DME	BAY	CH 43x (110.60*)	H 24	49 59 09 N 11 38 17 E	25 NM
	NDB	BAZ	420	H 24	49 57 28 N 11 33 56 E	25 NM
Berlin-Schönefeld DFS	DME	SDD	CH 91x (114.40*)	H 24	52 22 28 N 13 30 13 E	25 NM
	NDB	SLN	362	H 24	52 23 33 N 13 34 12 E	25 NM
	LO	SL	299	H 24	52 24 01 N 13 37 21 E	15 NM
	LO	MW	309	H 24	52 20 40 N 13 23 15 E	15 NM
Berlin-Tegel DFS	DVOR/DME	TGL	112.30 CH 70	H 24	52 33 41 N 13 17 15 E	80 NM
(Tegel-West) DFS	NDB	RW	392	H 24	52 32 43 N 13 09 04 E	100 NM
(Tegel-East) DFS	NDB	GL	321	H 24	52 34 20 N 13 25 34 E	25 NM
Berlin-Tempelhof DFS	DVOR/DME	TOF	114.10 CH 88x	H 24	52 28 23 N 13 24 19 E	80 NM

DFS DEUTSCHE FLUGSICHERUNG GMBH **21 OCT 1999**

Kapitel 4
Technik

Einführung

Im Instrumentenbrett (Panel) eines Flugzeuges sind alle Bedien- und Anzeigegeräte für Fluglageüberwachung, Navigation und Kontrolle der Flugzeugsysteme eingebaut. Sie lassen sich in Flugüberwachungs-, Navigations- und Triebwerksüberwachungsinstrumente sowie in sonstige Instrumente einteilen. Neben den reinen Funknavigationsgeräten, die umfassend im Kapitel Funknavigation behandelt werden, geht es nach dem Vorstellen des Magnetkompasses in diesem Kapitel um folgende Instrumente zur Flugüberwachung und Navigation (entsprechend der Reihenfolge im laufenden Text):

Barometrische Instrumente

- Höhenmesser
- Fahrtmesser
- Variometer

Kreiselinstrumente

- Künstlicher Horizont
- Wendezeiger
- Kurskreisel

Für eine sichere Flugdurchführung sind der Höhenmesser, der Fahrtmesser, der künstliche Horizont und der Kurskreisel besonders wichtig, denn sie zeigen Informationen zur Fluglage, Fluggeschwindigkeit, Flughöhe und zum Kurs an. Deswegen liegen sie in einer T-Anordnung genau im Blickfeld des Piloten (Instrumenten-T, Basic-T, Abb. 4.1).

Als barometrische Instrumente bezeichnet man Höhenmesser, Fahrtmesser und Variometer. Über Meßsonden (Membrandosen) messen sie den Luftdruck. Je nach Luftdruck ziehen sich die Membrandosen zusammen oder sie dehnen sich aus.

Zu den Kreiselinstrumenten zählt man den künstlichen Horizont, den Kurskreisel und den Wendezeiger, da in jedem dieser Instrumente ein Kreisel mit hoher Drehzahl vorhanden ist. Weil ein Kreisel einerseits seine einmal im Raum eingenommene Lage beibehält und zum anderen beim Einwirken einer Kraft aus seiner Achsenrichtung auswandert, werden diese beiden Eigenschaften zur Lagedarstellung verwendet.

Abb. 4.1: Instrumenten-T (Basic-T).

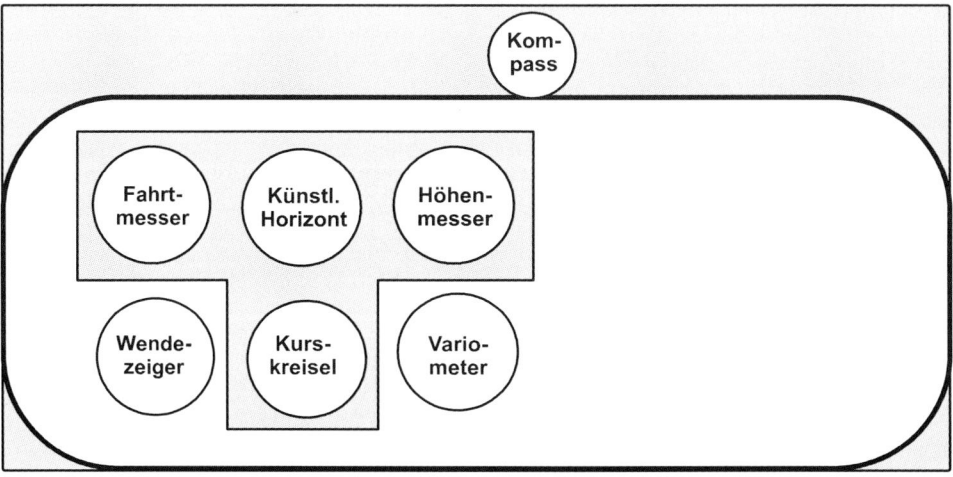

Magnetkompaß

Der Magnetkompaß ist gewissermaßen eines der archaischen Instrumente in der Luftfahrt. Trotz seiner Unzulänglichkeiten im Vergleich mit den heutigen Navigationsverfahren hat er immer noch einen Stammplatz in den Cockpits aller Luftfahrzeuge und wird nach dem Anlassen des Motors und Anlaufen der mit Unterdruck arbeitenden Kreiselinstrumente als Referenzinstrument, z.B. zum Einstellen des Kurskreisels, verwendet. Auch während des Fluges wird gelegentlich bei ruhiger Fluglage die Anzeige des Kurskreisels mit der des Magnetkompasses abgeglichen.

Magnetkompaß und Magnetfeld der Erde

Da die geografischen Pole der Erde mit ihren magnetischen Polen nicht übereinstimmen, muß jeder Kompaß vor Inbetriebnahme um die nach Orten unterschiedliche Abweichung kompensiert werden. Diese von der tatsächlichen Nord-Süd-Richtung abweichende Mißweisung des Kompaß nennt man Deklination (Ortsmißweisung, OM; Englisch: Variation, VAR).

Die Stärke und die Richtung der Deklination ist auf den Luftfahrtkarten vermerkt.

Liegt von einem bestimmten Ort aus gesehen der magnetische Nordpol z.B. 5° östlich, spricht man von einer OM von 5°E, liegt der magnetische Nordpol z.B. 3° westlich, ist die OM 3°W.

Verbindet man alle Punkte mit gleicher Deklination, erhält man Linien, die Isogonen genannt werden.

Die Nadel des Magnetkompasses weicht aber nicht nur horizontal in Richtung Nord ab, sondern auch in einem bestimmten Winkel zur Erde. Diese Abweichung wird Inklination genannt (magnetische Neigung). Sie beträgt am magnetischen Pol genau 90°, d.h., sie würde senkrecht auf die Erdoberfläche zeigen. In unseren Breiten liegt diese Inklination bei etwa 65°, am Äquator bei 0°.

Verbindet man alle Punkte mit gleicher Inklination, erhält man Linien, die Isoklinen genannt werden.

Die Inklination ist dafür verantwortlich, daß bei bestimmten Flugmanövern, z.B. beim Kurven und bei Beschleunigungen, Anzeigefehler am Magnetkompaß auftreten, deren Größe und Auswirkungen jeder Pilot kennen sollte.

System- und betriebsbedingte Anzeigefehler

Deviation

Im Flugzeug beeinflussen elektrische Leitungen und Metall in der Umgebung des Magnetkompasses seine Anzeigegenauigkeit. Um diesen Anzeigefehler zu korrigieren, wird der Magnetkompaß mit kleinen Stellschrauben kompensiert (Kompensiermagnete).

Die danach noch verbleibende Ungenauigkeit (Deviation) wird in einer sogenannten Deviationstabelle eingetragen, die am Panel in der Nähe des Magnetkompasses angebracht wird. Anhand dieser Werte, die je nach Richtung eine unterschiedliche Größenordnung haben, muß der Pilot seinen mit dem Magnetkompaß erflogenen Kurs korrigieren.

Kompaßfehler während des Fluges

Beschleunigungen, Verzögerungen sowie Quer- und Längsneigungen verursachen in allen Flugphasen Anzeigefehler, die als dynamische Fehler und Drehfehler bezeichnet werden.

Querneigungsfehler

- **Kurs Nord, Querneigung rechts 15°:** Kompaßrose dreht nach links auf 330°.

- **Kurs Nord, Querneigung links 15°:** Kompaßrose dreht nach rechts auf 30°.

- **Kurs Süd, Querneigung rechts 15°:** Kompaßrose dreht nach rechts auf 210°.

- **Kurs Süd, Querneigung links 15°:** Kompaßrose dreht nach links auf 150°.

Kompaßdrehfehler

- **Kurs Nord, Rechtskurve Richtung Ost:** Falschanzeige um ca. 30°, Anzeige bleibt zunächst im weiteren Kurvenverlauf zurück, dann kein weiterer Fehler.

- **Kurs Nord, Linkskurve Richtung West:** Falschanzeige um ca. 30°, Anzeige bleibt zunächst im weiteren Kurvenverlauf zurück, dann kein weiterer Fehler.

- **Kurs Süd, Rechtskurve Richtung West:** Falschanzeige um ca. 30°, Anzeige eilt zunächst im weiteren Kurvenverlauf vor, dann kein weiterer Fehler.

- **Kurs Süd, Linkskurve Richtung Ost:** Falschanzeige um ca. 30°, Anzeige eilt zunächst im weiteren Kurvenverlauf vor, dann kein weiterer Fehler.

- **Kurs West, Rechtskurve Richtung Nord:** Zunächst kein Fehler, dann bleibt Anzeige zurück.

- **Kurs West, Linkskurve Richtung Süd:** Zunächst kein Fehler, dann eilt Anzeige vor.

- **Kurs Ost, Rechtskurve Richtung Süd:** Zunächst kein Fehler, dann eilt Anzeige vor.

- **Kurs Ost, Linkskurve Richtung Nord:** Zuerst kein Fehler, dann bleibt Anzeige zurück.

Beschleunigungs- (Steigflug) und Verzögerungsfehler (Sinkflug)

- **Kurs Nord:** Keine Fehler.

- **Kurs Süd:** Keine Fehler.

- **Kurs West:**
  Steigflug: Anzeige zu weit südlich.
  Sinkflug: Anzeige zu weit nördlich.

- **Kurs Ost:**
  Steigflug: Anzeige zur weit südlich.
  Sinkflug: Anzeige zu weit nördlich.

Abb. 4.2: Panel-Ausschnitt Piper Archer III. Zentrale Position des Magnetkompasses oberhalb des Panels (Quelle: Piper).

Kurzportrait
Magnetkompaß

Eines der ersten Instrumente, das in Flugzeuge eingebaut wurde, war der Magnetkompaß. Seine Aufgabe war und ist es heute noch, die Richtung der Flugzeuglängsachse, bezogen auf eine Kompaß-Rose mit einer 360-Grad-Einteilung, anzuzeigen.

Der Magnetkompaß in dieser Form, wegen seiner flüssigen Füllung (Kerosin oder Wasser-Alkohol-Gemisch) auch „Whisky-Kompaß" genannt, ist selbst in unserer Zeit in allen Flugzeugen zu finden.

In ein- und zweimotorigen Reiseflugzeugen und in Verkehrsflugzeugen hat er nur eine Notfunktion. Allerdings wird der Kurskreisel am Boden immer noch nach der Anzeige des Magnetkompasses eingestellt.

Der Magnetkompaß ist für die Anzeige auf einer horizontal umlaufenden 360-Grad-Skala geeicht. Die Funktion stellt ein flüssigkeitsgelagerter Dauermagnet im Inneren des Gehäuses sicher.

Abb. 4.3: Magnetkompaß für den Panel-Einbau.

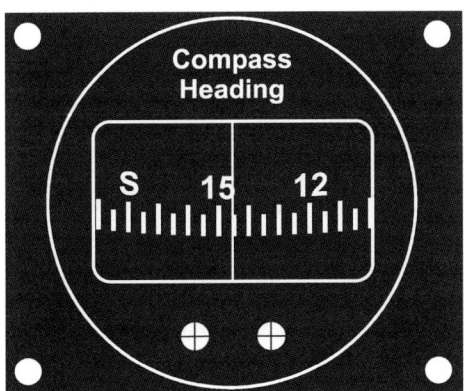

Die Richtung der Flugzeuglängsachse, die Flugrichtung also, wird unter einer senkrechten Linie in der Mitte des Schauglases abgelesen. Dabei sind allerdings einige Fehlanzeigen zu berücksichtigen.

Zunächst müssen beim Einbau des Kompasses die lagebedingten Fehler (Einfluß von Metallteilen, dem Motor, elektrischen Leitungen und anderen elektrischen Instrumenten) berücksichtigt und mit kleinen am Gehäuse befindlichen Magneten kompensiert werden. In der Abbildung 4.3 ist dies beispielhaft durch 2 mit Kreuzen markierte runde Öffnungen unterhalb des Schauglases dargestellt.

Die nicht mehr kompensierbare Restabweichung nennt man Deviation. Sie wird auf einer Deviationstabelle, die meistens unterhalb des Kompasses angebracht ist, schriftlich eingetragen.

Beim Ablesen ist sodann der Kurs um die jeweilige Ortsmißweisung (Deklination), die auf Flugkarten grundsätzlich vermerkt ist, zu berichtigen. Zu beachten sind auch die typischen Magnetkompaßfehler bei Steig- und Sinkflügen (Drehfehler, Hängenbleiben) sowie bei Kurvenflügen (Drehfehler).

Bei den meisten Flugzeugen aber hat der Magnetkompaß während des Fluges allenfalls noch eine korrektive Bedeutung. Für Notfälle jedoch ist er nach wie vor unerläßlich.

System für statischen Druck und Staudruck

Fahrtmesser, Höhenmesser und Variometer erhalten den für die Messungen benötigten statischen und Gesamtdruck von außen am Flugzeug angebrachten Meßsonden. Der statische Druck wird i.d.R. über kleine an der Zellenaußenhaut eingebaute Druckentnahmeöffnungen (Static Port) aufgenommen. Um Meßfehler durch ungleiche Strömungsverhältnisse (z.B. durch Propellerdrall oder Schiebeflug) teilweise auszugleichen, sind links und rechts am Rumpf je ein Port angebracht.

Der Gesamtdruck wird über ein oft an der Tragflügelunterseite installiertes Pitotrohr oder Staurohr gemessen. Das Pitotrohr ist ein nach vorne geöffnetes Rohr, in das die anströmende Luft fließt. Das Staurohr ist ebenfalls nach vorne offen, enthält aber zusätzlich seitliche Öffnungen zur Messung des statischen Drucks. Beim Staurohr werden keine weiteren Öffnungen für den statischen Druck am Rumpf benötigt.

Der statische Druck wird an Fahrtmesser, Höhenmesser und Variometer über eine statische Druckleitung geführt, der Fahrtmesser ist zusätzlich mit der Gesamtdruckleitung verbunden. Um eine Vereisung der Pitot- und Staurohröffnungen zu verhindern, sind beide Meßsonden mit einer vom Cockpit aus schaltbaren elektrischen Heizung ausgestattet.

Beim Vorflugcheck müssen alle Druckentnahmeöffnungen sorgfältig geprüft und ggf. gereinigt werden. Verschmutzte Öffnungen führen nämlich sehr schnell zum Ausfall der angeschlossenen Instrumente. Bei Vereisung der statischen Druckentnahmeöffnung läßt sich in einigen Flugzeugen eine ebenfalls vom Cockpit aus schaltbare Not-Statikdruckanlage aktivieren. Der statische Druck wird dann einer Öffnung innerhalb der Flugzeugkabine entnommen. Über die dabei auftretenden Anzeigefehler an Fahrt- und Höhenmesser informieren die entsprechenden Flughandbücher.

Abb. 4.4: Schematische Darstellung des Systems für statischen Druck und Staudruck .

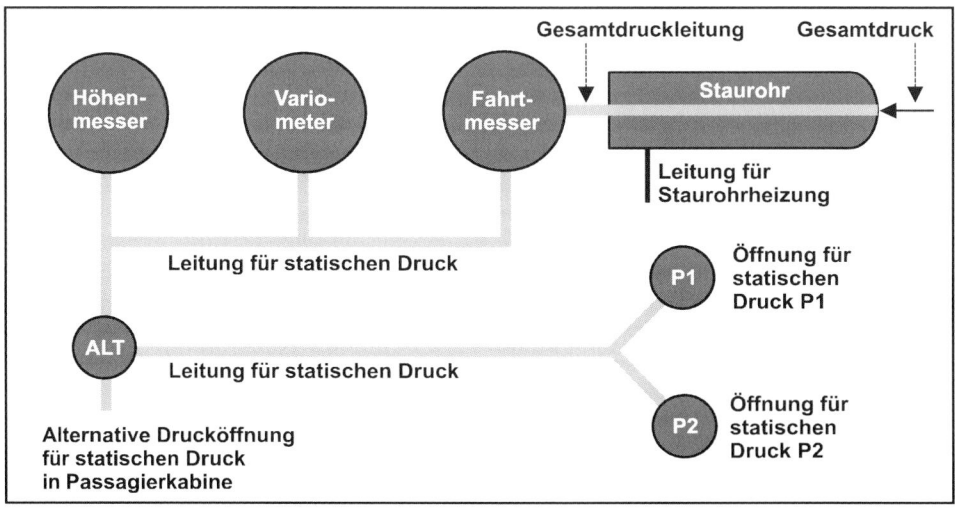

Höhenmessung und Höhenmesser

Luftdruck

Der Luftdruck ist eine Kraft, die auf eine bestimmte Fläche durch das Gewicht der darüberliegenden Atmosphäre wirkt. Da Luft gasförmig ist, läßt sie sich nicht mit herkömmlichen Methoden wiegen. Der Physiker Torricelli hat schon vor 300 Jahren nachgewiesen, daß man die Atmosphäre wiegen kann, wenn man sie gegenüber einer Quecksilbersäule ins Gleichgewicht bringt. Das Instrument, das er zur Druckmessung entwickelte, ist das Barometer.

Quecksilber-Barometer

Das Quecksilberbarometer, das in seiner Arbeitsweise in Abbildung 4.5 dargestellt ist, besteht aus einer offenen Schale, die mit Quecksilber gefüllt ist. In diese Quecksilberschale wird das offene Ende eines luftleeren Glasröhrchens getaucht. Der auf dem Quecksilber in der Schale liegende Luftdruck zwingt es, in diesem Glasröhrchen aufzusteigen. In Meereshöhe würde bei diesem Experiment die Quecksilbersäule bis zu einer Höhe von etwa 760 mm steigen. Die Quecksilbersäule dieser Länge ist also genau so schwer wie die Luftsäule gleichen Durchmessers, die von der Meereshöhe bis zur oberen Grenze der Atmosphäre reicht.

Das Aneroid-Barometer

Die besonderen Merkmale bei einem Aneroidbarometer (s. Abb. 4.6) sind eine bewegliche Metalldose und ein Anzeigemechanismus. Die Dose ist teilweise luftleer und zieht sich je nach Druckänderung zusammen oder dehnt sich aus.

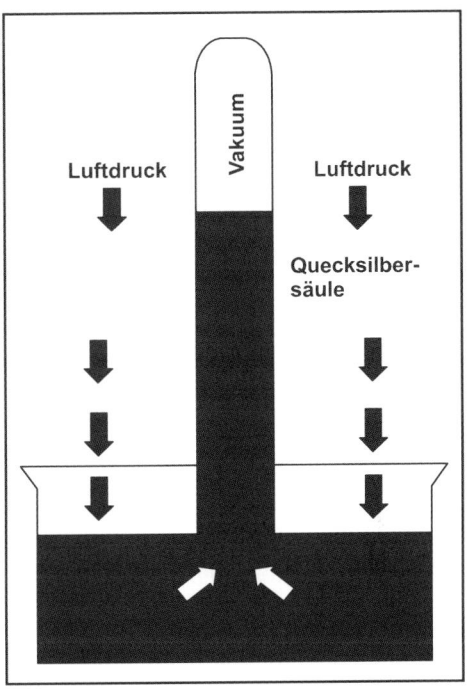

Abb. 4.5: Das Quecksilber-Barometer. Der atmosphärische Druck drückt Quecksilber aus dem offenen Gefäß in die luftleer gepumpte Glasröhre. Die Höhe der Quecksilbersäule ist ein Maß für den Luftdruck. Zur Druckmessung verwendet man das Quecksilberbarometer und die Aneroiddose.

Ein Ende dieser Dose verformt sich nicht, das andere aber bewegt sich und überträgt diese Bewegung auf den Anzeigemechanismus. Konstruktiv wird diese Bewegung verstärkt und über einen Hebel auf eine Skala übertragen, die in Druckeinheiten geeicht ist.

Druckeinheiten

Bis vor ein paar Jahren gab es je nach Anwendungszweck und Maßsystem weltweit verschiedene Bezeichnungen für Druckeinheiten.

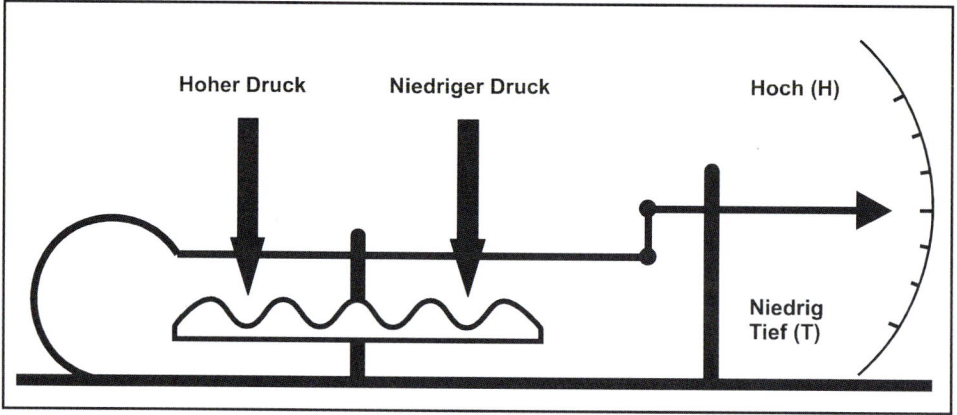

Hoher Druck   Niedriger Druck   Hoch (H)

Niedrig
Tief (T)

Abb. 4.6: Das Aneroid-Barometer. Es be-
steht aus einer teilweise luftleer gepumpten
Metalldose, dem Übertragungsgestänge und
einer Anzeigeskala. Die Dose wird zusam-
mengedrückt und expandiert mit wechseln-
dem Druck. Das Übertragungsgestänge
führt die Anzeigenadel über eine in Druck-
einheiten geeichte Skala.

Die beiden bekanntesten Druckeinheiten wa-
ren Pfund (lbs) pro Square-Inch (in den
USA) oder Gramm pro Quadratzentimeter.

Die Bezeichnung Millibar (mb) schließlich
beschrieb den Druck exakt als die Kraft, die
auf eine bestimmte Fläche einwirkt. Dieses Millibar stellt eine Kraft von 1.000 Dyn
(Einheit der Kraft im CGS-System) pro
Quadratzentimeter dar. Millibar setzte sich
international zwar nicht durch, jedoch fand
man schließlich eine Bezeichnung, die uneingeschränkt Verwendung finden sollte:
Das Hectopascal (hPa). Ein Hectopascal entspricht einem Millibar.

Luftdruck an einem bestimmten Platz

Der an einer bestimmten Stelle ermittelte
Luftdruck gilt nur für diesen Platz. Man nennt
diesen Druck den Stationsdruck (auch ak-
tueller Druck, Luftdruck am Platz, QFE).

Er bezieht sich auf die Höhe der Stelle, an
der er gemessen wurde. Der Druck ist in
größerer Höhe geringer als in Meereshöhe.
Lindenberg im Allgäu z.B. hat einen niedrigeren Luftdruck als Frankfurt.

**Druckunterschiede durch Höhe und
Temperatur**

Je höher man in der Atmosphäre steigt,
um so geringer wird das Gewicht der Luft.
Parallel dazu sinkt ihr Druck. In der unteren Troposphäre nimmt der Druck mit ca.
1 hPa pro 8 Meter Höhenzunahme ab. Mit
zunehmender Höhe aber sinkt die Rate der
Druckabnahme.

Abbildung 4.7 zeigt die Druckabnahme mit
zunehmender Höhe in der Standardatmosphäre. Hier sind bestimmte Temperaturen
bestimmten Höhen zugeordnet. In Wirklichkeit jedoch entsprechen die Temperaturen
sehr selten diesem Standard.

Wie die meisten Stoffe dehnt sich Luft bei
Erwärmung aus, bei Abkühlung zieht sie
sich zusammen. In Abbildung 4.8 sind drei
Luftsäulen dargestellt: Die linke ist wärmer
als die Standardtemperatur, die mittlere entspricht ihr genau, die rechte ist kälter.

172

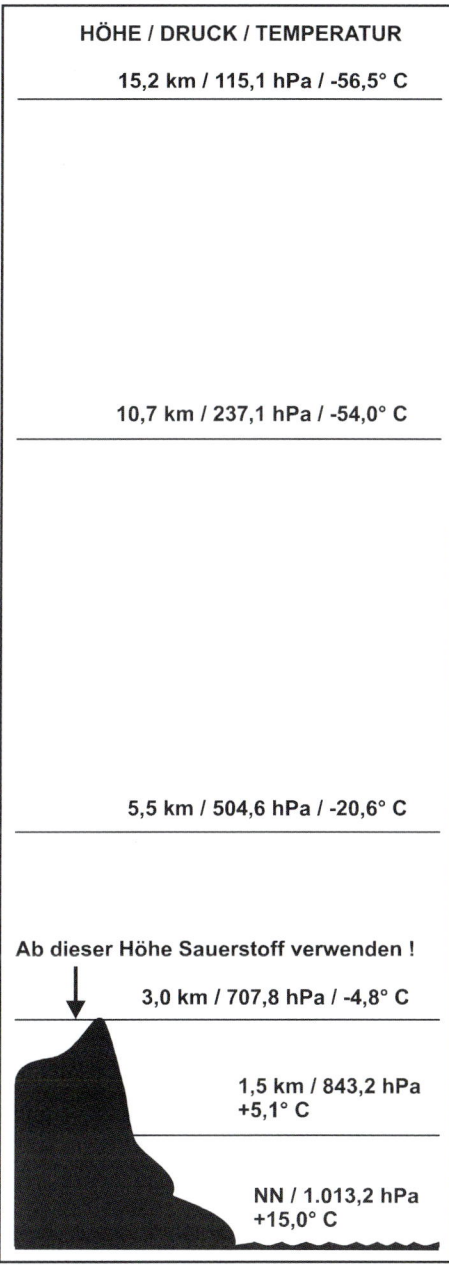

HÖHE / DRUCK / TEMPERATUR

15,2 km / 115,1 hPa / -56,5° C

10,7 km / 237,1 hPa / -54,0° C

5,5 km / 504,6 hPa / -20,6° C

Ab dieser Höhe Sauerstoff verwenden !

3,0 km / 707,8 hPa / -4,8° C

1,5 km / 843,2 hPa
+5,1° C

NN / 1.013,2 hPa
+15,0° C

Abb. 4.7: Die Standardatmosphäre.
Der Druck nimmt mit zunehmender Höhe ab.

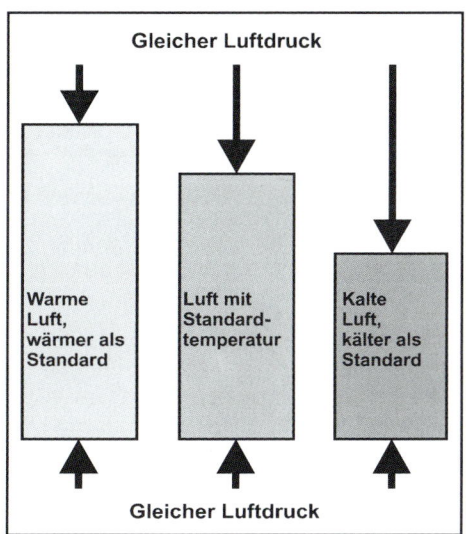

Gleicher Luftdruck

Warme
Luft,
wärmer als
Standard

Luft mit
Standard-
temperatur

Kalte
Luft,
kälter als
Standard

Gleicher Luftdruck

Abb. 4.8: Drei Luftsäulen zeigen, wie sich
die Druckabnahme mit der Temperatur
verändert. Die linke Säule ist wärmer, die
rechte kälter als der Durchschnitt. Am Bo-
den und am oberen Ende jeder Säule ist der
Druck gleich. Der Druck nimmt mit der Höhe
schneller in der kalten als in der warmen
Luft ab.

Es gelten folgende Feststellungen:

- Die Druckwerte am Boden sind gleich. Auch die Druckwerte an den Obergrenzen der Luftsäulen sind identisch. Die Druckabnahme ist bei jeder der drei Säulen von unten nach oben gleich.

- Die wärmere Luftsäule ist höher als die Säule mit Standardtemperatur, die mit der niedrigeren Temperatur ist kürzer.

- Der Druckgradient in der Säule mit der warmen Luft ist geringer als der in der Standardsäule. Der Druckgradient in der Säule mit der kalten Luft ist größer als der Wert in der Standardsäule.

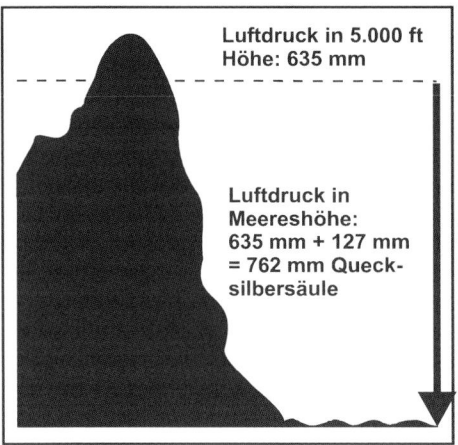

Luftdruck in 5.000 ft
Höhe: 635 mm

Luftdruck in
Meereshöhe:
635 mm + 127 mm
= 762 mm Queck-
silbersäule

Abb. 4.9: Reduktion des Stationsdruckes auf Meereshöhe. Der Druck nimmt von der Stationshöhe bis zur Meereshöhe pro 1.000 Fuß um rund 25 mm zu.

Luftdruck in Meereshöhe

Der Druck variiert mit der Höhe. Deswegen kann man die Druckverhältnisse von verschieden hohen Stationen nicht miteinander vergleichen. Um sie jedoch vergleichbar zu machen, müssen sie auf einen gemeinsamen Nenner gebracht werden. Man rechnet den aktuellen Druck am Platz (QFE) zurück auf den Druck in MSL (theoretischer Druck in MSL) und erhält so das QNH.

Als geeigneter Bezugspunkt bietet sich also die Mittlere Meereshöhe an. In Abbildung 4.9 beträgt der Druck an einer in 5.000 Fuß Höhe liegenden Station 635 mm Quecksilbersäule. Von der Stationshöhe bis zur Meereshöhe nimmt der Druck nun pro 1.000 Fuß um rund 25 mm zu. Die Addition des Stationsdruckes und der höhenabhängigen Zunahme ergibt:

**635 mm + 127 mm =
762 mm Quecksilbersäule**

Darstellung von Druckwerten in Wetterkarten

Es wird eine Reihe von Wetterkarten verwendet, um Druckveränderungen darzustellen. Man zeichnet z.B. den Druck in Meereshöhe in eine Karte ein und verbindet die Orte gleichen Drucks mit Linien. Diese Linien nennt man Isobaren. Die Bodenkarte ist eine Isobarenkarte mit deutlich erkennbaren Druckgebilden.

In Höhenwetterkarten sind gleiche Drucksystemtypen für verschiedene Höhen eingezeichnet. Sie informieren auch über die Temperatur, die Feuchtigkeit und die Windverhältnisse in diesen Höhen. In einer Höhenwetterkarte ist ein konstanter Druck analysiert. Was versteht man darunter?

Nehmen wir als Beispiel einen Luftdruck von 700 hPa. Überall auf der Welt beträgt irgendwann einmal der Luftdruck in irgendeiner bestimmten Höhe 700 hPa.

Wenn man nun diese 700 hPa-Punkte in der Höhe mit Linien verbindet, so entsteht ein „Netzwerk", das wir als Druckfläche bezeichnen. In diesem Fall wäre es die 700 hPa-Druckfläche. Da aber an verschiedenen Meßpunkten unterschiedliche Druckverhältnisse herrschen, ist die Höhe dieser gedachten Fläche nicht konstant. Steigender Luftdruck beispielsweise hebt sie in Hochdruckgebieten an, fallender Druck läßt sie in Tiefdruckgebieten absinken.

Zur Messung verschiedener Wetterdaten in der Höhe verwendet man sogenannte Höhensonden (gasgefüllter Ballon mit Radiosonde). Mit Sensoren werden Meßwerte ermittelt und über einen Sender an die Beobachtungsstation gesendet. Die Meteorologen bestimmen daraus u.a. die Höhe einer ausgewählten Druckfläche.

Diese Höhen werden auf einer Karte eingetragen, die Punkte gleicher Höhe werden mit Linien verbunden. Diese Linien heißen Höhenlinien (Isohypsen, auch Höhenkurven genannt). Was ist nun eine Höhenlinie?

Bei topographischen Karten werden verschiedene Erhebungen durch Linien verbunden. Genau so überträgt man Höhenlinien auf eine Karte gleicher Druckflächen. Beispielsweise entspricht die Darstellung einer 700 hPa-Druckfläche einer Höhenlinienkarte mit den Höhen der 700 hPa-Druckfläche. In der Praxis würde eine 700 hPa-Karte einer Wetterkarte entsprechen, die Informationen aus einer Höhe von ungefähr 10.000 Fuß (3.048 m) liefert.

Höhenmessung

Im Prinzip ist ein Höhenmesser ein Aneroid-Barometer. Der Unterschied besteht in der Skalendarstellung. Beim Höhenmesser werden anstelle der Druckeinheiten die umgesetzten Höhenwerte in Meter oder Fuß abgelesen. Die Höhe hat in der Luftfahrt verschiedene Begriffe und Bedeutungen.

Die wahre Höhe

Da die in unserer Atmosphäre herrschenden Bedingungen nur selten mit der Standardatmosphäre übereinstimmen, ist folglich die angezeigte Höhe oft nicht mit der wahren Höhe identisch, in der sich ein Flugzeug befindet. Die wahre Höhe würde unter den Bedingungen der Standardatmosphäre der genauen Höhe über NN entsprechen.

Die angezeigte Höhe (QNH-Höhe)

Die QNH-Höhe ist die am Höhenmesser angezeigte Höhe, wenn auf der Druck-Korrekturskala der QNH-Wert eingestellt ist.

In Abbildung 4.8 sind drei Luftsäulen unterschiedlicher Temperatur zu sehen. Die Druckwerte am Boden entsprechen einander, die Druckwerte an den höchsten Stellen der Luftsäulen ebenfalls. Da der Höhenmesser im wesentlichen ein Barometer ist, würde die auf ihm angezeigte Höhe an der obersten Spitze dieser drei Säulen gleich sein. Zur Verdeutlichung sind in Abbildung 4.10 nochmals 3 Säulen dargestellt.

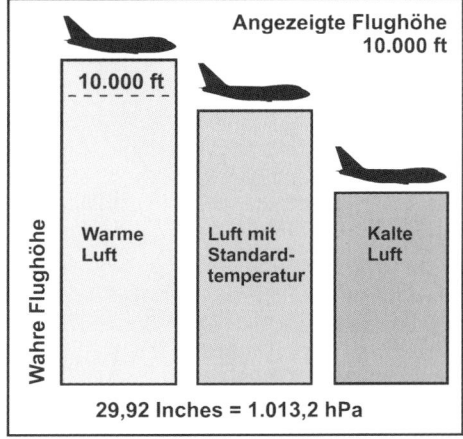

Abb. 4.10: Die angezeigte Höhe ist abhängig von der Umgebungstemperatur des Flugzeuges. Da der Druck am Boden wie auch am oberen Ende jeder Säule gleich ist, ist auch die angezeigte Höhe auf jeder Säule gleich. Ist die Luft kälter als der Durchschnitt, zeigt der Höhenmesser mehr als die tatsächliche Höhe an. Ist sie wärmer, zeigt er weniger als die tatsächliche Höhe an.

Mit dem Luftdruck verändert sich auch die angezeigte Höhe auf dem Höhenmesser. Mit einer beweglichen Skala kann man den Druck den jeweiligen Druckverhältnissen anpassen. Allerdings hat man in Flugzeugen der Allgemeinen Luftfahrt kaum die Möglichkeit, die Höhenmesser der Durchschnittstemperatur der umgebenden Luft anzugleichen.

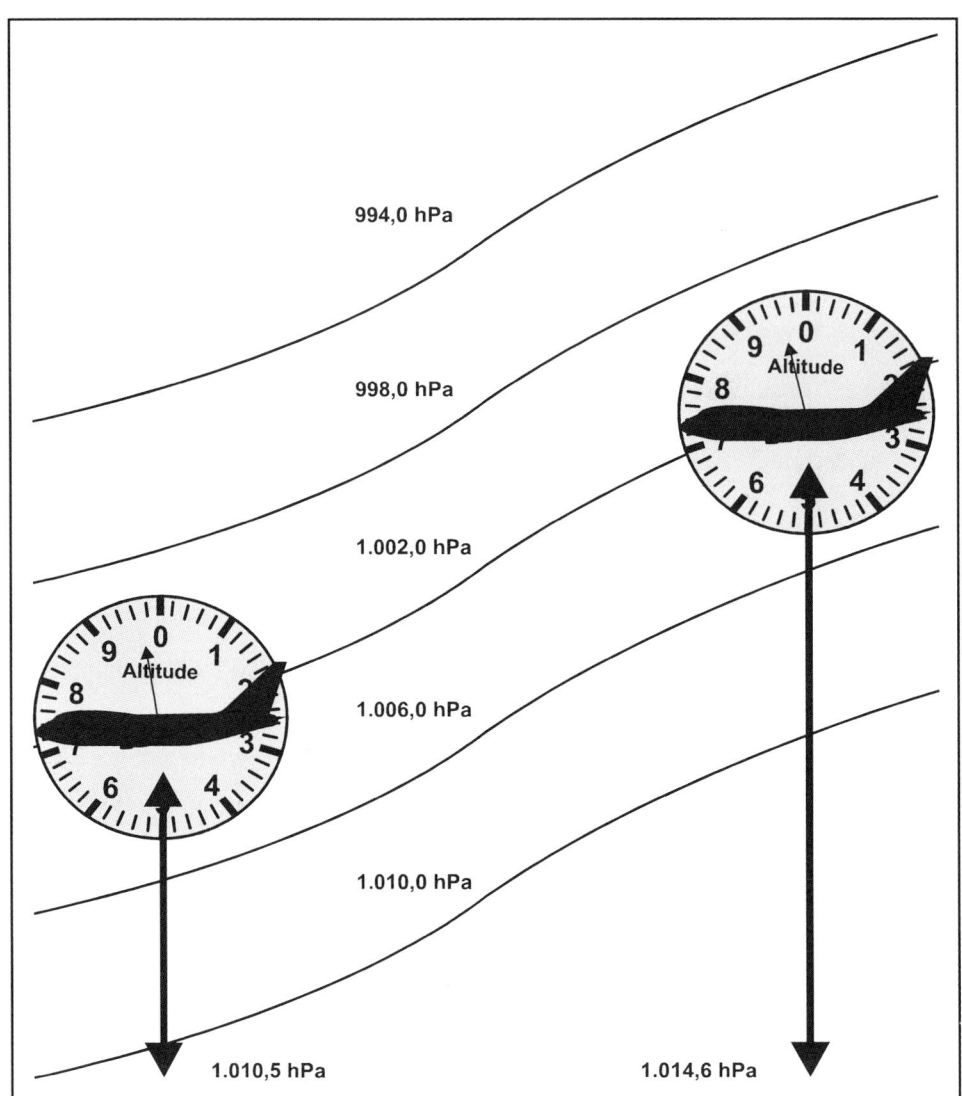

994,0 hPa

998,0 hPa

1.002,0 hPa

1.006,0 hPa

1.010,0 hPa

1.010,5 hPa   **1.014,6 hPa**

Abb. 4.11: Bei einem Flug von einem Gebiet mit hohem Luftdruck in ein Gebiet mit tiefem Luftdruck verliert man ohne Nachstellen des Höhenmessers Höhe.

Die angezeigte Höhe ist also die Höhe über der mittleren Meereshöhe, wenn der Höhenmesser auf die lokalen Druckverhält-

nisse eingestellt wurde. Da die Höhenmesserskala einstellbar ist, kann man sie so justieren, daß sie in einer bestimmten Höhe die wahre Höhe anzeigt. Für einen Piloten ist es sehr wichtig, daß er auf einem Höhenmesser die wahre Höhe, z.B. die eines Flugplatzes, ablesen kann.

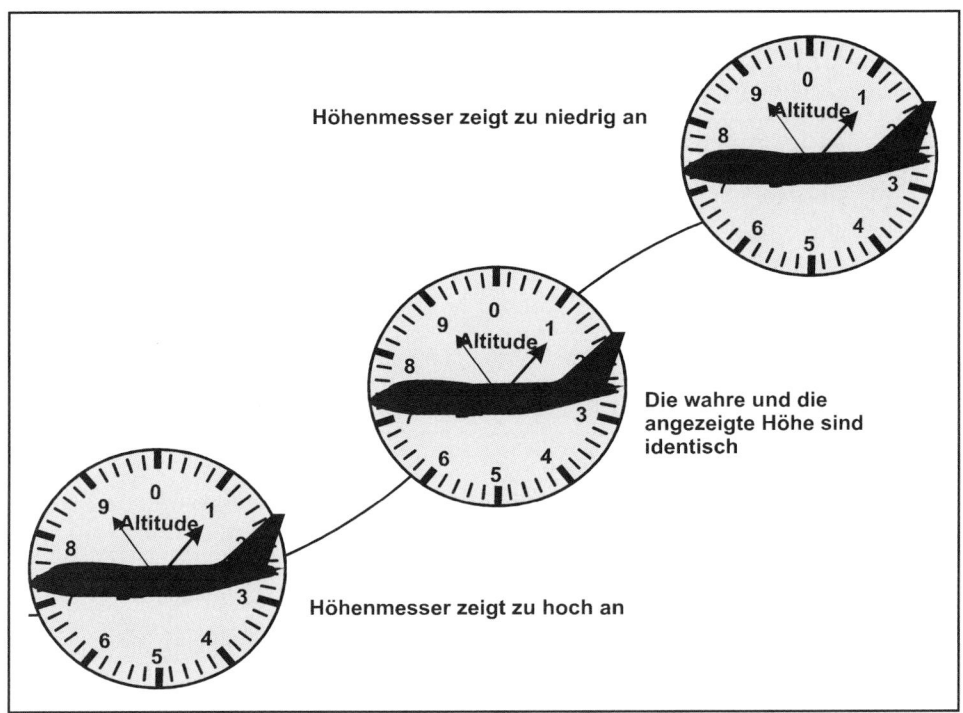

Höhenmesser zeigt zu niedrig an

Die wahre und die angezeigte Höhe sind identisch

Höhenmesser zeigt zu hoch an

Abb. 4.12: Einfluß der Temperatur auf die Höhe. Ist die Luft wärmer als der Durchschnitt, fliegt man höher als der Höhenmesser anzeigt. Ist die Luft kälter als der Durchschnitt, fliegt man niedriger als angezeigt. Bei einem Flug von warmer in kalte Luft mit einer angezeigten konstanten Höhe verliert man an Höhe.

Er muß also z.B. auf einem Flugplatz den Wert einstellen, welcher der tatsächlichen Flugplatzhöhe entspricht.

Abbildung 4.11 demonstriert die Schwierigkeiten, in die man bei zu sorglosem Umgang mit der Höhenmessereinstellung kommen kann. Man fliegt niedriger als der Höhenmesser anzeigt, wenn der Flug von einem Gebiet mit hohem Luftdruck in ein Gebiet mit niedrigem Luftdruck führt.

In Abbildung 4.12 ist zu sehen, daß der Höhenmesser beim Flug von warmer in kalte Luft eine zu große Höhe anzeigt. Man ist in dieser Situation niedriger als der Höhenmesser darstellt. Über flachem Gelände ist dies zwar nicht problematisch. Unter gleichen Bedingungen über gebirgigem Gelände allerdings kann die Differenz zwischen angezeigter und wahrer Höhe so groß sein, daß man auf Kollisionskurs mit Bodenerhebungen ist.

Korrigierte Höhe

Wenn ein Pilot die Durchschnittstemperatur der Luftsäule zwischen seinem Flugzeug und der Erdoberfläche kennen würde, könnte er diese Durchschnittstemperatur bei der Berechnung seiner effektiven Höhe über Grund einbeziehen und käme zu einer relativ genauen Höhenangabe.

Er kann jedoch nur die Temperatur ermitteln, die außerhalb seines Flugzeuges in der ihn umgebenden Luft herrscht. Diese Korrektur basiert auf der Abweichung der festgestellten Temperatur von der Temperatur der Standardatmosphäre. Man spricht bei der so errechneten Höhe von der berichtigten Höhe.

Druckhöhe

Die Basis für Druckhöhen (auch Druckflächen) ist die Standardatmosphäre. Zur Erinnerung: In der Standardatmosphäre ist der Druck in MSL 1.013,25 hPa. Entsprechend ist auch die Abnahme des Druckes mit zunehmender Höhe festgelegt. In dieser hypothetischen Atmosphäre wird jedem Druckwert eine bestimmte Höhe zugeordnet. Da der Höhenmesser nach der Standardatmosphäre geeicht ist, kann man die Druckhöhe unmittelbar ablesen, wenn man ihn auf 1.013,25 hPa einstellt.

Fliegt man mit dieser Standardeinstellung in einer konstanten Höhe, befindet man sich auf einer bestimmten Druckfläche bzw. Druckhöhe.

IFR-Flüge werden nur nach Druckhöhenanzeige (Flugfläche; Flight Level, FL) durchgeführt. Wichtig ist die Übergangsfläche zum Landeanflug und zum Erreichen der vorgeschriebenen Flughöhe nach dem Start. Besteht die Gefahr, daß die angezeigte Flughöhe der Druckhöhe entspricht, werden in der Nähe großer Verkehrsflughäfen die Übergangsflächen (Transition Altitudes) entsprechend verändert.

Dichtehöhe

Angenommen, man fliegt in einer Luft mit einer bestimmten Dichte. Überträgt man diesen Dichtewert auf die Dichteskala der Standardatmosphäre, ist diesem speziellen

Dichtewert eine ganz bestimmte Flughöhe zugeordnet. Diese Dichtehöhe ist aber keine feste Höhenangabe. Sie ist lediglich eine Markierung für die Leistungsdaten eines Flugzeuges.

Die Luftdichte wird vom Druck, der Temperatur und der Luftfeuchtigkeit bestimmt. An einem heißen Tag wird die Luft dünner oder auch leichter. Der Start auf einem Flugplatz mit einer Platzhöhe von z.B. 1.300 Fuß müßte aufgrund der geringeren Luftdichte so geplant werden, als befände man sich auf einem höher gelegenen Flugplatz. Die Startstrecke wird länger. In diesem Fall spricht man von einer großen Dichtehöhe. An einem kalten Tag dagegen wird die Luft schwerer. Beim Start von dem genannten 1.300-Fuß-Flugplatz hätte man noch einige Sicherheitsreserven, die Startstrecke wird kürzer. Hier spricht man von einer niedrigen Dichtehöhe.

Niedrige Dichtehöhen verbessern die Leistungsdaten eines Flugzeuges, große Dichtehöhen können gefährlich werden, denn sie vermindern die Leistungsdaten drastisch. Dies wirkt sich gleich dreifach aus:

- Die Motorenstärke läßt nach, da weniger Sauerstoff für den Verbrennungsvorgang des Kraftstoffes zur Verfügung steht.

- Der Vorschub beim Start wird durch die geringere (dünnere) Luftmasse reduziert. Dies gilt sowohl für Propeller- als auch für Düsenflugzeuge.

- Der Auftrieb ist durch die dünnere Luft verringert.

In der Praxis hat man bei einer großen Dichtehöhe eine längere Startrollstrecke, eine längere Landerollstrecke und eine verminderte Steigleistung.

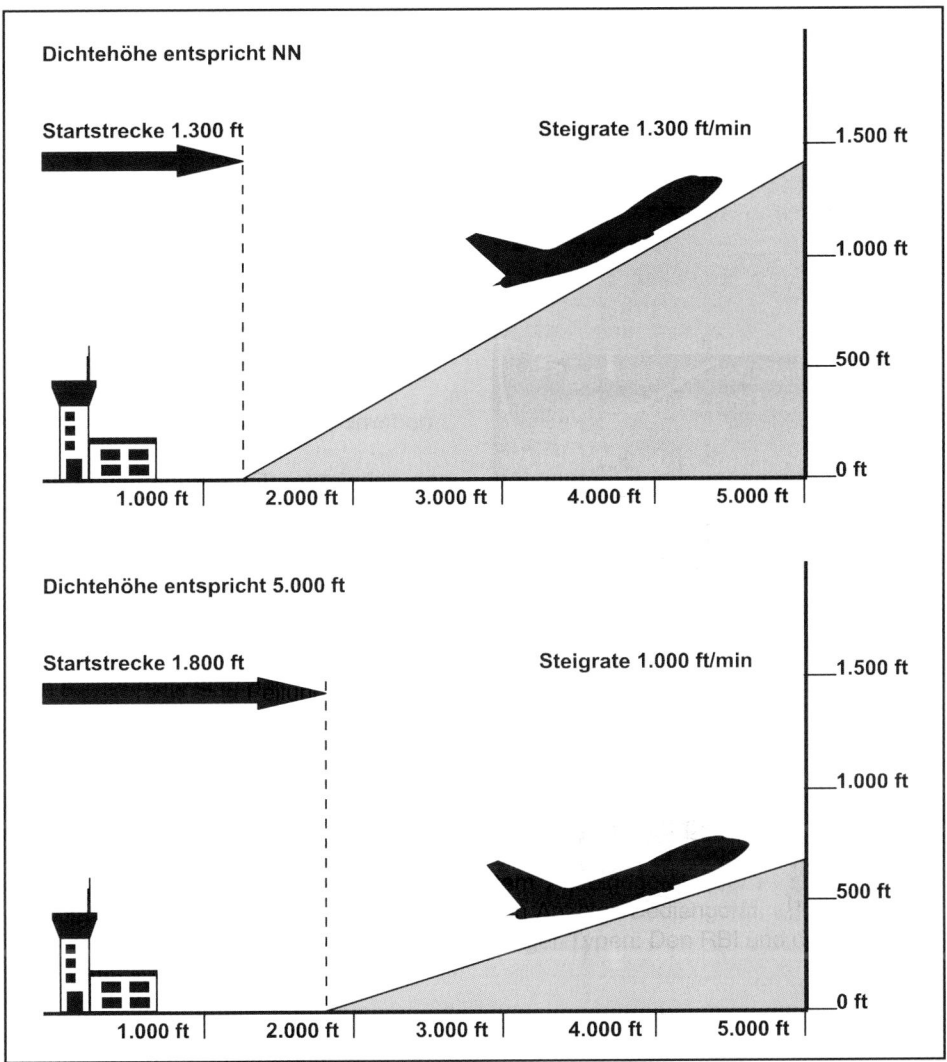

Abb. 4.13: Einfluß der Dichtehöhe auf Start- und Steigflug.
Eine große Dichtehöhe verlängert die Startrollstrecke und verringert die Steigrate. Es ist sehr wichtig, sich vor allem in der wärmeren Jahreszeit bei höher gelegenen Plätzen eingehend mit den Leistungsdaten Ihres Flugzeuges in bezug zur vorhandenen Dichtehöhe zu befassen.

Dies gilt vor allem bei Start und Landung auf hochgelegenen Plätzen. Auf dem Flugplatz von Samaden (bei St. Moritz, Schweiz, Platzhöhe 5.800 Fuß) gibt es häufig spektakuläre Start-Unfälle, weil Piloten neben anderen leistungsvermindernden Faktoren die Dichtehöhe dieses hochgelegenen Platzes unberücksichtigt lassen.

179

Auch ist die angezeigte Geschwindigkeit niedriger als die wirkliche Geschwindigkeit über Grund. Dies ist vor allem beim Reiseflug wichtig, wenn Zeit- und Geschwindigkeitsberechnungen über Grund durchzuführen sind. Beim Steigflug muß außerdem berücksichtigt werden, daß der Steigwinkel wesentlich flacher als normal sein wird. In Abbildung 4.13 ist die Auswirkung der Dichtehöhe auf die Startrollstrecke und die Steigleistung zu sehen.

Eine große Dichtehöhe kann auch problematisch beim Reiseflug sein. Bei sehr warmer Luft vermindert sie die Dienstgipfelhöhe des Flugzeuges. Liegt z.B. die Temperatur in 10.000 Fuß Druckhöhe bei +20° C, entspricht die Dichtehöhe 12.700 Fuß. Ein Flugzeug wird unter diesen Voraussetzungen dann nur noch die Leistungsdaten bringen, als wäre man in 12.700 Fuß wirklicher Flughöhe mit einer normalen Temperatur von -8° C.

Neben Tabellen, auf denen man die Dichtehöhe bei gegebenen Temperaturen ablesen kann, ist heute nahezu jeder Flugcomputer mit einer speziellen Rechenroutine ausgestattet, um die Dichtehöhe per Knopfdruck ermitteln zu können.

Zusammenfassung der Anzeigefehler

Der Höhenmesser zeigt die wahre Höhe über MSL richtig an, wenn die Druck- und Temperaturverteilung in der Atmosphäre exakt den Werten der Standardatmosphäre entsprechen und keine Instrumentenfehler vorliegen. Druckabweichungen von der Standardatmosphäre können mit der Druckkorrektureinrichtung gut kompensiert werden, Fehler durch Temperaturabweichungen müssen berechnet werden. In niedrigen Höhen sind sie aber oft sehr klein und können deswegen vernachlässigt werden.

Fehler durch Druckabweichungen

Zur Anzeige der tatsächlichen Höhe über MSL muß die Druckkorrekturskala auf den in MSL herrschenden aktuellen Luftdruck eingestellt werden (QNH). Dieser Luftdruckwert wird i.d.R. nur an den Flugplätzen eingestellt, die von der Flugsicherung kontrolliert werden.

Stellt man den QNH-Wert eines bestimmten Flugplatzes ein, zeigt der Höhenmesser in der Nähe dieses Flugplatzes die Flughöhe über MSL, auf dem Flugplatz die Flugplatzhöhe über MSL an.

Mit zunehmender Entfernung des Flugzeuges vom Startflugplatz wird die angezeigte Höhe über MSL unsicherer, da veränderte Druck- und Temperaturverhältnisse herrschen können. Um auch hier die richtige Flughöhe über MSL zu erhalten, muß der Höhenmesser immer wieder auf den aktuellen QNH-Wert eingestellt werden. Dies ist möglich, wenn man z.B. die aktuellen QNH-Werte nahegelegener Flugplätze über Funk abfragt.

Bei einem Flug von einem Gebiet mit höherem Luftdruck in ein Gebiet mit niedrigerem Luftdruck gilt: Bei zu hoch eingestelltem Druckwert fliegt das Flugzeug tiefer als die angezeigte Höhe. Dadurch können die Abstände zu Hindernissen (Berge, Sicherheitsmindesthöhe) kritisch werden. Faustregel: „Vom Hoch ins Tief geht's schief!"

Fliegt man von einem Gebiet mit niedrigem Druck in eines mit höherem, ist der Sachverhalt umgekehrt, wenn man vergißt, den Höhenmesser nachzustellen. Bei konstanter Höhenanzeige steigt das Flugzeug allmählich und hat über dem Zielflugplatz eine größere Höhe als geplant. Die Höhenmesseranzeige ist also zu niedrig.

Ein falsch eingestellter Druckwert von 1 hPa entspricht einer Fehlanzeige um 30 ft (barometrische Höhenstufe). Man kann diese Fehler vermeiden, wenn man nach der Regel zur Höhenmessereinstellung den jeweils aktuellen QNH-Wert auf der Flugstrecke an der Druckkorrekturskala einstellt.

Fehler durch Temperaturabweichungen

In der Standardatmosphäre haben die Druckflächen einen ganz bestimmten Abstand zueinander, z.B. in niedriger Höhe ca. 30 ft zwischen zwei Druckflächen, die sich um 1 hPa voneinander unterscheiden. Bei Abweichungen der aktuellen Temperatur von der Standardtemperatur ändert sich auch der Abstand der Druckflächen.

Ist die Temperatur höher als die der Standardatmosphäre, liegen die Druckflächen weiter auseinander. Der Luftdruck nimmt also mit zunehmender Höhe langsamer ab. Bei niedrigerer Temperatur liegen die Druckflächen enger zusammen. In der Praxis bedeutet dies, daß man im Sommer oft etwas höher als vom Höhenmesser angezeigt (Anzeige zu tief), im Winter etwas tiefer (Anzeige zu hoch) fliegt.

Der temperaturbedingte Anzeigefehler liegt bei etwa 0,4% pro 1°C Temperaturabweichung von der Standardatmosphäre. Liegt z.B. in 6.000 ft die aktuelle Temperatur um 10°C niedriger als die entsprechende Standardtemperatur, zeigt der Höhenmesser in dieser Höhe um etwa 240 ft (0,4° x 10 = 4° von 6.000 ft) zu hoch an. Die tatsächliche Höhe beträgt nun ca. 5.760 ft (ohne Fehler durch Druckabweichungen). Mit steigender Höhe können besonders bei großen Temperaturabweichungen erhebliche Anzeigefehler auftreten.

Da alle Luftfahrzeuge im gleichen Luftraum den gleichen temperaturbedingten Höhen-

messer-Anzeigefehler haben, muß die falsche Höhenanzeige beim Einhalten von Flughöhen nicht beachtet werden. Um jedoch die wahre Flughöhe zu ermitteln, ist die Temperaturabweichung unbedingt zu berücksichtigen.

Weitere Anzeigefehler

Neben den genannten Anzeigefehlern können weitere Fehler durch Turbulenzen und Strömungseffekte im Gebirge auftreten. Außerdem hat der Höhenmesser Systemfehler, u.a. mechanische Fehler (Reibung usw.) und z.B. Hysteresefehler (Nachhinken bei der Anzeige). Die Größe des Instrumentenfehlers läßt sich bestimmen, indem an dem festgelegten Referenzpunkt eines Flugplatzes der dort gemessene aktuelle QNH-Wert am Höhenmesser eingestellt und die Flugplatzhöhe über MSL aus der AIP mit der Höhenmesseranzeige verglichen wird. Bei einem fehlerfreien Instrument müssen die angezeigte und die veröffentlichte Höhe identisch sein. Oft weicht aber die angezeigte Höhe geringfügig ab. Ist der Fehler sehr groß, kommt man um eine Kalibrierung des Höhenmessers in einer Werkstatt nicht herum.

Nun noch ein paar praktische Tips für den Flugbetrieb:

- Grundsätzlich sollte man einen vollständigen Überblick über das gesamte Wettergeschehen entlang der geplanten Flugroute einholen.

- Wenn man von einem Hochdruckgebiet in ein Tiefdruckgebiet in konstanter Flughöhe fliegt und den Höhenmesser nicht entsprechend korrigiert, fliegt man tiefer als der Höhenmesser anzeigt.

- Wenn die Temperatur niedriger als der Standardwert liegt, fliegt man niedriger als der Höhenmesser anzeigt. Liegt die Temperatur über dem Standardwert, fliegt man höher.

- Bei einem Überlandflug ist immer darauf zu achten, daß die Höhenmessereinstellung dem aktuellen QNH des nächstgelegenen Platzes entspricht.

- Wenn man aus wärmerer Luft kommend bei kalten Wetterlagen über hohen Erhebungen fliegt, ist immer die effektive Flughöhe zu überprüfen, um nicht in Kollisionsgefahr zu geraten.

- Die Dichtehöhe muß man grundsätzlich berechnen, wenn ca. 75% bis 80% der Zuladekapazität des Flugzeuges erreicht sind, die Temperatur über den Normalwerten liegt und/oder der Druck niedriger als normal ist. In diesen Fällen ist eine eingehende Betrachtung der Leistungsdaten des Flugzeuges (Flughandbuch) angeraten. Dabei ist wichtig, daß die zur Verfügung stehende Startstrecke in jedem Fall ausreicht und man nach dem Start völlig hindernisfrei in den Steigflug übergehen kann.

- Wenn man einen Start oder eine Landung auf einem hochgelegenen Flugplatz plant, ist ungeachtet der Beladung auf jeden Fall die Dichtehöhe zu berechnen. Starts und Landungen auf hochgelegenen Flugplätzen sind besonders kritisch, wenn die Temperatur sehr hoch oder der Druck sehr niedrig ist. Bei einem hochgelegenen Platz, hoher Lufttemperatur und relativ kurzer Landebahn ist einzukalkulieren, daß man bei der Landung unter Umständen durchstarten muß.

- Die Genauigkeit des Höhenmessers ist häufig zu prüfen. Auf den Flugplatzkarten der AIP VFR kann man die Platz-

höhe eines jeden Flugplatzes an einem bestimmten Punkt dieses Platzes ablesen. Man rollt mit dem Flugzeug möglichst an oder in die Nähe dieses Punktes und vergleicht die Angaben aus der AIP VFR mit der Höhenmessereinstellung nach dem aktuellen QNH. Ist die Differenz größer als 20 Fuß, sollte der Höhenmesser neu justiert werden.

Kurzportrait Höhenmesser

Mit dem barometrischen Höhenmesser wird die Abnahme des Luftdrucks bei zunehmender Höhe gemessen. Je nach Außendruck wird im Inneren des Gerätes eine fast luftleere elastische Dose mit einer integrierten Feder mehr oder weniger zusammengedrückt.

Mit steigender Höhe und somit sinkendem Außendruck kann sie sich ausdehnen und überträgt die Veränderung über ein Räder- und Hebelwerk auf ein Zweizeigersystem.

Mit einem Drehknopf an der unteren linken Ecke des Gerätes kann der Luftdruck eingestellt werden. Dazu ist der einzustellende Wert in einem separaten Sichtfenster ablesbar. In der Abbildung sind als Maßeinheit Inches Mercury (Zoll-Quecksilbersäule) angezeigt. Gebräuchlich sind jedoch Hektopascal (hPa).

In Deutschland und in den meisten Ländern wird vor jedem Start und vor jeder Landung das sogenannte QNH eingestellt.

Abb. 4.14: Höhenmesser
(Quelle: DLE, R.C. Allen).

Das ist der auf mittlere Meereshöhe reduzierte Druck unter Annahme der Normal-Atmosphäre (Standard-Atmosphäre).

Bei Flügen nach Instrumentenflugregeln (Instrument Flight Rules, IFR) wird in Flugflächen (Flight Level, FL) mit einem Standarddruck von 1.013,2 hPa geflogen.

Kodierter Höhenmesser

Dieses Gerät entspricht einem hohen Standard in der barometrischen Höhenmesser-Technologie. Es hat eine fünfstellige Zahlenanzeige auf Zählern und einer Trommel, die mechanisch von den Höhenmesserdosen angetrieben werden. Mit dem Zeiger und der Skala sind Ablesegenauigkeiten kleiner als 50 Fuß möglich.

Durch die Winkelgeschwindigkeit des Zeigers erhält der Pilot eine zusätzliche Information über die Höhenänderung. Zusätzlich gibt der optische Kodierer ein digitales Ausgangssignal für die automatische Höhenmeldung an den Transponder ab.

Dieses Signal kann direkt in den Transponder eingespeist werden, da es den entsprechenden Spezifikationen in vollem Umfang entspricht.

Das für den Antrieb von Zeiger, Zählwerk und Kodierer erforderliche Drehmoment wird von einer doppelten Membrandose (Aneroid) aufgebracht. Über temperaturkompensierte Übertragungshebel und Planetengetriebe wird die Bewegung auf die Zähler, die Trommel und den Zeiger übertragen. Die Einstellung der Hektopascal-Skala erfolgt durch einen Drehknopf an der Gehäusevorderseite.

Fahrtmesser

Der Fahrtmesser (Airspeed Indicator) zeigt die Fluggeschwindigkeit gegenüber der umgebenden Luft an. Die anströmende Luft erzeugt einen Druck, der dynamischer Druck oder auch Staudruck genannt wird. Gemessen wird dieser Druck unterhalb der Tragfläche mit einem nach vorne geöffneten Rohr (Staurohr, Pitotrohr). Der Gesamtdruck setzt sich aus dem Staudruck und dem statischen Druck zusammen.

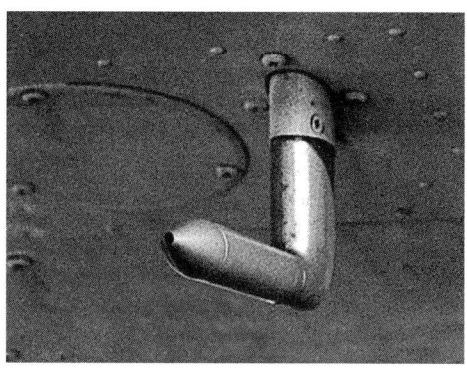

Abb. 4.16: Staurohr (unter der Tragfläche).

Abb. 4.15: Fahrtmesser.

Über eine Druckleitung wird der Druck in eine im Fahrtmesser eingebaute Membrandose geleitet. Das luftdichte Fahrtmessergehäuse ist über eine zweite Druckleitung mit einer ebenfalls im Staurohr integrierten, nicht angeströmten Öffnung verbunden, die den statischen Druck liefert. Da auf die Membrandose von innen der Gesamtdruck, von außen jedoch der statische Druck wirkt, kann der Staudruck durch die Differenz beider Druckwerte festgestellt werden.

Nimmt der Staudruck zu (steigende Fluggeschwindigkeit), dehnt sich die Membrandose aus, nimmt er ab (abnehmende Fluggeschwindigkeit), zieht sie sich entsprechend zusammen.

Die Dosenbewegung (Hub) wird auf einen Zeiger übertragen und auf der Anzeigeskala als Geschwindigkeit in Knoten (kt), Meilen pro Stunde (MPH) oder Kilometer pro Stunde (km/h) angezeigt.

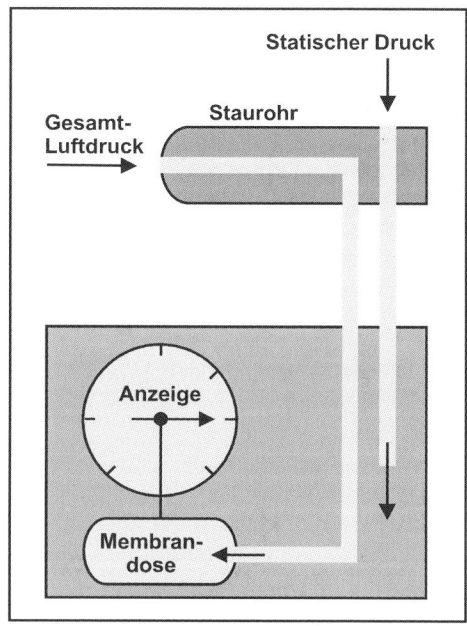

Abb. 4.17: Funktionsprinzip des Fahrtmessers.

Fluggeschwindigkeiten

Die Geschwindigkeit, die man an der Fahrtmesserskala abliest, nennt man die angezeigte Geschwindigkeit (Indicated Airspeed, IAS). Meßungenauigkeiten am Instrument (Leitungsverluste, Anzeigesystemfehler, Lagefehler der Meßsonde) und Luftdichteänderungen mit der Höhe verfälschen aber die Anzeige. Deswegen entspricht die angezeigte Geschwindigkeit IAS nicht der wahren Geschwindigkeit (True Airspeed, TAS).

Klappen 0°		Klappen 10°		Klappen 40°	
IAS	CAS	IAS	CAS	IAS	CAS
50	53	40	48	40	43
60	61	50	54	50	51
70	69	60	61	60	61
80	78	70	70	70	70
90	88	80	79	80	79
100	98	90	88	85	84
110	108	100	98		
120	118	110	108		
130	128				
140	138				
150	148				
160	158				

Abb. 4.18: Beispiel einer Fluggeschwindigkeitskorrekturtabelle bei unterschiedlichen Klappenstellungen. Alle Werte sind in Knoten angegeben (KIAS und KCAS; Quelle: Flughandbuch Cessna 172).

Korrigiert man die Anzeigefehler, erhält man die berichtigte Geschwindigkeit (Calibrated Airspeed, CAS). Jedes Flughandbuch enthält eine Korrekturtabelle mit den Unterschieden zwischen angezeigten (IAS) und berichtigten Geschwindigkeiten (CAS).

Wegen der geringen Differenz zwischen beiden Werten kann die angezeigte mit der berichtigten Geschwindigkeit gleichgesetzt werden. Ausnahmen: Im Schiebeflug und im Langsamflug mit großem Anstellwinkel ist wegen der veränderten Strömungsverhältnisse (Schräganblasung des Pitot-/Staurohrs) wahrscheinlich mit einem größeren Fehler zu rechnen.

In vielen Flughandbüchern werden aber trotz der minimalen Differenzen sowohl die IAS als auch die CAS angegeben. Bei Verwendung von Knoten („K") als Geschwindigkeitseinheit heißen diese dann KIAS und KCAS.

Da Fahrtmesser grundsätzlich auf Standardatmosphäre-Bedingungen in MSL geeicht sind, entspricht die am Fahrtmesser angezeigte, berichtigte Geschwindigkeit nur in Meereshöhe (MSL) annähernd der wahren Geschwindigkeit gegenüber der umgebenden Luft.

Durch die Abnahme der Luftdichte (Druck, Temperatur) mit zunehmender Höhe wird auch der Unterschied zwischen Gesamtdruck und statischem Druck geringer. Daher wird ebenso die am Fahrtmesser angezeigte Geschwindigkeit (IAS) kleiner als die wahre Geschwindigkeit (TAS).

Der Fahrtmesser zeigt also mit zunehmender Höhe zu wenig an (ca. 2% pro 1.000 ft Höhe). Werden in 6.000 ft MSL z.B. 140 kt IAS angezeigt, dann muß die angezeigte Geschwindigkeit um etwa

$$6 \times 2\% = 12\%$$
$$= 12° \text{ von } 140 \text{ kt} = 16{,}8 \text{ kt} = \text{ca. } 17 \text{ kt}$$

korrigiert werden. Die wahre Geschwindigkeit liegt hier bei etwa 157 kt.

Fahrtmessermarkierungen

Zur Erleichterung für den Piloten haben die Skalen der Fahrtmesser in Leichtflugzeugen verschiedene Farbmarkierungen, die für jedes Flugzeugmuster individuell abgestimmt sind. Diese Geschwindigkeiten (IAS) sind in den Flugzeughandbüchern veröffentlicht.

Die Farbmarkierungen bedeuten:

Weißer Bogen

- Betriebsbereich zur Betätigung der Landeklappen
- Beginn: Überziehgeschwindigkeit mit voll ausgefahrenen Landeklappen und Triebwerk im Leerlauf (V_{SO})
- Ende: Höchstzulässige Geschwindigkeit mit ausgefahrenen Landeklappen (V_{FE}; FE = Flaps Extended)

Grüner Bogen

- Normaler Betriebsbereich
- Beginn: Überziehgeschwindigkeit mit eingefahrenen Landeklappen und Triebwerk im Leerlauf (V_{S1})
- Ende: Höchstzulässige Reisegeschwindigkeit (V_{NO}; NO = Normal Operation)

Gelber Bogen

- Vorsichtsbereich
- In diesem Bereich darf nur bei ruhiger Luft eingeflogen werden

Roter Strich

- Roter Strich am Ende des gelben Bogens: Höchstzulässige Geschwindigkeit (V_{NE}; NE = Never Exceed)
- Diese Geschwindigkeit darf niemals überschritten werden

Abb. 4.19: Geschwindigkeitsbereiche am Fahrtmesser.

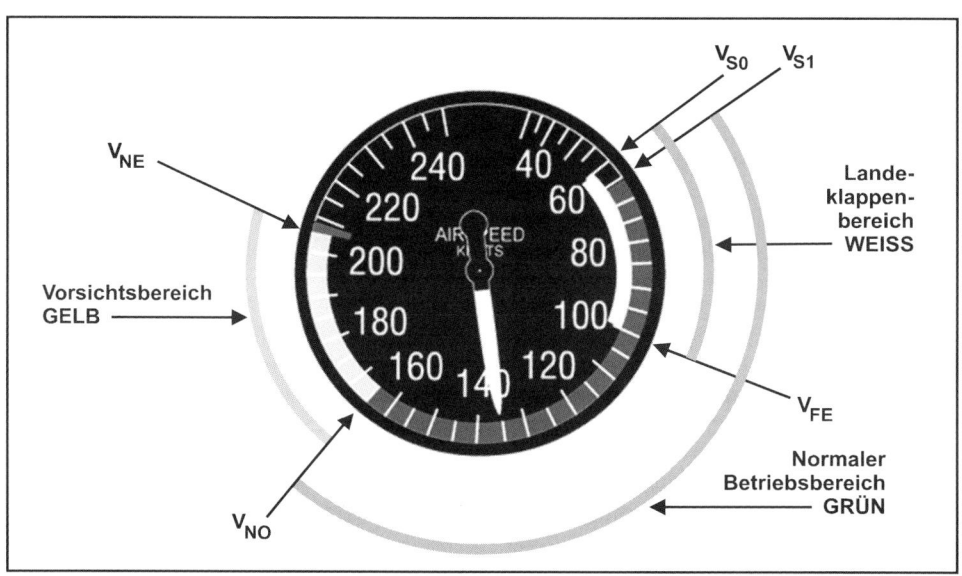

Kurzportrait Fahrtmesser

Der Fahrtmesser eines Luftfahrzeuges mißt die Geschwindigkeit des Luftfahrzeuges gegenüber der umgebenden Luft. Die Fahrtmeßanlage besteht aus zwei Komponenten: Dem Druckgeber (Staurohr oder Venturirohr) und dem Anzeigeinstrument mit integrierter Membrandose.

Bei einem fliegenden Luftfahrzeug liefert das Staurohr an das Anzeigeinstrument einen Überdruck, das Venturirohr einen Unterdruck. In einer zweiten Leitung wird dem Anzeigeinstrument der statische Druck der Umgebungsluft (atmosphärischer Luftdruck in der jeweiligen Flughöhe) zugeführt.

Die Differenz dieser beiden Druckwerte wird über ein mechanisches System auf die Fahrtmesser-Anzeigenadel übertragen, die sich je nach Geschwindigkeit über die Anzeigeskala bewegt und den jeweiligen Geschwindigkeitswert anzeigt.

Die Anzeigeskala ist abhängig von der Eigengeschwindigkeit des Flugzeugmusters geeicht.

Als Maßeinheit ist bei allen Luftfahrzeugen durchweg Knoten (kt) angegeben. Manchmal findet man zusätzlich die Angabe Miles Per Hour (MPH). In Abbildung 4.21 entspricht die äußere Skala einem Geschwindigkeitsbereich von 40 bis 200 MPH, die innere einem von 40 bis 170 kts. Bei den in Leichtflugzeugen üblichen Fahrtmessern kennzeichnen farbige Bögen die Betriebsgrenzen (beispielsweise weiß: Bereich für Klappenbetätigung, grün: Normbereich, gelb: Vorsichtsbereich, roter Strich: Maximal zulässige Geschwindigkeit, Beginn des Gefahrenbereichs).

Die angezeigte Geschwindigkeit (Indicated Airspeed) muß berichtigt werden, da die unterschiedliche Luftdichte in den verschiedenen Höhen sowie lagebedingte Meßfehler des Staurohres einen falschen Anzeigewert liefern.

Bei berücksichtigtem Luftdichte-Fehler entspricht die angezeigte Geschwindigkeit der wahren Fluggeschwindigkeit (TAS). Ist der Lagefehler des Staurohres berücksichtigt, entspricht die angezeigte Geschwindigkeit der berichtigten Fluggeschwindigkeit (CAS).

Abb. 4.20: Fahrtmesser ohne Bereichsmarkierungen (Quelle: DLE, R.C. Allen).

Abb. 4.21: Fahrtmesser ohne Bereichsmarkierungen (Quelle: DLE, R.C. Allen).

Variometer

Das Variometer (Vertical Speed Indicator) zeigt je nach Instrumentenausführung die Steig- und Sinkgeschwindigkeit in Fuß pro Minute (ft/min) oder Meter pro Sekunde (m/s) an. Zum Einhalten einer vorgegebenen Steigrate (Rate of Climb) oder Sinkrate (Rate of Descent) ist es unerläßlich.

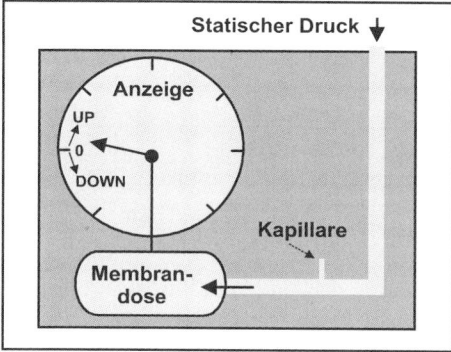

Abb. 4.22: Arbeitsweise des Variometers.

Arbeitsweise

Eine im luftdichten Variometergehäuse eingebaute Membrandose ist über eine Druckleitung direkt mit dem statischen Außenluftdruck verbunden. Der statische Luftdruck im Gehäuse wird über eine haardünne Röhre (Kapillare) aufgenommen.

In gleichbleibender Höhe ist der statische Druck in der Membrandose und im Gehäuseinneren gleich, das Variometer zeigt 0 (Null) an. Bei einem Höhenwechsel ändert sich der Druck in der Membrandose unmittelbar, der Druck im Instrumentengehäuse jedoch nur langsam, denn die Kapillare verhindert mit ihrer haardünnen Öffnung einen schnellen Druckausgleich.

Die dadurch entstehende Druckdifferenz verursacht einen Dosenhub, der mechanisch auf den Zeiger der Variometerskala übertragen wird. Schlägt der Zeiger nach oben aus, steigt das Flugzeug, schlägt er nach unten aus, sinkt es.

Im Steigflug wird die Membrandose durch die schnelle Außendruckabnahme (bei langsamer Druckabnahme im Gehäuse) zusammengedrückt: Der Zeiger schlägt nach oben aus. Im Sinkflug ist es genau umgekehrt. Der Außendruck nimmt zu, die Membrandose dehnt sich aus: Der Zeiger schlägt nach unten aus.

Der Zeiger geht auf den Anzeigewert 0, sobald das Flugzeug in den Horizontalflug übergegangen und ein Ausgleich zwischen dem Druck im Instrumentengehäuse und dem Außenluftdruck erreicht ist.

Instrumentenfehler

Mit geräteinternen Kompensiereinrichtungen werden die in den verschiedenen Höhen unterschiedlichen Druck- und Temperaturverhältnisse ausgeglichen. Unabhängig von der Höhe wird dadurch für den gleichen Höhenunterschied pro Zeiteinheit immer der gleiche Wert angezeigt.

Wegen des langsamen Druckausgleichs durch die Kapillare zeigt das Variometer den Flugzustand je nach Instrumententyp 6 bis 9 Sekunden verzögert an. Um dies zu verhindern, erzeugt bei einigen Geräten zu Beginn des Steig- und Sinkfluges eine kleine Pumpe jeweils einen Druckimpuls. Dadurch wird die Anzeige beschleunigt und das Steigen oder Sinken verzögerungsfrei angezeigt.

Kurzportrait Variometer

Mit dem Variometer werden die Steig- und Sinkgeschwindigkeiten des Flugzeuges gemessen und auf einer Skala angezeigt. Diese Skala ist meistens in Fuß pro Minute (ft/min), manchmal aber auch in Meter pro Sekunde (m/sec), vor allem bei Segelflugzeugen, geeicht.

Der Aufbau des Variometers ähnelt dem des Höhenmessers. Auch hier befindet sich eine Membrandose im Gerätegehäuse, deren Innenraum über das Statiksystem des Flugzeuges mit der Außenluft verbunden ist. Der Innenraum des Gerätegehäuses ist über eine Kapillarröhre ebenfalls an das Statiksystem angeschlossen.

Entspricht der Druck im Inneren der Membrandose dem Druck im Gehäuse, zeigt das Variometer den Wert „0" (Null) an. Steigt das Flugzeug, sinkt der Druck innerhalb der Membrandose sofort, im Gehäuseinneren jedoch baut er sich durch die Kapillarröhre nur langsam ab.

Die Membrandose wird dadurch zusammengedrückt. Beim Sinkflug ist es umgekehrt:

Abb. 4.23: Variometer (Quelle: DLE, R.C. Allen).

Hierbei dehnt sich die Membrandose aus. Diese beiden Dosenbewegungen (Ausdehnung und Schrumpfen) werden über ein Hebelsystem auf den Zeiger übertragen.

Fliegt nun das Flugzeug in einer stabilen Fluglage ohne Steigen oder Sinken, so sind die Druckwerte in der Membrandose und dem Gehäuseinneren gleich. Das Variometer zeigt wieder den Wert „0" an.

Nachteilig wirkt sich aus, daß die Anzeige systembedingt „nachhinkt". Das bedeutet in der Praxis, daß, z.B. nach einem Steigflug mit anschließendem Übergang in den Geradeausflug, vom Variometer für eine kurze Zeit weiter ein Steigen angezeigt wird.

Umgekehrt verhält es sich beim Sinkflug. Steigt oder sinkt man jetzt auf eine bestimmte Flughöhe, kann also diese Flughöhe nur mit viel Übung und Fingerspitzengefühl auf Anhieb erreicht werden.

Aus diesem Grund hat man verzögerungsfrei arbeitende Variometer (Instantaneous Vertical Speed Indicator, IVSI) entwickelt. Bei dieser Bauart wird durch eine Beschleunigungspumpe die Verzögerungszeit fast vollständig abgebaut, so daß die Anzeige in „Echtzeit" erfolgt.

Daneben gibt es noch kompensierbare Variometer, Stauscheiben-Variometer und elektrische Variometer, die sich jedoch hinsichtlich der Anzeige und des Anwendungszwecks nur wenig von den vorgestellten unterscheiden.

Kreiselinstrumente

Unterdrucksystem

Kreiselinstrumente können elektrisch oder mit Unterdruck angetrieben werden. Im einzelnen gehören dazu:

- Künstlicher Horizont
- Kurskreisel (Kreiselkompaß)
- Wendezeiger

Häufig findet man in einem Flugzeug auch einen gemischten Antrieb, d.h., daß ein Teil der Instrumente elektrisch (z.B. Wendezeiger), ein anderer Teil mit Unterdruck (z.B. Künstlicher Horizont und Kurskreisel) versorgt wird. Der Grund hierfür ist, daß bei Ausfall eines Antriebssystems wenigstens der andere Teil noch funktionsfähig bleibt. Eine solche Redundanz ist besonders bei Flügen nach Instrumentenflugregeln von lebenswichtiger Bedeutung.

Arbeitsweise

Die Arbeitsweise des Anzeigegerätes entspricht im Prinzip dem eines Barometers mit einer geschlossenen Dose in einem luftdichten Gehäuse. Den Antrieb mit Unterdruck (pneumatisch) besorgt eine vom Motor angetriebene Pumpe (Suction Pump), die ähnlich einem Wasserrad kleine Schaufeln des Gerätes antreibt.

Der Ausgang des Anzeigegerätes ist mit dem Unterdrucksystem verbunden. Läuft die Pumpe an, erzeugt sie einen Unterdruck (Sog, Suction), und die Dose im Anzeigegerät kann sich ausdehnen. Diese Bewegung wird auf den Zeiger übertragen. Der im Panel des Flugzeuges eingebaute Unterdruckanzeiger gibt Aufschluß darüber, ob das Unterdrucksystem, das für den Kreiselantrieb verantwortlich ist, funktioniert.

Die Anzeige bei dem abgebildeten Gerät ist in Inches Mercury (Zoll-Quecksilbersäule) geeicht. Bei europäischen Instrumenten werden Hektopascal (hPa) angezeigt.

Da das System erst bei laufendem Motor arbeitet, ist eine Kontrolle bei stehendem Motor nicht möglich. Bei laufendem Triebwerk und einwandfreier Funktion der Unterdruckanlage steht die Anzeigenadel in dem auf der Anzeigeskala grün markierten Betriebsbereich (in Abbildung 4.24 als weißer Balken in 12-Uhr-Position zwischen den Zahlen 4 und 6 zu sehen). Steht die Nadel außerhalb des Betriebsbereiches, ist die Anlage defekt. Die angeschlossenen Kreiselinstrumente liefern keine zuverlässigen Anzeigen mehr.

Abb. 4.24: Unterdruckanzeiger.

Kreiseleigenschaften

Ein Kreisel (Gyro) ist ein um seine Achse rotierender Körper mit einer gleichmäßig um seine Achse verteilten Masse. Diese Achse hat die Tendenz, die eingenommene Lage beizubehalten (Lagestabilität). Wirkt eine Kraft auf die Achse, wandert der Kreisel aus und verändert seine Lage in eine bestimmte Richtung (Präzession).

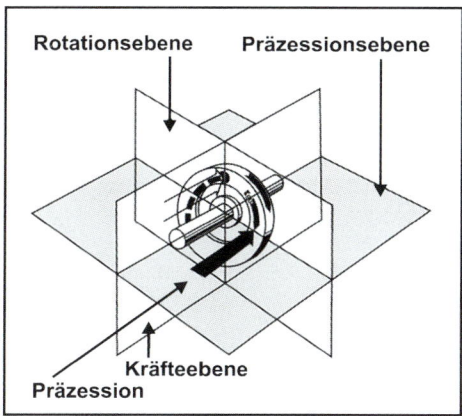

Rotationsebene   Präzessionsebene

Kräfteebene
Präzession

Abb. 4.25: Grafische Darstellung der Prä-
zession.

Lagestabilität und Präzession werden bei den Kreiselinstrumenten (Künstlicher Horizont, Wendezeiger und Kurskreisel) unterschiedlich für die Messung von Fluglage und Kurs eingesetzt. In jedem dieser Instrumente ist ein mit hoher Drehzahl rotierender Kreisel eingebaut.

Lagestabilität

Die Achsenstabilität und Resistenz gegen Lageänderung ist von der Kreiselmasse und der Drehgeschwindigkeit abhängig: Je größer die Masse und je höher die Drehgeschwindigkeit, um so stabiler und resistenter gegen Lageänderungen ist ein Kreisel. Mit abnehmender Drehgeschwindigkeit wird der Kreisel instabiler und kippt schließlich um. Vergleichbar damit ist der „Kreisel" Erde, die eine sehr große Masse besitzt. Diese Masse reicht für ihre Stabilität im Raum (Lagestabilität) aus. Allerdings ist die Drehgeschwindigkeit mit einer Umdrehung pro Tag sehr gering.

In den Kreiselinstrumenten werden bauartbedingt kleine Kreisel mit relativ kleinen Massen verwendet.

Zur Stabilisierung der Lage müssen diese Kreisel mit einer hohen Drehgeschwindigkeit bis zu 20.000 UPM (Revolutions Per Minute, RPM) laufen.

Um die Lage eines Kreisels unabhängig von Flugzeugbewegungen und Erdrotation beibehalten zu können, lagert man ihn in mehreren drehbaren Rahmen. Die Art dieser Lagerung bzw. Aufhängung wird als vollkardanische Aufhängung bezeichnet. Bei einem derart in einem Flugzeug eingebauten Kreisel kann man den äußeren Rahmen - quasi das Flugzeug - ohne Änderung der Ausrichtung des innen gelagerten Kreisels beliebig drehen und verschieben.

Wirkliche Präzession

Beim Einwirken einer Kraft auf die Achsenrichtung eines laufenden Kreisels folgt die Kreiselachse nicht ihrer Angriffsrichtung, sondern weicht im Winkel von 90° zu ihr entsprechend der Kreiseldrehung aus, sie präzediert. Die Präzessionsdimension ist von der Kreiselmasse, der Drehzahl und der Größe der einwirkenden Kraft abhängig.

Abbildung 4.26 zeigt, wie eine Kraft versucht, die Kreiselachse zu kippen. Daraus entsteht eine um 90° versetzte Drehbewegung der Kreiselachse (Drift). Dagegen wird bei dem Versuch einer Drehung der Kreiselachse eine um 90° versetzte Kippbewegung verursacht. Kippen entspricht hier der Bewegung der Kreiselachse in der vertikalen Ebene (senkrecht zur Erdoberfläche), Driften der Bewegung in der horizontalen Ebene (parallel zur Erdoberfläche).

Beim Wendezeiger setzt man das Prinzip der wirklichen Präzession ein, um die Drehgeschwindigkeit des Flugzeuges um die Hochachse anzuzeigen.

191

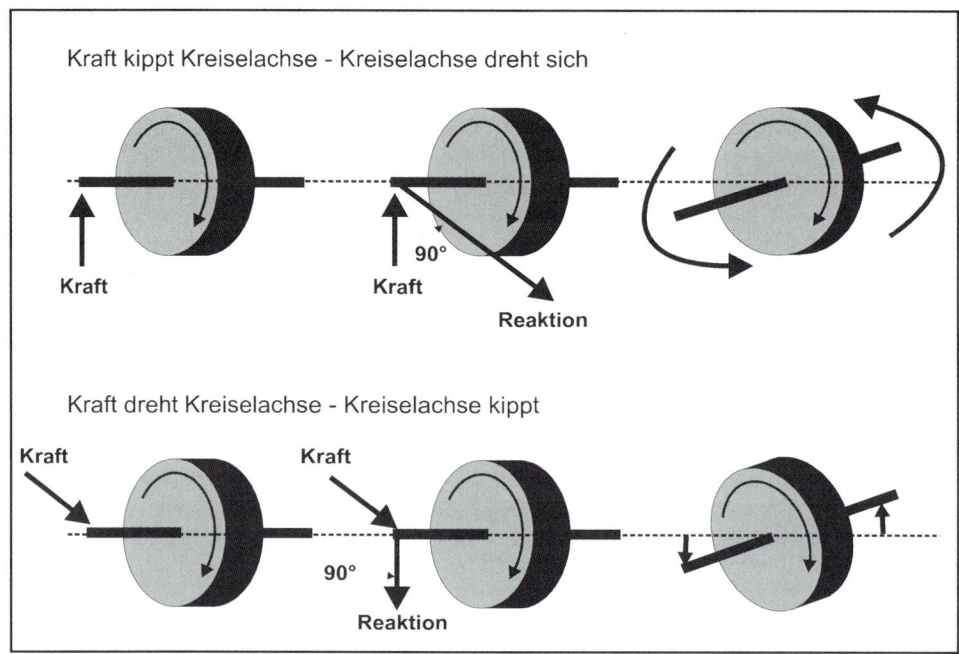

Kraft kippt Kreiselachse - Kreiselachse dreht sich

Kraft

90°

Kraft

Reaktion

Kraft dreht Kreiselachse - Kreiselachse kippt

Kraft

Kraft

90°

Reaktion

Abb. 4.26: Wirkliche Präzession.

Beim künstlichen Horizont und beim Kurskreisel allerdings wirkt die wirkliche Präzession störend (Lagerreibung in der Kreiselaufhängung). Instrumenten-interne Aufrichtsysteme gleichen diese Störungen aber aus.

Scheinbare Präzession

Neben der durch Krafteinwirkung verursachten Präzession präzediert ein vollkardanisch aufgehängter Kreisel zusätzlich scheinbar.

Diese Präzession entsteht durch Erdrotation und Bewegung des Kreisels von einem Ort zu einem anderen. Für einen Beobachter wandert der Kreisel scheinbar aus der Richtung, obwohl er eine stabile Lage im Raum beibehält.

Nehmen wir einmal an, am Nordpol sei ein vollkardanisch aufgehängter Kreisel mit pa-

rallel zur Erdoberfläche ausgerichteter Kreiselachse vorhanden (s. Abb. 4.27).

Durch die West-Ost-Drehung der Erde beobachtet man am Nordpol eine scheinbare Drehung der Kreiselachse gegenüber der Erde - scheinbar ohne Krafteinwirkung (scheinbare Drift).

Es dreht sich jedoch in Wirklichkeit die Erde und damit auch der Beobachter. Da eine Erdumdrehung 24 Stunden dauert, ändert die Kreiselachse ihre Richtung pro Stunde um exakt 15°.

Stellt man einen vollkardanisch aufgehängten Kreisel allerdings am Äquator mit der Achse parallel zu einem Längenkreis auf, verläuft die Ausrichtung trotz Erdrotation weiter parallel zur Erdoberfläche und zum Längenkreis - der Kreisel driftet nicht scheinbar (s. Abb. 4.28).

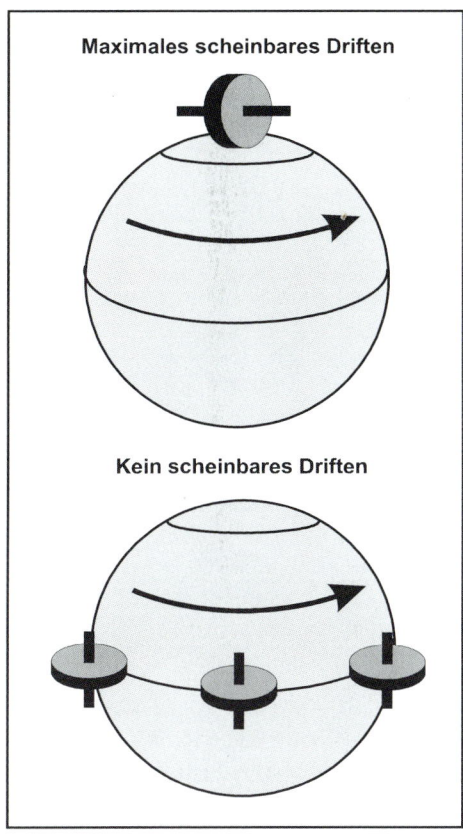

Abb. 4.27: Erdrotation bewirkt ein scheinbares Driften eines Kreisels.

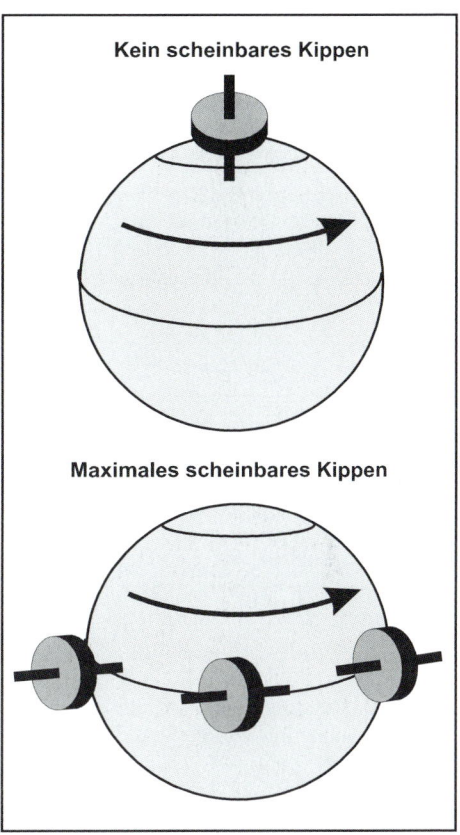

Abb. 4.28: Erdrotation bewirkt ein scheinbares Kippen eines Kreisels.

Fliegt man nun einen Kreisel, z.B. vom Äquator zum Nordpol, beobachtet man ein scheinbares Kippen um 90°. Tatsächlich aber ist das Flugzeug auf dem Weg zum Nordpol der Krümmung der Erde gefolgt und hat dabei lediglich seine Lage um 90° zum stabil im Raum ausgerichteten Kreisel geändert (s. Abb. 4.29).

Da künstlicher Horizont und Kurskreisel mit vollkardanisch aufgehängten Kreiseln ausgerüstet sind, wirkt auf diese Instrumente die scheinbare Präzession.

Mit Aufrichtsystemen wird diese Präzession kompensiert. Die Anzeigen sind somit nicht verfälscht.

Kreiselaufhängung und Freiheitsgrade

Je nachdem, um welche Achsen sich ein Kreisel je nach Lagerung bzw. Aufhängung frei bewegen kann, unterscheidet man drei Freiheitsgrade. Ein Kreisel, der allein in einem festen Rahmen gelagert ist, kann sich nur um seine Achse frei drehen. Er hat nur einen Freiheitsgrad und kann folglich auch nicht auswandern (s. Abb. 4.30, oben).

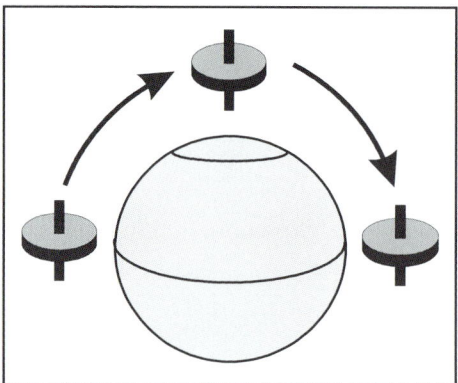

Abb. 4.29: Wird ein Kreisel von einem Ort zu einem anderen transportiert, präzediert der Kreisel scheinbar.

Wird ein Kreisel in einem Kardanrahmen gelagert, der um eine zur Kreiselachse senkrechte Achse drehbar angeordnet ist (halbkardanische Kreiselaufhängung), läßt er sich um die Kreiselachse und die Achse des Rahmens frei bewegen. Da er also zwei Freiheitsgrade hat, wirken auf ihn Präzessionskräfte ein (Abb. 4.30, Mitte).

Drei Freiheitsgrade erreicht man, wenn der mit zwei Freiheitsgraden ausgestattete Kreisel in einem zusätzlichen äußeren Rahmen aufgehängt wird. Dieser äußere Rahmen steht in diesem Fall senkrecht zum inneren Rahmen (Abb. 4.30, unten). Durch diese Anordnung kann der Kreisel jede beliebige Lage im Raum einnehmen.

Ein in einem Flugzeug vollkardanisch aufgehängter Kreisel behält seine einmal im Raum eingenommene Lage. Dadurch ist es nicht möglich, daß sich Flugzeugbewegungen auf den Kreisel übertragen.

Vollkardanisch aufgehängte Kreisel werden beim künstlichen Horizont und beim Kurskreisel eingesetzt. Wichtig für die Anzeigen ist hier die Lagestabilität der Kreisel.

Für den Wendezeiger wird ein halbkardanisch aufgehängter Kreisel mit zwei Freiheitsgraden verwendet, der bei Bewegungen um die Flugzeug-Hochachse präzediert. Kreisel mit nur einem Freiheitsgrad gibt es in der Flugzeugtechnik nicht.

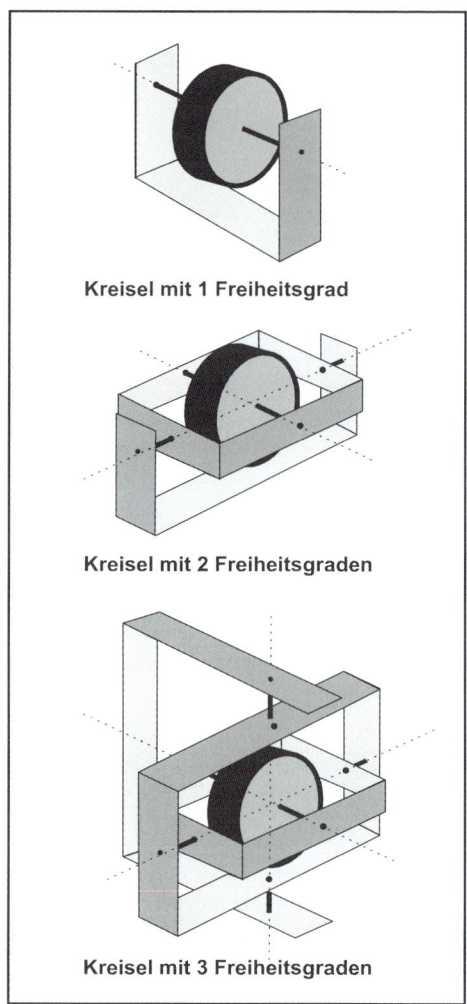

Kreisel mit 1 Freiheitsgrad

Kreisel mit 2 Freiheitsgraden

Kreisel mit 3 Freiheitsgraden

Abb. 4.30: Freiheitsgrade eines Kreisels.

Künstlicher Horizont

Der künstliche Horizont (Artifical Horizon), eines der wichtigsten Instrumente beim Flug ohne Sicht nach Außen, zeigt die aktuelle Flugzeuglage gegenüber dem wirklichen Horizont. Je nach Instrumentenausführung wird im oberen Halbkreis der Anzeige der Himmel blau (oder hell) dargestellt, im unteren Halbkreis die Erde schwarz (oder dunkel). Getrennt sind beide Hälften durch einen waagerechten Strich, der den Horizont (Horizontbalken) darstellt. Zwei Striche und ein Punkt in der Mitte symbolisieren ein Flugzeug in Frontalansicht.

Die Ebene des eingebauten vollkardanischen Kreisels liegt parallel zur Erdoberfläche, die Kreiselachse ist folglich senkrecht ausgerichtet. Durch die vollkardanische Aufhängung bleibt der Kreisel unabhängig von den Flugzeugbewegungen immer in einer horizontalen Lage und liefert somit dem Piloten einen optischen Bezug zum natürlichen Horizont.

Abb. 4.31: Künstlicher Horizont in schematischer Darstellung.

Das Flugzeugsymbol ist starr mit dem Gehäuse des Instruments verbunden, die Darstellung von Himmel, Erde und Horizont (sog. Schaubild) dagegen steht in direkter Verbindung mit dem äußeren Kardanrahmen des Kreiselsystems.

Im horizontalen Geradeausflug liegt der künstlich dargestellte Horizont waagerecht, das Flugzeugsymbol ist mit dem Horizontbalken deckungsgleich. Im Kurvenflug bleibt der Kreisel und damit auch das Schaubild horizontal. Die Anzeige mit dem fixierten Flugzeugsymbol aber nimmt die Schräglage des Flugzeuges ein.

Beim Sinkflug wandert das Flugzeugsymbol nach unten in den dunkleren Bereich der Erd-Darstellung, beim Steigflug in den helleren Bereich der Himmel-Darstellung. Das Flugzeugsymbol bewegt sich also gegenüber dem künstlichen Horizont genau wie das Flugzeug zum natürlichen Horizont.

Die Querneigung des Flugzeuges bei Kurven (Bank) ist auf einer i.d.R. in 10°- und 30°-Schritten eingeteilten Gradskala ablesbar, die den oberen Halbkreis (Himmel) umläuft.

Eine fixierte Marke oberhalb der Mitte des Flugzeugsymbols (weißes Dreieck) dreht sich bei Schräglagen des Flugzeugs gleichzeitig mit dem Flugzeugsymbol und zeigt die Querneigung in Grad an. Die schrägen und waagerechten Linien in der unteren Anzeigehälfte liefern zusätzliche optische Informationen über Querlage und Sink- und Steiglage.

Unterhalb des Flugzeugsymbols befindet sich ein Justierknopf, mit dem das Flugzeugsymbol in der Höhe verstellt werden kann. Dadurch ist es möglich, vor dem Start das Flugzeugsymbol exakt mit dem Horizontbalken in Deckung zu bringen.

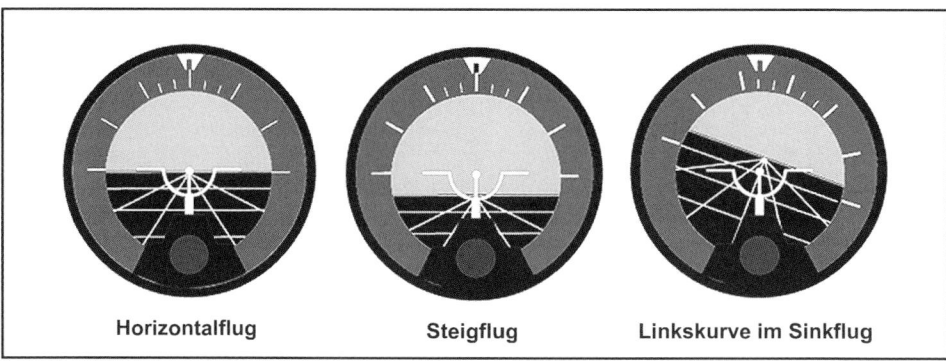

| Horizontalflug | Steigflug | Linkskurve im Sinkflug |

Abb. 4.32: Anzeigen am künstlichen Horizont.

Auch bestimmte Beladungszustände bewegen das Flugzeug während des Fluges um die Querachse, so daß ebenfalls im horizontalen Geradeausflug eine Justage vorgenommen werden kann.

Der künstliche Horizont verändert wegen der Erdrotation und des Transports im Flugzeug von einem Ort zum anderen seine Lage (scheinbare Präzession), die aber durch ein Aufrichtsystem korrigiert wird.

Durch eine künstlich erzeugte Präzession wird der Kreisel in den senkrechten Zustand zurückgeführt: Die Kreiselebene bleibt horizontal und damit der Bezug zum Horizont. Daneben wird durch das Aufrichtsystem die durch Reibung in den Kreisellagern entstehende wirkliche Präzession kompensiert.

Eine nicht vollständig kompensierbare Präzession wird verursacht, da durch das unterhalb des Kreiselsystems angebrachte Aufrichtsystem bei Beschleunigungen, Verzögerungen und im Kurvenflug zusätzliche Kräfte auftreten. Die Nicklage und die Querneigung wird dabei um einige Grad falsch dargestellt.

Bei einer Standardkurve von 3° je Sekunde machen sich diese Anzeigefehler aber durch Einstellungsmaßnahmen nicht bemerkbar.

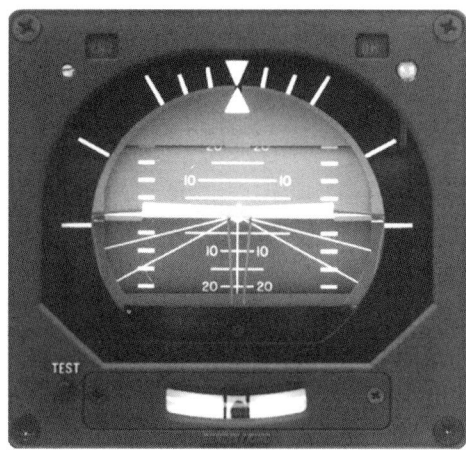

Abb. 4.33: Fluglageanzeiger KCI 310.
In Flugkontrollsystemen verwendetes Kombinationsinstrument mit Funktionen des künstlichen Horizonts und des Wendezeigers (Libelle) kombiniert mit gleichzeitiger Darstellung von Gleitweg-, Landekurs- und Vertical-Navigation-Informationen (Quelle: Bendix/King).

Kurzportrait
Künstlicher Horizont

Das zentrale Instrument für Flüge ohne die Referenz des natürlichen Horizontes ist der „künstliche" Horizont, der dem Piloten Informationen über die Abweichungen des Flugzeuges um die Quer- und die Längsachse liefert.

Der künstliche Horizont ist ein Instrument mit einem vollkardanisch aufgehängten Kreisel, der entweder mit Unterdruck oder elektrisch angetrieben wird.

In der Mitte der Anzeige symbolisiert eine waagerechte Linie die Trennung zwischen Erdboden und Himmel und stellt somit den Horizont dar. Bei waagerechter Normalfluglage steht das Flugzeugsymbol im Zentrum der Anzeige exakt deckungsgleich mit der Horizontlinie. Während des Steigfluges steht es oberhalb, während des Sinkfluges unterhalb der Trennlinie.

Geht die linke Hälfte des Flugzeugsymbols unter die Horizontlinie (die rechte Hälfte ist dann oberhalb), wird eine Linkskurve angezeigt. Im umgekehrten Fall fliegt man eine Rechtskurve. Bleibt dabei das Zentrum des Flugzeugsymbols auf der Horizontlinie, fliegt man Kurven in gleichbleibender Höhe.

Geht das Symbol jedoch parallel zur Neigung zusätzlich nach oben oder unten, steigt oder sinkt das Flugzeug während des linken oder rechten Kurvenfluges.

Häufig haben künstliche Horizonte noch eine Winkelmarkierung (mit einem 30-Grad-Abstand) in der oberen Anzeigenhälfte, an der man die Kurvenlage (Drehung um die Längsachse) ablesen kann. Die gesamte Abdeckung durch die Winkelmarkierungen beträgt in dieser oberen Horizonthälfte 180 Grad.

Abb. 4.34: Künstlicher Horizont KG 258 (Quelle: Bendix/King).

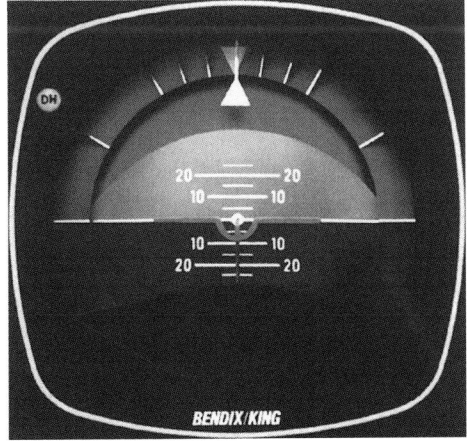

Wendezeiger

Gegenüber dem künstlichen Horizont und dem Kurskreisel ist der Kreisel im Wendezeiger halbkardanisch aufgehängt, hat also zwei Freiheitsgrade und unterliegt deswegen der wirklichen Präzession. Die Präzession wird hierbei zur Anzeige der Drehrichtung und Drehgeschwindigkeit des Flugzeuges in der Kurve genutzt. Eine im unteren Teil des Instruments angebrachte Kugel (Libelle) informiert zusätzlich über die Querneigung beim Kurven und hilft, bei einer koordinierten Kurve die richtige Schräglage einzuhalten.

Abhängig von der Instrumentenausführung wird der Wendezeiger in der englischen Luftfahrtsprache entweder als Turn and Bank Indicator oder als Turn Coordinator bezeichnet. Der Unterschied besteht darin, daß der Turn Coordinator wegen seiner besonderen Kreiselaufhängung neben der Bewegung um die Flugzeug-Hochachse (Drehen) auch die Bewegung um seine Längsachse (Rollen) anzeigt.

Abb. 4.35: Schematische Darstellung des Wendezeigers (Turn and Bank Indicator).

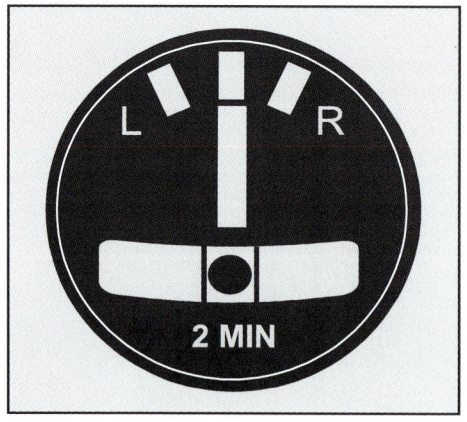

Der mit seiner Achse parallel zur Flugzeug-Querachse ausgerichtete Kreisel des Turn and Bank Indicators ist in einem Kardanrahmen gelagert, der in dem mit dem Flugzeug verbundenen Instrumentengehäuse drehbar eingebaut ist. Die Drehachse des Kardanrahmens liegt parallel zur Flugzeug-Längsachse, der Kardanrahmen kann um seine Drehachse nach links und rechts ausschwenken. Die Rotation des Kreisels geht nach vorne und entspricht somit praktisch der Abrollrichtung der Reifen bei einem nach vorn rollenden Flugzeug.

Bewegt sich das Flugzeug um seine Hochachse, drehen sich der Kardanrahmen und die Kreiselachse ebenfalls, da das Kreiselinstrument fest mit dem Flugzeug verbunden ist. Durch die Drehung der Kreiselachse ensteht eine wirkliche Präzession, der Kreisel kippt in die der Kurve entgegengesetzte Richtung. Beispiel: Bei einer Linkskurve kippt der Kreisel und damit die Kreiselachse und der Kardanrahmen um 90° versetzt in Kreiseldrehrichtung nach rechts. Diese Rechtsbewegung wird über ein Gestänge umgelenkt und auf einen Zeiger übertragen. Der Zeiger schlägt nach links in Kurvenrichtung aus. Ein Zeigerausschlag nach links entspricht einer Links-, nach rechts einer Rechtskurve.

Um ein vollständiges Kippen des Kreisels zu verhindern und ihn nach dem Beenden der Kurve wieder in die horizontale Achsenlage zurückzuholen, ist der Kardanrahmen mit einer am Instrumentengehäuse fixierten Rückholfeder verbunden. Die Rückholfeder ist so eingestellt, daß der Zeigerausschlag ein direktes Maß für die Drehgeschwindigkeit um die Hochachse liefert. Je größer der Ausschlag des Zeigers und damit das Kippen des Kardanrahmens um so größer die Drehgeschwindigkeit.

Koordinierte Standardkurve nach rechts (Coordinated Turn)   **Schiebekurve nach rechts (Skid)**   **Rutschkurve nach rechts (Slip)**

Abb. 4.36: Verschiedene Kurvenzustände beim Turn Coordinator.

Die Federspannung ist i.d.R. so eingestellt, daß der Zeiger eine Drehgeschwindigkeit von 3° pro Sekunde (Standardkurve) anzeigt, wenn er jeweils unter der linken und rechten Instrumentenmarkierung steht. Ein Vollkreis mit 3° dauert 2 Minuten. Ist ein Wendezeiger darauf eingestellt, steht unten am Instrument 2 MIN.

Statt des Turn and Bank Indicators wird heute in den Flugzeugen fast nur noch der Turn Coordinator eingebaut. Beide Geräte sind in Aufbau und Funktion gleich, lediglich der Kardanrahmen des Turn Coordinators ist um etwa 35° zur Längsachse des Flugzeugs geneigt. Damit können im Gegensatz zum Turn and Bank Indicator auch Bewegungen um die Längsachse (Rollen) angezeigt werden. Statt eines Zeigers wird ein Flugzeugsymbol in Frontalansicht gezeigt, das je nach Kurvenrichtung und Rollbewegung nach links oder rechts dreht. Die Standardkurve von 3° pro Sekunde wird auch hier mit zwei Markierungen angezeigt.

Das Einleiten einer Kurve und Rollbewegungen zeigt der Turn Coordinator besser an, da eine Kurve zuerst mit einer Bewegung um die Längsachse eingeleitet wird.

Die Größe der Flugzeug-Querneigung wird vom Turn Coordinator aber nicht angezeigt.

Die im unteren Instrumententeil angebrachte Libelle ist in einem mit Flüssigkeit gefüllten Glasröhrchen untergebracht. Sie richtet sich immer nach der Schwerkraft bzw. nach der Resultierenden aus Schwer- und Zentrifugalkraft aus (Scheinlot). Fliegt man horizontal geradeaus, liegt die Kugel durch das Einwirken der Schwerkraft genau an der tiefsten Stelle des Glasröhrchens (markiert mit zwei senkrechten Strichen). Bei leicht hängender Tragfläche rutscht die Kugel etwas in Richtung der hängenden Tragfläche und zeigt die Schräglage an.

Bei einem koordinierten Kurvenflug sind alle Kräfte im Gleichgewicht und halten die Kugel in der Mitte. Bei einem Abrutschen des Flugzeuges durch eine zu große Querneigung nach innen in die Kurve bewegt sich die Kugel aus der Mitte zum Kurvenmittelpunkt. Ist die Querneigung zu gering (das Flugzeug schiebt nach außen), bewegt sich die Kugel vom Kurvenmittelpunkt weg: Die jetzt wirkende Zentrifugalkraft ist zu groß. Eine sauber geflogene Kurve wird erreicht, wenn die Querneigung geändert oder die Drehgeschwindigkeit an die Kurve angepaßt wird.

Kurzportrait Wendezeiger

Der Wendezeiger (Turn Coordinator), auf der unteren Abbildung durch ein Flugzeugsymbol dargestellt, zeigt die Drehrichtung und die Drehgeschwindigkeit des Flugzeuges um die Hochachse an. Geht z.B. die linke Tragfläche des Flugzeugsymbols aus der Waagerechten in Richtung L-Marke, dreht das Flugzeug nach links. Je größer diese Kippbewegung ist, um so größer ist die Drehgeschwindigkeit des Flugzeugs. Bei Drehbewegungen nach rechts gilt analog das gleiche.

Manche Geräte haben statt eines Flugzeugsymbols einen in der Mitte senkrecht stehenden breiten Zeiger (Abb. 4.38), der nach links oder rechts ausschlägt. Mit dieser Anzeigeart ist es möglich, sogenannte „Standardkurven" zu fliegen. Bei einer Abweichung des Zeigers von der Mitte um eine Zeigerbreite fliegt man einen Kreis in vier Minuten (1,5° Drehung/sec). Bei einer Abweichung von zwei Zeigerbreiten wird ein Kreis in zwei Minuten geflogen (3° Drehung/sec).

Abb. 4.37: Elektrischer Wendezeiger (Turn Coordinator).

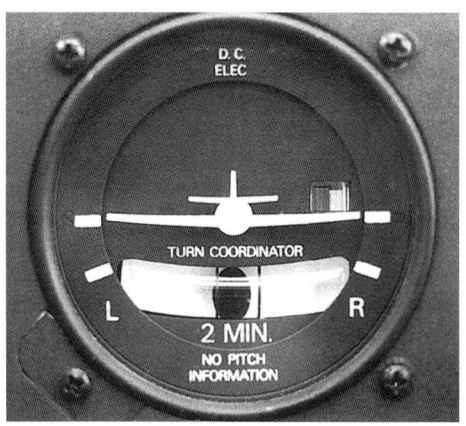

Abb. 4.38: Elektrischer Wendezeiger (Turn and Bank Indicator, Quelle: DLE, R.C. Allen).

Auch Turn Coordinator und Turn and Bank Indicator sind Kreiselinstrumente, deren Kreisel pneumatisch oder elektrisch angetrieben werden können.

In beiden Instrumenten ist oft eine sogenannte „Libelle" (Bank Indicator) integriert. Dies ist eine Kugel, die sich in einem nach unten gekrümmten Glasrohr befindet.

Bei korrektem Horizontalflug liegt sie durch die Schwerkraft an der tiefsten Stelle des Glasrohres und zeigt somit das Scheinlot des Flugzeuges an. Die „Libelle" ist für das Fliegen von exakten Kurven sehr wichtig.

Eine Kurve ist immer dann exakt geflogen, wenn während des Kurvenfluges die Kugel in der Mitte des Glasrohres zwischen den beiden Markierungen liegenbleibt.

In diesem Moment verläuft die Resultierende aus Schwerkraft und Fliehkraft genau in Richtung der Hochachse des Flugzeuges.

Mit Höhen- und Seitenruder werden Schwerkraft und Fliehkraft reguliert. Bei richtigem Kurvenflug sind beide Kräfte gleich groß.

Kurskreisel (Kreiselkompaß)

Der Kurskreisel (Directional Gyro) zeigt auf einer drehbaren Kompaßrose ähnlich wie der Magnetkompaß den mißweisenden Steuerkurs des Flugzeuges an. Da er aber keine nach Norden ausrichtende Kraft besitzt, muß er nach dem Magnetkompaß gestellt werden. Durch die Kreiselkonstruktion ist die Anzeige beim Kurskreisel allerdings wesentlich ruhiger und stabiler als die des Magnetkompasses, Fehler im Kurvenflug und bei Beschleunigungen treten nicht auf.

Wie der künstliche Horizont hat der Kurskreisel die Eigenschaft, die einmal im Raum eingenommene Lage beizubehalten. Der vollkardanisch gelagerte Kreisel ist mit seiner Achse waagerecht zur Erdoberfläche ausgerichtet. Da der äußere Kardanrahmen und die Kompaßrose über Zahnräder miteinander verbunden sind, führt jede Richtungsänderung des Flugzeuges direkt zu einer entsprechenden Drehung der Kompaßrose.

Die Kompaßrose hat eine 360°-Einteilung in 5°-Schritten. Alle 30°-Marken sind beschriftet, z.B. 3 = 30°, 6 = 60° usw. Nord, Ost, Süd und West sind mit N, E, S und W besonders gekennzeichnet. Der mißweisende Steuerkurs wird meistens an der Kompaßrose in 12-Uhr Position unterhalb einer kleinen Kurs-Marke abgelesen.

Nach dem Anlassen des Flugzeugmotors zeigt der Kurskreisel zunächst einen beliebigen Kurs und muß mit dem am mißweisenden Steuerkurs des Magnetkompasses abgeglichen werden. Nach dem Eindrücken des an der Front des Kurskreisels befindlichen Knopfes (SET, PUSH) dreht man den am Magnetkompaß abgelesenen Steuerkurs unter die Kursmarke.

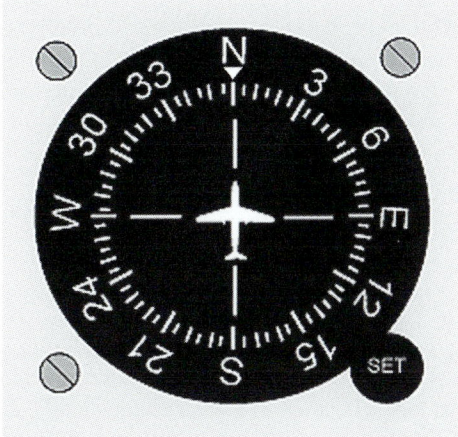

Abb. 4.39: Kurskreisel.

Läßt man jetzt den Knopf los, dreht sich die Kompaßrose und zeigt unter der Kursmarke den jeweils anliegenden mißweisenden Steuerkurs an.

Durch das Eindrücken des Knopfes wird der Kardanrahmen des Kreiselsystems fixiert. Die Drehung der Kompaßrose überträgt sich somit nicht auf das Kreiselsystem, der Kreisel präzediert nicht. Das Kreiselsystem behält seine eingenommene Lage im Raum nach dem Loslassen des Knopfes bei. Durch die vollkardanische Aufhängung präzediert der Kurskreisel scheinbar und wandert langsam aus der Richtung. Wie beim künstlichen Horizont entsteht durch zusätzliche wirkliche Präzession Reibung in den Kreisellagern. Mit einem Aufrichtsystem wird die Kreiselachse aber waagerecht zur Erdoberfläche ausgerichtet.

Während des Fluges wird der angezeigte Steuerkurs durch die von der Präzession verursachte Drift ungenau. Alle 15 bis 20 Minuten sollte man deswegen den Steuerkurs am Kurskreisel mit der Anzeige des Magnetkompasses abgleichen (nur im unbeschleunigten Geradeausflug).

Kurzportrait Kurskreisel

Der Kurskreisel (auch Kreiselkompaß) liefert dem Piloten eine stabile Kursinformation, weil er die Nachteile des normalen Magnetkompasses (sogenannter „Whisky-Kompaß"), nämlich eine verfälschte Anzeige bei Steig- und Sinkflügen (Drehfehler, Hängenbleiben) sowie Drehfehler bei Kurvenflügen, nicht hat.

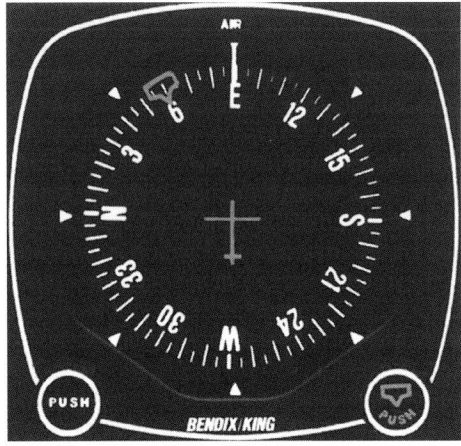

Abb. 4.40: Kurskreisel (Kreiselkompaß)
KG 107 (Quelle: Bendix/King).

Angetrieben wird der vollkardanisch aufgehängte Kreisel des Kurskreisels elektrisch oder mit Unterdruck. Der abgebildete Kurskreisel arbeitet nach dem Unterdruckverfahren.

Der Kurskreisel wird nach dem normalen Magnetkompaß am Boden vor Antritt jedes Fluges eingestellt. Dazu ist der Drehknopf (meistens mit der Aufschrift SET oder PUSH) einzudrücken und so lange zu drehen, bis der Anzeigewert über der Spitze des festen Flugzeugsymbols mit dem des Magnetkompasses übereinstimmt.

Mit einem weiteren Drehknopf, ebenfalls mit der Aufschrift PUSH, kann eine Kursmarke auf der 360-Grad-Skala eingestellt werden.

Während des Fluges bei ruhigem Horizontalflug empfiehlt sich eine regelmäßige Justierung des Kurskreisels nach der Anzeige des Magnetkompasses, da vor allem bei längeren Flügen mit gewissen Abweichungen gerechnet werden muß.

Bei elektrischen Kurskreiseln erscheint eine rechteckige Warnflagge im Anzeigefeld, sobald der elektrische Antrieb versagt (z.B. bei Stromausfall).

Kreisel-Magnetkompaß

Der Kreisel-Magnetkompaß ist eine Weiterentwicklung des Kurskreisels. Es handelt sich um einen normalen Kurskreisel, der von einer z.B. am Heck oder am Bug des Flugzeuges befindlichen Magnetsonde (Fernkompaß, Induktionskompaß) gesteuert und korrigiert wird.

Die Anzeigeergebnisse sind genauer als beim normalen Kurskreisel, eine Korrektur während des Fluges entfällt.

Kapitel 5
Anhang

Akronyme und Abkürzungen Englisch - Deutsch

Das folgende Verzeichnis enthält Akronyme aus allen Luftfahrtbereichen. Besonders betont sind dabei die Akronyme, die mit der täglichen Flugpraxis und CVFR in enger Beziehung stehen.

Es muß darauf hingewiesen werden, daß dieses Verzeichnis nicht alle Luftfahrt-Begriffe enthält und deswegen nicht vollständig sein kann. Nur spezielle Luftfahrt-Lexika und grundlegende Wörterbücher der englischen Sprache liefern eine umfassendere Übersicht.

Verzeichnis Akronyme und Abkürzungen

Akronyme sind Kunstwörter, die aus den Anfangsbuchstaben mehrerer Wörter gebildet sind (z.B. **A**eronautical **I**nformation **P**ublication = Luftfahrthandbuch, AIP). Akronyme sind immer in Versalien geschrieben. Die englischen Fachwörter sind immer großgeschrieben, um die Bildung der zugehörigen Akronyme zu verdeutlichen. Nach dem Akronym folgt der zugehörige englische Begriff, gefolgt von der deutschen Übersetzung.

Doppelt erscheinende Fachwörter und Akronyme sind keine Satzfehler, sondern haben (meist im Englischen) verschiedene Bedeutungen und Bezeichnungen.

Für Anregungen und Ergänzungsvorschläge zu diesem Akronym- und Fachwörterverzeichnis, die in späteren Auflagen berücksichtigt werden, sind Autor und Verlag dankbar.

°**C** > Degrees Celsius > Celsiusgrade
°**F** > Degrees Fahrenheit > Fahrenheit-Grade
A > Amber (yellow) > Gelb
A/A > Air-to-Air > Bord/Bord
A/G > Air-to-Ground > Bord/Boden
AAL > Above Aerodrome Level > Über Flugplatzhöhe
ABM > Abeam > Querab
ABN > Aerodrome Beacon > Flugplatzleuchtfeuer
AC > Alternate Current > Wechselstrom
AC > Altocumulus > Altocumulus
ACC > Area Control Centre > Bezirkskontrollstelle
ACFT > Aircraft > Luftfahrzeug
ACK > Acknowledge > Bestätigen
ACN > Aircraft Classification Number > Lastklassifikationszahl des Luftfahrzeuges
ACPT > Accepted > Angenommen
ACR > Acronym > Abkürzung, Akronym
ACT > Activated > Aktiviert
ACTV > Active > Aktiv, aktiviert
AD > Aerodrome > Flughafen
ADA > Advisory Area > Beratungsbezirk
ADC > Air Data Computer > Luftdatenrechner
ADDN > Additional > Zusätzlich
ADF > Automatic Direction Finder > Automatisches Peilgerät, Radiokompaß
ADI > Attitude Direction Indicator > Fluglagenanzeiger
ADIZ > Air Defence Identification Zone > Flugüberwachungszone
ADJ > Adjacent > In Wolkennähe
ADR > Advisory Route > Flugverkehrsberatungsstrecke
AF > Air Force > Luftwaffe
AFC > Automatic Frequency Control > Automatische Frequenzregelung
AFCS > Automatic Flight Control System > Automatisches Flugreglersystem
AFIL > Flight Plan Filed in the Air > Flugplanabgabe in der Luft

AFIS > Aerodrome Flight Information Service > Flugplatz-Fluginformationsdienst

AFS > Aeronautical Fixed Service > Fester Flugfernmeldedienst

AFTN > Aeronautical Fixed Telecommunication Network > Festes Flugfernmeldenetz

AFWA > Automatic Flight Weather Advisory > Automatische Flugwetteransage

AGA > Aerodromes and Ground Aids > Flugplätze und Bodenhilfen

AGC > Automatic Gain Control > Automatische Verstärkungsregelung

AGL > Above Ground Level > Über Grund

AGN > Again > Wieder, nochmals, erneut

AI > Attitude Indicator > Fluglageanzeiger

AIC > Aeronautical Information Circular > Luftfahrtinformationsblatt

AIG > Accident Investigation > Flugunfalluntersuchung

AIP > Aeronautical Information Publication > Luftfahrthandbuch

AIP AMD > AIP Amendment > Nachtrag zum AIP

AIP SUP > AIP Supplement > Ergänzung zum AIP

AIP VFR > Aeronautical Information Publication VFR > Luftfahrthandbuch für die Durchführung von VFR-Flügen

AIR > Airworthiness > Lufttüchtigkeit

AIRAC > Aeronautical Information Regulation And Control > System zur Regelung der Verbreitung von Luftfahrtinformationen

AIREP > Air Report > Flugmeldung

AIRMET > Information concerning enroute weather phenomena wich may affect the safety of low-level operations > Informationen, die Streckenwetter-Erscheinungen betreffen und möglicherweise die Sicherheit von Flügen in niedrigen Höhen beeinflussen können

AIS > Aeronautical Information Service > Flugberatungsdienst

ALERFA > Alert Phase > Bereitschaftsstufe

ALM > Alarm > Alarm

ALR > Alerting Message > Alarmierungsmeldung

ALS > Approach Light System > Anflugbefeuerungssystem

ALT > Alternate > Ausweichen, wechseln

ALT > Altitude > Höhe über Meeresspiegel

ALTN > Alternate Aerodrome > Ausweichflugplatz

AMD > Amend > Ändern

AMP > Amplifier > Verstärker

AMS > Aeronautical Mobil Service > Beweglicher Flugfunkdienst

AMSL > Above Mean Sea Level > Über mittlerer Meereshöhe

ANL > Automatic Noise Limiter > Automatischer Rauschbegrenzer (Störbegrenzer)

ANM > ATFM Notification Message > ATFM Notification Message

ANT > Antenna > Antenne

AOC > Aerodrome Obstruction Chart > Flugplatzhinderniskarte

AP > Automatic Pilot > Autopilot (Flugregler)

APCH > Approach > Anflug

APP > Approach Control Office > Anflugkontrollstelle

APR > April > April

APR > Apron > Vorfeld

APR, APPR > Approach > Anflug

APRX > Approximate > Ungefähr, annähernd

APT > Airport > Flughafen

APU > Auxiliary Power Unit > Hilfstriebwerk

ARFOR > Area Forecast > Gebiets-Wettervorhersage

ARMET > Forecast upper wind and temperature at specified points (in aeronautical meteorological code) > Höhenwind und Temperaturvorhersage an bestimmten Punkten

ARP > Aerodrome Reference Point > Flugplatzbezugspunkt

ARR > Arrival > Ankunft

ARS > Special Air Report > Sondermeldung

AS > Altostratus > Altostratus

ASAP > As Soon As Possible > Sobald wie möglich

ASC > Ascending > Aufsteigend

ASDA > Accelerate Stop Distance Available > Verfügbare Startabbruchstrecke

ASDE > Airport Surface Detection Equipment > Rollfeldüberwachungsradar

ASPH > Asphalt > Asphalt

ASR > Aerodrome Surveillance Radar > Flughafenrundsichtradar

AT > Air Transport > Luftverkehr

ATA > Actual Time of Arrival > Tatsächliche Ankunftszeit

ATC > Air Traffic Control > Flugverkehrskontrolle

ATD > Actual Time of Departure > Tatsächliche Abflugzeit

ATFM > Air Traffic Flow Management > Verkehrsflußregelung

ATHPL > Air Transport Helicopter Pilot Licence > Verkehrshubschrauberführerlizenz

ATIS > Automatic Terminal Information Service > Automatische Ausstrahlung von Start- und Landeinformationen

ATMC > Airspace and Traffic Management Centre > Luftraumnutzungszentrale

ATO > Actual Time Over > Aktuelle Überflugzeit

ATPL > Air Transport Pilot Licence > Verkehrsflugzeugführerlizenz

ATS > Aeronautical Telecommunication Service > Flugfernmeldedienst

ATS > Air Traffic Services > Flugverkehrsdienste

ATTN > Attention > Achtung, beachten

ATZ > Aerodrome Traffic Zone > Flugplatzverkehrszone

AUG > August > August

AUTO > Automatic > Automatisch

AUW > All Up Weight > Gesamtgewicht, Fluggewicht

AVBL > Available > Verfügbar

AVGAS > Aviation Gasoline (100 LL) > Flugbenzin (100 LL)

AWY > Airway > Luftstraße

AZ > Azimuth > Azimut (Winkel zwischen Radialstandlinie und Nordrichtung)

B

B > Blue > Blau

BA > Braking Action > Bremswirkung

BASE > Cloud Base > Wolkenuntergrenze

BAT > Battery > Batterie

BC > Back Course > Rückseitiger Kurs (Kursangabe beim ILS)

BCFG > Fog Patches > Nebelschwaden

BCMT > Beginning of Civil Morning Twilight > Beginn der bürgerlichen Morgendämmerung

BCN > Beacon > Funkfeuer, Leuchtfeuer

BCST > Broadcast > Rundfunksendung

BDRY > Boundary > Umgrenzung, Grenze

BFO > Beat Frequency Oscillator > Überlagerungsoszillator (Schalterstellung beim ADF)

BITE > Build-In-Test-Equipment > System-Prüfeinrichtung

BKN > Broken > Aufgerissen (5/8-7/8)

BL > Backlit > Hintergrundbeleuchtung bei LCD-Bildschirmen

BLDG > Building > Gebäude

BLO > Below Clouds > Unterhalb von Wolken

BLSN > Blowing Snow > Schneetreiben

BLW > Below > Unter

BMV > Bundesminister für Verkehr > Bundesminister für Verkehr

BR > Mist > Feuchter Dunst

BRG > Bearing > Peilung

BRG WPT > Bearing to Waypoint > Peilung zum Waypoint

BRKG > Braking > Bremsen

B-RNAV > Basic Area Navigation > Basis-Flächennavigation für IFR-Streckenflüge

BRT > Bright > Hell

BSY > Busy > Beschäftigt, bei der Verarbeitung

BTL > Between Layers > Zwischen Wolkenschichten

BTN > Between > Zwischen

C

C > Central > Zentral

CAS > Calibrated Airspeed > Berichtigte Fluggeschwindigkeit

CAT > Category > Kategorie

CAT > Clear Air Turbulence > Turbulenz in wolkenfreier Luft

CAT I, II, III a, b, c > Category I, II, III a, b, c > Automatische Landeanflüge CAT I, II, III a, b, c

CAVOK > Ceiling And Visibility OK > Hauptwolkenuntergrenze und Sicht OK

CB > Cumulonimbus > Cumulonimbus

CC > Cirrocumulus > Cirrocumulus

CC > Compass Course > Kompaß-Kurs

CDI > Course Deviation Indicator > Kursablageanzeiger

CDU > Control and Display Unit > Kontroll- und Anzeigeeinheit

CEST > Central European Summer Time > Mitteleuropäische Sommerzeit

CET > Central European Time > Mitteleuropäische Zeit

CFM > Confirm, I confirm > Bestätigen Sie, ich bestätige

CG > Center of Gravity > Schwerpunktlage

CH > Channel > Frequenzkanal

CH > Compass Heading > Kompaß-Steuerkurs

CHAN > Channel > Kanal

CHPL > Commercial Helicopter Pilot Licence > Berufshubschrauberführerlizenz

CI > Cirrus > Federwolke, Cirrus

CIV > Civil > Zivil

CLB > Climb, to > Steigen

CLD > Clouds > Wolken

CLK > Clock > Uhr

CLR > Clear, Cleared > Löschen, freimachen

CLSD > Closed > Geschlossen

cm > Centimetre > Zentimeter

CMPL > Completion, Completed, Complete > Beendigung, beendet, vollständig

CN > Compass North > Kompaß-Nord

CNL, CNCL > Cancel, to > Löschen, Aufheben

COM > Communication > Fernmeldeverkehr

COMM > Communication > Sprechfunk

CONC > Concrete > Beton, Betonbahn

COND > Condition > Zustand

CONST > Construction, constructed > Bau, gebaut

CONT > Continue, to > Fortsetzen

COP > Change-Over Point > Wechselpunkt (für Funkfeuer)

COR > Correct, Corrected, Correction > Richtig, berichtigt, Berichtigung

COV > Cover, Covered, Covering > Bedecken, Decke, bedeckt, bedeckend

CPA > Closest Point of Approach > Nähester Anflugpunkt

CPL > Commercial Pilot Licence > Berufsflugzeugführerlizenz

CRS > Course > Kurs

CRT > Cathode Ray Tube > Kathodenstrahl-Röhre (Bildröhre)

CS > Call Sign > Rufzeichen

CS > Cirrostratus > Cirrostratus

CTA > Control Area > Kontrollbezirk

CTL > Control > Kontrolle, Überwachung

CTN > Caution > Vorsicht, Warnung

CTR > Contour > Konturierte Darstellung (Wetterradar)

CTR > Control Zone > Kontrollzone

CTRL > Control > Kontrolle, Regelung

CU > Cumulus > Cumulus

CUST > Customs > Zoll

CVFR > Controlled VFR Flight > Kontrollierter Sichtflug

CVR > Cockpit Voice Recorder > Tonaufnahmeanlage für Cockpit-Gespräche

CW > Carrier Wave > Trägerwelle

CWC > Cross Wind Component > Querwindkomponente

CWY > Clearway > Freifläche

D

D... > Danger Area (followed by identification) > Gefahrengebiet (mit näherer Bezeichnung)

D/A > Digital/Analog > siehe: A/D

D/T > Distance/Time > Entfernung/Zeit

DA > Decision Altitude > Entscheidungshöhe

DA > Density Altitude > Dichtehöhe

DC > Direct Current > Gleichstrom

DEC > December > Dezember

DEG > Degrees > Grad

DEL > Delivery > Erteilung von (Freigaben)

DEN ALT > Density Altitude > Dichtehöhe

DEP > Departure > Abflug

DES > Descend to, Descending to > Sinken, sinkend auf

DESC > Descent > Sinkflug

DEST > Destination > Bestimmungsort, Ziel

DETRESFA > Distress Phase > Notstufe

DEV > Deviation > Kompaßablenkung

DF > Direction Finder > Funkpeiler

DFS > Deutsche Flugsicherung GmbH > Deutsche Flugsicherung GmbH

DG > Directional Gyro > Kreiselkompaß

DGPS > Differential Global Positioning System > Differentielles GPS

DH > Decision Height > Entscheidungshöhe

DIR > Direct > Direkt

DISP > Display > Anzeige, Instrumententafel, Bildschirm

DIST > Distance > Entfernung

DLA > Delayed > Verspätet

DLat > Difference of Latitude > Breitenunterschied

DLon > Difference of Longitude > Längenunterschied

DMC > Display Management Computer > Computer zur Steuerung des Displays

DME > Distance Measuring Equipment > Entfernungsmeßgerät

DNG > Danger > Gefahr, gefährlich

DOC > Document > Dokument

DOD > Department Of Defence > US-Verteidigungsministerium

DOF > Date Of Flight > Tag des Abfluges

DOPP > Doppler Radar > Doppler Radar

DP > Dew Point Temperatur > Taupunkttemperatur

DR > Ded Reckoning > Koppelnavigation

DR NAV > Dead Reckoning Navigation > Koppelnavigation

DRG > During > Während

DRSN > Drifting Snow > Schneefegen

DT > Direct To > Direkter Waypoint-Aufruf bei GPS

DTAM > Descend To And Maintain > Sinken auf und beibehalten

DTRT > Deteriorate, deteriorating > Verschlechtern, verschlechternd

DU > Display Unit > Anzeige-Einheit

DUR > Duration > Dauer

DVOR > Doppler VOR > Doppler VOR

DVORTAC > Doppler-VOR and TACAN > Doppler VOR und TACAN

DW > Dual Wheels > Doppelsteuer

DWD > German Meteorological Service > Deutscher Wetterdienst

E

E > East > Ost

e.g. > For instance (Latin: exempla gratia) > Zum Beispiel

EADI > Electronic Attitude Direction Indicator > Elektronischer Fluglageanzeiger

EAS > Equivalent Airspeed > Äquivalente Fluggeschwindigkeit

EAT > Expected Approach Time > Voraussichtlicher Anflugzeitpunkt

ECAM > Electronic Centralised Aircraft Monitoring > Zentrale elektronische Flugzeugüberwachung

ECET > End of Civil Evening Twilight > Ende der bürgerlichen Abenddämmerung

EET > Estimated Elapsed Time > Voraussichtliche Flugdauer

EFAS > Electronic Flash Approach Light > Elektronische Blitzanflugfeuerkette

EFIS > Electronic Flight Instrument System > Elektronisches Fluginformationssystem

EGT > Exhaust Gas Temperature Indicator > Abgastemperaturanzeiger

EHF > Extreme High Frequency > Millimeterwellen

EHSI > Electronic Horizontal Situation Indicator > Elektronischer Kurslageanzeiger

ELBA > Emergency Location Beacon Aircraft > Notsender

ELEV > Elevation > Ortshöhe über Meer

ELT > Emergency Locator Transmitter > Notsender

EM > Emission > Ausstrahlung

EMBD > Embedded > Eingelagert, eingebettet

EMERG > Emergency > Dringlichkeit, Notlage

EMIS > Engine Monitoring Instrument System > Instrumentensystem zur Triebwerküberwachung

EN > English > Englisch

ENE > East-North-East > Ost-Nord-Ost

ENG > Engine > Triebwerk, Motor

ENRT > Enroute > Auf Strecke, unterwegs

EOBT > Estimated Off-Block Time > Voraussichtliche Abblockzeit

EPR > Engine Pressure Ratio > Druckverhältnis beim Turbinentriebwerk

EQPT > Equipment > Ausrüstung, Gerät

ESE > East-South-East > Ost-Süd-Ost

EST > Estimated time over significant point > Geschätzte Zeit über einem bestimmten Punkt

ETA > Estimated Time of Arrival > Geschätzte Ankunftszeit

ETD > Estimated Time of Departure > Voraussichtliche Startzeit

ETE > Estimated Time Enroute > Flugdauer

ETO > Estimated Time of Overfly > Geschätzte Überflugzeit

EUR > European Region > Europa Region

ev > Every > Jeder, alle

EXC > Except > Ausgenommen

EXCH > Exchange > Austausch

EXER > Exercise(s), exercising, to exercise > Übung(en), übend, üben

EXP > Expect, Expected, Expecting > Erwarten, erwartet, erwartend

EXT > External > Extern

EXTD > Extend, Extending > Ausdehnen, Erstrecken

F

FAA > Federal Aviation Administration > US-Luftfahrtbehörde

FAC > Facilities > Einrichtungen, Anlagen

FAF > Final Approach Fix > Endanflugfix

FAL > Facilitation of international air transport > Erleichterungen für den internationalen Luftverkehr

FAP > Final Approach Point > Endanflugpunkt

FAR > Federal Airworthiness Requirements > Lufttüchtigkeitsforderungen der USA

FBL > Fly-By-Light > Flugzeugsteuerung mit optischen Signalen (Lichtfaser)

FBW > Fly-By-Wire > Flugzeugsteuerung mit elektrischen Signalen (Stromkabel)

FC > Flight Computer > Flugrechner

FCI > Flight Command Indicator > Flugkommandoanzeiger

FCS > Flight Control System > Steuerwerksystem

FCST > Forecast > Wettervorhersage

FCU > Flight Control Unit > Steuerwerkeinheit

FD > Flight Director > Flugkommandoanlage

FDI > Flight Director Indicator > Flugkommandoanzeiger

FDR > Flight Data Recorder > Flugdatenschreiber

FDS > Flight Director System > Flugkommandosystem

FEB > February > Februar

FG > Fog > Nebel

FIC > Flight Information Centre > Fluginformationszentrale

FIR > Flight Information Region > Fluginformationsgebiet

FIS > Flight Information Service > Fluginformationsdienst

FL > Flight Level > Flugfläche

FLG > Flashing > Blitzend, blinkend

FLP, FLPL > Flight Plan > Flugplan

FLT > Flight > Flug

FLTCK > Flight Check > Überprüfung im Fluge

FLW > Follows, Following > Folgt, folgend

FM > Fan Marker Beacon > Fächermarkierungsfunkfeuer

FM > Frequency Modulation > Frequenz-Modulation

FMS > Flight Management System > Flugmanagement-System

FNA > Final Approach > Endanflug

FOC > Full Operational Capability > Volle Betriebsbereitschaft, z.B. eines NAV-Systems (GPS etc.)

FPL > Filed Flight Plan Message > Aufgegebene Flugplanmeldung

FPM > Feet Per Minute > Fuß pro Minute

FR, FROM > From > From (Anzeige bei VOR)

FREQ, FRQ > Frequency > Frequenz

FRI > Friday > Freitag

FRNG > Firing > Schießen

FRQ > Frequent > Häufig

FSL > Full Stop Landing > Abschlußlandung

ft > Feet, foot > Fuß, 1 ft = 0,305 m

FU > Smoke > Industrierauch

FZ > Freezing > Gefrierend

FZDZ > Freezing Drizzle > Gefrierender Sprüh-
regen

FZFG > Freezing Fog > Gefrierender Nebel

FZRA > Freezing Rain > Gefrierender Regen

G

g > g-Number > g-Zahl (Einheit der Beschleu-
nigung)

G > Green > Grün

G/A > Ground-to-Air > Boden/Bord

G/A/G > Ground-to-Air and Air-to-Ground > Bo-
den/Bord und Bord/Boden

GA > General Aviation > Allgemeine Luftfahrt

GAF > German Air Force > Deutsche Luftwaffe

GAFOR > General Aviation Forecast > Flugwet-
tervorhersage für die Allgemeine Luftfahrt

GAIN > Gain > Verstärkung (Antennen und
Verstärker)

GAL > Gallon > Gallone, 1 GAL (US) = 3,785
Liter

GAT > General Aviation Terminal > Abfertigungsgebäude für die Allgemeine Luftfahrt

GC > Great Circle > Großkreis

GCA > Ground Controlled Approach > GCA-
Anflug (Anflugverfahren)

GE > German > Deutsch

GEN > General > Allgemeines

GEO > Geographic > Geografisch, rechtweisend

GHz > Giga-Hertz > Giga-Hertz

GLD > Glider > Segelflugzeug

GMT > Greenwich Mean Time > Mittlere Green-
wich-Zeit

GND > Ground > Grund, Boden, Rollkontrolle

GOTO > Go to > Gehe zu, Waypoint-Abruf,
ähnliche Funktion wie Direct To

GP > Glidepath, Glideslope > Gleitweg

GPS > Global Positioning System > Satelliten-
gestütztes Navigationssystem

GPWS > Ground Proximity Warning System >
Bodenannäherungs-Warnsystem

GR > Hail, soft hail > Hagel, Graupen

GRADU > Gradual, Gradually > Allmählich, stu-
fenweise

GS > Glideslope, Glidepath > Gleitweg

GS > Ground Speed > Geschwindigkeit über
Grund

H

h > Hour > Stunde

H24 > Continuous day and night service > Un-
unterbrochener Tag- und Nacht-Betrieb

HBN > Hazard Beacon > Gefahrenfeuer

HDF > High Frequency Direction Finding Station > Kurzwellenpeilstelle

HDG > Heading > Steuerkurs

HEL > Helicopter > Hubschrauber

HF > High Frequency > Kurzwelle

HGT > Height > Höhe

HI > High > Hoch

HJ > Sunrise to Sunset > Sonnenaufgang bis
Sonnenuntergang

HLD > Hold, to > Halten

HLDG > Holding > Warteverfahren

HN > Sunset to Sunrise > Sonnenuntergang bis
Sonnenaufgang

HOL > Holiday > Feiertag

HP > Horsepower > Pferdestärke

hPa > Hectopascal > Hectopascal

HR > Hour(s) > Stunde(n)

HS > Service available during hours of scheduled operations > Verfügbar während der
planmäßigen Verkehrszeiten

HSI > Horizontal Situation Indicator > Kurslageanzeiger

HUD > Head Up Display > Blickfelddarstellungs-
gerät

HX > No specific working hours > Keine festgelegte Betriebszeit

Hz > Hertz > Hertz

I, J

IAF > Initial Approach Fix > Hauptanflugzeichen

IAL > Instrument Approach and Landing Chart
> Instrumentenanflug- und Landekarte

IAO > In And Out > Wechselnd in und aus den
Wolken

IAS > Indicated Air Speed > Angezeigte Fluggeschwindigkeit

IATA > International Air Transport Association > Internationaler Luftverkehrsverband

ICAO > International Civil Aviation Organisation > Internationale Zivilluftfahrt Organisation

ID, IDENT > Identification, Identifier > Identifizierung, Kennung

IDENT > IDENT-pulse (SSR) > IDENT-Vorrichtung/-Impuls (SSR)

IF > Intermediate Approach Fix > Zwischenanflugpunkt

IFF > Identification Friend/Foe > Identifizierung Freund/Feind

IFGS > Integrated Flight Guidance System > Integriertes Flugführungssystem

IFR > Instrument Flight Rules > Instrumentenflugregeln

IIS > Integrated Instrument System > Integriertes Instrumentensystem

ILS > Instrument Landing System > Instrumenten-Landesystem

IM > Inner Marker > Platzeinflugzeichen

IMC > Instrument Meteorological Conditions > Instrumentenflug-Wetterbedingungen

IMPR > Improve, improving > Verbessern, besser werden

IMT > Immediately > Sofort

INCERFA > Uncertainty Phase > Ungewißheitsstufe

INFO > Information > Information

INOP > Inoperative > Außer Betrieb

Ins > Inches > Zoll, 1 Zoll = 0,025 m

INS > Inertial Navigation System > Trägheitsnavigationssystem

INT > Interrupt > Unterbrechen, Unterbrechung

INT > Intersection > Kreuzung

INTER > Intermittent > Aussetzend, unterbrochen

INTL > International > International

IR > Ice on Runway > Eis auf der Start- und Landebahn

IRS > Inertial Reference Sensor > Trägheitssensor

ISA > International Standard Atmosphere > Internationale Standardatmosphäre

IVSI > Instantaneous Vertical Speed Indicator > Verzögerungsfreies Variometer

JAA > Joint Aviation Authorities > Zusammenschluß europäischer Luftfahrtbehörden

JAN > January > Januar

JAR > Joint Aviation Requirements > Europäische Luftfahrtvorschriften

JUL > July > Juli

JUN > June > Juni

K

kg > Kilogram > Kilogramm

kHz > Kilohertz > Kilohertz

KIAS > Indicated Airspeed in Knots > Angezeigte Fluggeschwindigkeit in Knoten

km > Kilometre > Kilometer

km/h > Kilometres Per Hour > Kilometer je Stunde

kt, kts > Knot, Knots > Knoten, 1 kt = 1,52 km/h

kW > Kilowatts > Kilowatt

L

L > Left > Links

l > Litres > Liter

L > Locator > Anflugfunkfeuer

LAT > Latitude > Geografische Breite

lb > Pound > Pfund, 1 lb = 0,454 kg

LBA > Luftfahrt-Bundesamt > Luftfahrt-Bundesamt

LCD > Liquid Crystal Display > Flüssigkristallanzeige

LCN > Load Classification Number > Tragfähigkeitszahl

LDA > Landing Distance Available > Verfügbare Landestrecke

LDG > Landing > Landung

LDI > Landing Direction Indicator > Landerichtungsanzeiger

LED > Light Emitting Diode > Leuchtdioden

LEFT > Left (direction of turn) > Links (Kurvenrichtung)

LF > Low Frequency > Langwelle

LGT > Light, Lighting > Feuer, Befeuerung

LGTD > Lighted > Beleuchtet

LIH > Light Intensity High > Hochleistungsbefeuerung

LIL > Light Intensity Low > Niederleistungsbefeuerung

LIM > Light Intensity Medium > Befeuerung mit mittlerer Leistung

LL > Low Lead > Unverbleit

LLZ > Localizer > Landekurssender

LM > Locator Middle > Anflugfunkfeuer am Haupteinflugzeichen

LO > Locator Outer Marker > Anflugfunkfeuer am Voreinflugzeichen

LO > Low > Niedrig

LOC > Localizer > Landekurssender

LOC > Locally > Örtlich

LON > Longitude > Geografische Länge

LONG > Longitude > Geografische Länge

LOP > Line Of Position > Standlinie

LORAN > Long Range Aid to Air Navigation > VLF-Navigationsverfahren

LRG > Long Range > Große Reichweite

LRNZ > Airspace and Management Center > Luftraumnutzungszentale

LT > Left Turn > Linksdrehung

LT > Local Time > Mittlere Ortszeit

LTD > Limited > Begrenzt

LYR > Layer > Schicht

M

M > Mach-Number > Mach-Zahl

m > Metre > Meter

MAG > Magnetic > Magnetisch

MAHP > Missed Approach Holding Point > Fehlanflughaltepunkt

MAINT > Maintenance > Wartung

MAP > Manifold Air Pressure > Ladedruck

MAP > Missed Approach Point > Fehlanflugpunkt

MAPT > Missed Approach Point > Fehlanflugpunkt

MAR > March > März

MAR > Maritime > Über dem Meer

MAX > Maximum > Maximum, maximale

MAY > May > Mai

MB > Magnetic Bearing > Mißweisende Peilung

MC > Magnetic Course > Mißweisender Kurs

MDA > Minimum Descent Altitude > Sinkflugmindesthöhe MSL

MDE > Mode > Betriebsart, Modus

MDH > Minimum Descent Height > Sinkflugmindesthöhe über der Schwelle oder Flugplatz

MEA > Minimum Enroute Altitude > Mindestreisehöhe über Meer

MED > Medium > Mittlere Empfindlichkeit, Lautstärke, Intensität usw.

MET > Meteorological > Wetter

METAR > Meteorological Aerodrome Routine Report > Planmäßige Flugwettermeldung

MF > Medium Frequency > Mittelwelle

MF > Multifunction > Multifunktion

MH > Magnetic Heading > Mißweisender Kurs

mHz > Megahertz > Megahertz

MIFG > Shallow Fog > Flacher Nebel, Wiesennebel

MIL > Military > Militärisch

min > Minute > Minute

MKR > Marker Beacon > Markierungsfunkfeuer

MLS > Microwave Landing System > Mikrowellen-Landesystem

MLS > Miles > Meilen (Seemeilen)

MM > Middle Marker > Haupteinflugzeichen

mm > Millimetre > Millimeter

MMD > Moving Map Display > Bildschirmeinheit zur grafischen Darstellung, z.B. von Flugrouten

MMO > Main Meteorological Office > Hauptflugwetterwarte

MN > Magnetic North > Mißweisend Nord

MNM > Minimum > Minimum, Mindest...

MNPS > Minimum Navigation Performance Specifications > Spezifikationen für Mindestnavigationsleistungen

MNTN > Maintain > Beibehalten

MOC > Minimum Obstacle Clearance > Hindernismindestabstand

MOD > Moderate > Mäßig

MOGAS > Super Petrol > Autobenzin (Super)

MON > Monday > Montag

MOTNE > Meteorological Operational Tele-communications Network Europe > Europäisches Flugwetter-Fernmeldenetz

MPH > Miles Per Hour > Land-Meilen pro Stunde, 1 Landmeile = 1,609 km

MPS > Metres Per Second > Meter pro Sekunde

MPW > Maximum Permissible Weight > Höchstzulässiges Gewicht

MRA > Minimum Reception Altitude > Niedrigste Empfangshöhe

MRP > ATS/MET Reporting Point > ATS/MET Meldepunkt

MRVA > Minimum Radar Vectoring Altitude > Radarführungsmindesthöhe

MSA > Minimum Safe Altitude > Sicherheitsmindesthöhe MSL

MSG > Message > Meldung

MSL > Mean Sea Level > Mittlere Meereshöhe

MT > Magnetic Track > Mißweisender Kurs

MTBF > Mean Time Between Failure > Durchschnittliches Maß für die Zeitspanne zwischen 2 Fehlern eines Systems

MTOW > Maximum Take-Off Weight > Starthöchstgewicht

MTW > Mountain Waves > Leewellen in den Bergen

N

N > North > Nord

N/A > Not Available > Nicht verfügbar

NAV > Navigation > Navigation

NC > No Change > Keine Veränderung

NCU > Navigation and Communication Unit > Navigations- und Kommunikationseinheit

NDB > Nondirectional Beacon > Ungerichtetes Funkfeuer

NE > North-East > Nord-Ost

NfL > Nachrichten für Luftfahrer > Nachrichten für Luftfahrer

NGT > Night > Nacht

NM > Nautical Mile > Nautische Meile, 1 NM = 1,52 km

NMC > Navigation Management Computer > Navigationsrechner

NMEA > National Marine Equipment Association > Schnittstelle an Computern für den Anschluß von Peripheriegeräten

NML > Normal > Normal

NMS > Navigation Management System > Navigationssystem

NNE > North-North-East > Nord-Nord-Ost

NNW > North-North-West > Nord-Nord-West

NOF > International NOTAM Office > Internationales NOTAM-Büro

NOSIG > No Significant Change > Keine bedeutende Veränderung (bei Landewetter-Vorhersage)

NOTAM > Notice to Airmen > Nachrichten für Luftfahrer

NOV > November > November

NS > Nanosecond > Nanosekunde

NS > Nimbo-Stratus > Nimbo-Stratus

NSC > No Significant Clouds > Keine signifikante Bewölkung

NSW > No Significant Weather > Keine signifikanten Wettererscheinungen

NW > North-West > Nord-West

NXT > Next > Als nächstes, nahe

O

O/R > On Request > Auf Anforderung

OAT > Outside Air Temperature > Außenluft-Temperatur

OBS > Omni Bearing Selector > Kurswähler

OBSC > Obscure, Obscured > Undeutlich, unbekannt, verschleiert

OBST > Obstacle > Hindernis

OCA > Obstacle Clearance Altitude > Hindernisfreihöhe über Meeresspiegel

OCH > Obstacle Clearance Height > Hindernisfreihöhe über Grund

OCNL > Occasional > Gelegentlich

OCS > Obstacle Clearance Surface > Hindernisfreifläche

OCT > October > Oktober

OM > Outer Marker > Voreinflugzeichen

OPHR > Opening Hours > Betriebszeiten

OPN > Open, opening, opened > offen, Öffnung, geöffnet

OPR > Operator, operate, operative, operating, operational > Halter, betreiben, in Betrieb

OPS > Operations > Verfahren

OTP > On Top > Über den Wolken

OVC > Overcast > Bedeckt (8/8)

P

P... > Prohibited Area (followed by identification) > Sperrgebiet (mit näherer Bezeichnung)

Pa > Pascal (pressure unit) > Pascal (Druckeinheit)

PANS > Procedures for Air Navigation > Verfahren für Navigation

PAPI > Precision Approach Path Indicator > Präzisions-Gleitwinkelbefeuerung

PAR > Precision Approach Radar > Präzisionsanflugradar

PCN > Pavement Classification > Tragfähigkeitszahl

PDG > Procedure Design Gradient > Verfahrensentwurfgradient

PDI > Pictorial Deviation Indicator > Kurslageanzeiger

PE > Ice Pellets > Eiskörner

PERF > Performance > Leistungsfähigkeit

PERM > Permanent > Dauernd

PHPL > Privat Helicopter Pilot Licence > Privathubschrauberführerlizenz

PIC > Pilot-In-Command > Verantwortlicher Luftfahrzeugführer

PIREP > Pilot Report > Pilotenmeldung (z.B. Wetter)

PJE > Parachute Jumping Exercise > Fallschirmabsprungübung

PLA > Practise Low Approach > Übungsanflug im Tiefflug

PLN > Flight Plan > Flugplan

PN > Prior Notice Required > Vorherige Meldung erforderlich

PNI > Pictorial Navigation Indicator > Kurslageanzeiger

PNL > Panel > Instrumentenbrett

PO > Dust, sand whirls (dust devils) > Sand-, Staubwirbel (Staubteufel)

POB > Persons On Board > Personen an Bord

POS > Position > Position, Standort

PPI > Plan Position Indicator > Rundsichtanzeigegerät

PPL > Privat Pilot Licence > Privatflugzeugführerlizenz

PPR > Prior Permission Required > Vorherige Genehmigung erforderlich

PR > Primary Radar > Primärradar

PRFG > Aerodrome partially covered by Fog > Flughafen teilweise durch Nebel bedeckt

PRKG > Parking > Parken

PROB > Probability > Wahrscheinlichkeit

PROC > Procedure > Verfahren

PROV > Provisional > Vorläufig

PS > Plus > Plus

PSI > Pounds Per Square Inch > Pfund pro Quadrat-Inch

PSN > Position > Position

PTN > Procedure Turn > Verfahrenskurve

PWI > Proximity Warning Indicator > Annäherungswarnanzeiger

PWR > Power > Leistung, Kraft

Q

QDM > Magnetic heading to the station > Mißweisender Kurs zum Peiler

QDR > Magnetic bearing > Mißweisende Peilung

QFA > Route weather forecast > Streckenwettervorhersage

QFE > Atmospheric pressure at aerodrome elevation > Luftdruck auf Stationshöhe

QFF > Atmospheric pressure reduced to sea level > Luftdruck auf Meereshöhe reduziert

QFU > Magnetic orientation of runway > Mißweisende Richtung der Start-/Landebahn

QNE > Altimeter subscale set to 1.013 hPa > Höhenmessereinstellung auf 1.013 hPa

QNH > Altimeter setting to obtain elevation on ground > Höhenmessereinstellung, um bei der Landung die Flugplatzhöhe zu erhalten

QTE > True bearing > Rechtweisende Peilung

R

R > Red, Right > Rot, rechts

R... > Radial (followed by figure) > Leitstrahl (mit Kursangabe)

R... > Restricted Area (followed by identification) > Flugbeschränkungsgebiet (mit näherer Bezeichnung)

RAC > Rules of the Air and Air Traffic Control > Luftverkehrsregeln

RADAR > Radio Detecting And Ranging > Funkortung (Funkmessung)

RADOM > Radar Dome > Radarkuppel

RAS > Rectified Airspeed > Berichtigte Geschwindigkeit

RASH > Rain Showers > Regenschauer

RB > Relative Bearing > Funkseitenpeilung

RBI > Relative Bearing Indicator > ADF mit starrer Kompaßrose

RCA > Reaching Cruising Altitude > Erreichen der Reiseflughöhe

RCC > Rescue Coordination Centre > SAR-Leitstelle

RCL > Recall, to > Abrufen

RCL > Runway Centre Line > Start- und Landebahn-Mittellinie

RCV > Receive, to > Erhalten, empfangen

RDL > Radial > Leitstrahl

RDO > Radio > Funk

RE > Recent (to qualify weather phenomena such as rain, eg. Recent Rain = RERA) > Vor kurzem (z. Bez. von Wettererscheinungen, z.B.: Vor kurzem Regen = RERA)

REC > Receive, to > Empfangen

REF > Reference > Bezugnahme

REP > Reporting Point > Meldepunkt

REQ > Request, to > Ersuchen

REV > Reverse > Umgekehrt

RFP > Replacement Flight Plan > Ersatzflugplan

RG > Range > Reichweite (Funkfeuer)

RIF > Reclearance In Flight > Freigabeänderung während des Fluges

RMI > Radio Magnetic Indicator > ADF/VOR-Kombinationsanzeiger

RMK > Remark > Bemerkung

RNAV > Area Navigation > Flächennavigation

RNG > Range > Reichweite (oft in NM)

ROFOR > Route Forecast > Streckenwettervorhersage

RON > Receiving Only > Nur Empfang

RPL > Repetitive Flight Plan > Dauerflugplan

RPM > Revolutions Per Minute > Umdrehungen pro Minute

RPS > Revolutions Per Second > Umdrehungen pro Sekunde

RPT > Repeat, I Repeat > Wiederholen, ich wiederhole

RQS > Request Supplementary Flight Plan Message > Anforderung für Flugplanergänzungsmeldung

RR > Reverse Route > Umkehrstrecke

RSR > Enroute Surveillance Radar > Streckenrundsichtradar

RT > Right Turn > Rechtskurve

RTD > Delayed (e.g. a delayed meteorological message) > Verspätet (z.B. eine verspätete Wettermeldung)

RTE > Route > Route, Strecke

RTF > Radio Telephony > Sprechfunk

RUT > Standard Regional Route Transmitting Frequencies > Regionale Streckenfrequenzen

RVR > Runway Visual Range > Start- und Landebahnsicht

RWY > Runway > Start- und Landebahn

S

s > Second > Sekunde

S > South > Süd

SAR > Search And Rescue > Such- und Rettungsdienst

SARPS > Standards And Recommended Practises (ICAO) > Richtlinien und Empfehlungen (ICAO)

SAT > Saturday > Samstag

SAT > Static Air Temperature > Lufttemperatur (ungestaute Luft)

SATNAV > Satellite Navigation > Satellitennavigation

SC > Strato-Cumulus > Stratocumulus

SCT > Scattered > Verstreut, vereinzelt (1/8-4/8)

SE > South-East > Süd-Ost

SEC > Seconds > Sekunden

SEC > Security > Sicherheit

SEL > Select, Selector > Wählen, Drehknopf

SELCAL > Selective Calling System > Selektivrufsystem

SENS > Sensitivity > Empfindlichkeit

SEP > September > September

SEV > Severe > Stark

SFC > Surface > Oberfläche (Grund oder Wasser)

SG > Snow Grains > Schneegriesel

SH > Showers > Schauer

SHF > Super High Frequency > Zentimeterwelle (3.000-30.0000 MHz)

SI > International System of Units > Internationales Einheitensystem

SID > Standard Instrument Departure > Standard-Instrumenten-Abflug

SIF > Selective Identification Feature > Selektives Freund/Feind Kennungssystem

SIGMET > Significant Meteorological Phenomena > Informationen über signifikante meteorologische Erscheinungen

SIGWX > Significant Weather > Bedeutsame Wettererscheinung(en)

SIMUL > Simultaneous, simultaneously > Gleichzeitig

SKC > Sky Clear > Klarer Himmel

SKED > Scheduled > Planmäßig

SL > Sea Level > Meeres-Oberfläche

SLAP > Slot Allocation Procedure > Zeitraster-Zuweisungsverfahren

Sm > Sea Mile > Seemeile, entspricht NM

SMC > Surface Movement Radar > Bodenbewegungsradar

SMR > Surface Movement Radar > Bodenbewegungsradar

SN > Snow > Schnee

SNOWTAM > Special NOTAM concerning winter hazards at the airport > Spezielles NOTAM über Winterwetter-bedingte Gefahrenzustände am Flughafen

SNSH > Snow Showers > Schneeschauer

SPD > Speed > Geschwindigkeit

SPECI > Special Meteorological Report > Ausgewählte Luftfahrt-Sonderwettermeldung

SPECIAL > Special meteorological report (in abbreviated plain language) > Sonderwettermeldung (in abgekürztem Klartext)

SPL > Supplementary Flight Plan Message > Flugplanergänzungsmeldung

SQ > Squall > Böe

SQL > Squall Line > Böenlinie

SR > Sunrise > Sonnenaufgang

SRE > Surveillance Radar Equipment > Rundsichtradargerät

SRG > Short Range > Kleine Reichweite

SRR > Search and Rescue Region > Such- und Rettungsgebiet

SS > Sunset > Sonnenuntergang

SSE > South-South-East > Süd-Süd-Ost

SSR > Secondary Surveillance Radar > Sekundärradar

SSW > South-South-West > Süd-Süd-West

ST > Stratus > Stratus, Schichtbewölkung

STA > Scheduled Time of Arrival > Planmäßige Ankunftszeit

STAR > Standard Arrival Route > Standard-Anflugstrecke

STBY > Stand-By > Bereitschaft

STD > Scheduled Time of Departure > Planmäßige Abflugzeit

STOL > Short Take-Off and Landing > Kurzstart und Kurzlandung

STS > Status > Vorrangbehandlung

STWY > Stopway > Stoppbahn

SUN > Sunday > Sonntag

SUP > Supplement > Ergänzung

SUPPS > Regional Supplementary Procedures > Regionale Ergänzungsverfahren

SVCBL > Serviceable > Benutzbar, einsetzbar

SVFR > Special VFR > Sonder VFR

SW > South-West > Süd-West

SWC > Significant Weather Chart > Karte markanter Wettererscheinungen

SWY > Stopway > Stoppbahn, Stoppfläche

SYNC > Synchronization > Synchronisation

T

T > Temperature > Temperatur

t > Ton(s) > Tonne(n)

TA > Transition Altitude > Übergangshöhe

TACAN > Tactical Air Navigation System > Taktische Flugnavigationshilfe

TAF > Terminal Aerodrome Forecast > Flughafen-Wettervorhersage

TAR > Terminal Area Surveillance Radar > Platzrundsichtradar, Nahverkehrsbereichsradar

TAS > True Airspeed > Wahre Fluggeschwindigkeit (Eigengeschwindigkeit des Flugzeuges)

TAT > Total Air Temperature > Lufttemperatur (gestaute Luft)

TAX > Taxying, taxi > Rollend, rollen

TB > True Bearing > Rechtweisende Peilung

TBO > Time Between Overhaul > Zulässige Betriebszeit zwischen den Überholungen

TC > True Course > Rechtweisender Kurs

TCAS > Traffic Alert and Collision Avoidance System > Zusammenstoßwarnsystem

TCU > Towering Cumulus > Quell-Cumulus

TDZ > Touchdown Zone > Aufsetzzone

TEMPO > Temporarily > Zeitweilig

TFC > Traffic > Verkehr

TGL > Touch-And-Go-Landing > Aufsetzen und Durchstarten

TH > True Heading > Rechtweisender Steuerkurs

THR > Threshold > Schwelle

THU > Thursday > Donnerstag

TIL > Until > Bis

TKOF > Take-Off > Start

TMA > Terminal Area > Nahverkehrsbereich

TML > Terminal > Abfertigungsgebäude

TMZ > Transponder Mandatory Zone > Luftraum, in dem der Transponder unaufgefordert einzuschalten ist

TN > True North > Rechtweisend Nord

TODA > Take Off Distance Available > Verfügbare Startstrecke

TOP > Cloud Top > Wolkenobergrenze

TORA > Take Off Run Available > Verfügbare Startlaufstrecke

TP > Turning Point > Kursänderungspunkt

TR > Track > Kurs über Grund

TRA > Temporary Reserved Airspace > Zeitweilig reservierter Luftraum

TRANS > Transmitter > Sender

TREND / GRADU > TREND Gradually > Allmähliche Änderung (mehr als 1/2 Stunde)

TREND / INTER > TREND Intermittent > Häufige, kurzfristige Änderung

TREND / PROB % > TREND Probability % > Wahrscheinlichkeitsgrad in % eines in der TAF-Meldung enthaltenen Wetterelements

TREND / RAPID > TREND Rapid > Schnelle Änderung (innerhalb von max. 1/2 Stunde)

TREND / TEMPO > TREND Temporary > Zeitweise Änderung (max. 1 Stunde)

TREND > Trend > Trend, Entwicklung

TS > Thunderstorm > Gewitter

TSGR > Thunderstorm with Hail > Gewitter mit Hagel

TSO > Technical Standard Order > Technische Spezifikation der FAA für die Luftfahrt

TSSA > Thunderstorm with Duststorm or Sandstorm > Gewitter mit Staub- oder Sandsturm

TT > True Track > Rechtweisender Kurs über Grund

TTFF > Time To First Fix > Zeit bis zum ersten Fixpunkt

TTG > Time To Go > Restzeit zum Zielort

TTS > Time To Station > Flugzeit zur Funkstation

TUE > Tuesday > Dienstag

TURB > Turbulence > Böigkeit, Turbulenz

TVOR > Terminal VOR > Flugplatz-VOR

TWC > Tail Wind Component > Rückenwindkomponente

TWR > Control Tower > Kontrollturm

TWY > Taxiway > Rollbahn, Rollweg

TXT > Text > Text

TYP > Type of Aircraft > Luftfahrzeugmuster

U

U/S > Unserviceable > Unbrauchbar

UAC > Upper Area Control Centre > Bezirkskontrollstelle für den oberen Luftraum

UDA > Upper Advisory Area > Oberer Flugver-
kehrsberatungsbezirk

UDF > UHF Direction Finding Station > Dezi-
meterwellen-Peilstelle

UFN > Until Further Notice > Bis auf weiteres

UHF > Ultra High Frequency > Dezimeterwelle

UIC > Upper Information Centre > Zentrale für
das obere Fluginformationsgebiet

UIR > Upper Flight Information Region > Obe-
res Fluginformationsgebiet

UNL > Unlimited > Unbegrenzt

UNREL > Unreliable > Unzuverlässig

UTA > Upper Control Area > Oberer Kontrollbezirk

UTC > Universal Time Coordinated > Koordinierte Weltzeit

V

VA > Maneuvring Speed > Manövergeschwin-
digkeit

VAL > Visual Approach and Landing Chart >
Sichtanflug- und Landekarte

VAR > Magnetic Variation > Ortsmißweisung

VASIS > Visual Approach Slope Indicator System > Gleitwinkelbefeuerungssystem

VDC > Volts Direct Current > Voltangabe bei
Gleichstrom

VDF > VHF Direction Finder > UKW-Peiler

VFE > Maximum flap extended speed >
Höchstzulässige Geschwindigkeit mit ausgefahrenen Flügelklappen

VFR > Visual Flight Rules > Sichtflugregeln

VHF > Very High Frequency > Ultrakurzwelle

VIA > By Way Of > Über

VIP > Very Important Person > Sehr wichtige
Persönlichkeit

VIS > Visibility > Sicht

VLE > Maximum Landing Gear Extended
Speed > Höchstzulässige Geschwindigkeit
mit ausgefahrenem Fahrwerk

VLF > Very Low Frequency > Längstwelle

VLO > Maximum Landing Gear Operating
Speed > Höchstzulässige Geschwindigkeit
zum Ein- und Ausfahren des Fahrwerks

VLR > Very Long Range > Sehr große Reichweite

VMC > Visual Meteorological Conditions >
Sichtflugwetterbedingungen

Vmin > Minimum Speed > Mindestgeschwin-
digkeit

VNAV > Vertical Navigation > Höhennavigation

VNE > Never Exceed Speed > Höchstzulässige
Geschwindigkeit

VNO > Maximum Structural Cruising Speed,
Maximal Normal Operating Speed >
Höchstzulässige Reisegeschwindigkeit

VOL > Volume > Lautstärke

VOLMET > Meteorological information for aircraft in flight > Wetterinformationen für Luftfahrzeuge im Fluge

VOR > Very High Frequency Omnidirectional
Radio Range > UKW-Drehfunkfeuer

VORTAC > VOR and TACAN Combination >
VOR- und TACAN-Kombination

VOT > Test VOR > Test VOR

VRB > Variable > Veränderlich

VS > Stall Speed > Überziehgeschwindigkeit

VS > Vertical Speed > Steig- oder Sinkflugge-
schwindigkeit

Vs0 > Stall speed, flaps extended > Überziehgeschwindigkeit, Klappen ausgefahren

Vs1 > Stall speed, no flaps > Überziehgeschwindigkeit, Landeklappen eingefahren

VSA > Visual Reference to the Ground > Erdsicht

VSI > Vertical Speed Indicator > Variometer

VSP > Vertical Speed > Vertikalgeschwindigkeit

VTOL > Vertical Take-Off and Landing > Senk-
rechtstart und -landung

VX > Speed for best climb angle > Geschwindigkeit für besten Steigwinkel

VY > Speed for best climb > Geschwindigkeit
für bestes Steigen

W

W > West > West

W > White > Weiß

W/T > Wind/Temperature > Wind/Temperatur

WA > Wind Angle > Windwinkel

WARN > Warning > Warnung

WCA > Wind Correction Angle > Luvwinkel

WD > Wind Direction > Windrichtung

WDI > Wind Direction Indicator > Windgeschwindigkeitsanzeiger

WED > Wednesday > Mittwoch

WEF > With Effect From > Mit Wirkung von

WGS 84 > World Geodetic System 1984 > Kartenbezugssystem, u.a. bei GPS verwendet

WIE > With Immediate Effect > Mit sofortiger Wirkung

WIP > Work In Progress > Laufende Arbeiten

WMO > World Meteorological Organization > Weltorganisation für Meteorologie

WNW > West-North-West > West-Nord-West

WP, WPT > Waypoint > Wegepunkt

WSW > West-South-West > West-Süd-West

WX > Weather > Wetter

X, Y, Z

XBAR > Crossbar (of approach lighting system) > Querbalken (des Anflugbefeuerungssystem)

XPDR > Transponder > Kunstwort aus Transmitter und Responder

XS > Atmospherics > Atmosphärische Störungen

XTE > Cross Track Error > Kursablage, Kursversatz

XX... > Heavy > Stark, schwer (z.B. starker Regen = XXRA)

Y > Yellow > Gelb

YCZ > Yellow Caution Zone (Runway lighting) > Gelbe Warnzone (Start- und Landebahnbefeuerung)

YD > Yaw Damper > Gierdämpfer

Z > Zulu-Time > Zulu-Zeit (UTC, GMT)

ZM > Z-Marker > Teil des UKW-Fächerfunkfeuers

Anschriften

Behörden und Verbände

AOPA Germany
Verband der Allgemeinen Luftfahrt e.V.
Außerhalb 27
63329 Egelsbach-Flugplatz

Deutscher Aero Club
Bundesgeschäftsstelle
Hermann-Blenk-Str. 28
38108 Braunschweig

Deutscher Wetterdienst - Zentralamt
Frankfurter Straße 135
63067 Offenbach

DFS Deutsche Flugsicherung GmbH
Büro der Nachrichten für Luftfahrer
Kaiserleistraße 29-35
63067 Offenbach

DFS Flugsicherungsakademie
Paul-Ehrlich-Straße 37
63225 Langen
Region Mitte

EUROCONTROL Maastricht UAC
Horsterweg 11
NL-6191-RX Beek (LB) Niederlande

Europäische Organisation für
Flugsicherung
EUROCONTROL, Generaldirektion
Rue de la Fusee 96
B-1130 Brüssel - Belgien

Luftfahrt-Bundesamt (LBA)
Lilienthalplatz 6 (Flughafen)
38108 Braunschweig

Vereinigung Cockpit e.V.
Lerchesbergring 24
60598 Frankfurt

Luftfahrtzubehör

Eisenschmidt GmbH
Flugplatz
63329 Egelsbach

Friebe Luftfahrt-Bedarf GmbH
Flughafen Neuostheim
68163 Mannheim

Jeppesen GmbH
Frankfurter Straße 233
63263 Neu-Isenburg

Schorr Aviation Multimedia
Jahnstraße 2
96231 Staffelstein

Siebert-Luftfahrtbedarf
Rektoratsweg 40
48159 Münster

Luftfahrtzeitschriften

Aerokurier Redaktion
Ubierstr. 83
53173 Bonn

Fliegermagazin
Chiemgaustr. 109
81549 München

Fliegerrevue
Magazin für Luft- und Raumfahrt
Schönhauser Allee 6-7
10119 Berlin

Flug Revue
Vereinigte Motor-Verlage
Leuschnerstr. 1
70174 Stuttgart

Pilot und Flugzeug
Bayerwaldstr. 28
94350 Falkenfels

Literatur- und Quellenhinweise

Bachmann, P.:
Flugzeug-Instrumente
Motorbuch Verlag, Stuttgart 1992

Bachmann, P.:
Privatpilotenbibliothek Band 6:
  Wetterhandbuch für Piloten
  Motorbuch Verlag, Stuttgart 2001
Privatpilotenbibliothek Band 7:
  Sprechfunkzeugnisse für Piloten
  Motorbuch Verlag, Stuttgart 1997
Privatpilotenbibliothek Band 9:
  Cockpit Instrumente
  Motorbuch Verlag, Stuttgart 1998
Privatpilotenbibliothek Band 11:
  Fliegen unter extremen Bedingungen
  Motorbuch Verlag, Stuttgart 1999
Privatpilotenbibliothek Band 13:
  VFR-Flugplanung und Flugpraxis
  Motorbuch Verlag, Stuttgart 2000
Privatpilotenbibliothek Band 14:
  Englisch für Piloten
  Motorbuch Verlag, Stuttgart 2000

Cescotti, R.:
Luftfahrtdefinitionen
Motorbuch Verlag, Stuttgart 1987

DFS Deutsche Flugsicherung GmbH:
Luftfahrthandbuch (AIP VFR),
Bundesrepublik Deutschland
DFS, Frankfurt 2000
Richtlinien des Bundesministers für Ver-
kehr für die Ausbildung und Prüfung des
Luftfahrtpersonals - Teil II - Besondere
Bestimmungen (Art und Umfang der Aus-
bildung und Prüfung)
Kapitel 19/G - Berechtigung zur Durchfüh-
rung kontrollierter Sichtflüge (zu § 82 der
Verordnung über Luftfahrtpersonal)
DFS, Frankfurt 1989

DFS Deutsche Flugsicherung GmbH:
Wörterbuch der ICAO-Terminologie
Bundesanstalt für Flugsicherung (BfS),
Frankfurt 1981

Dorian, A.F., Osenton, J.:
Luftfahrt Fachwörterbuch
R. Oldenbourg Verlag, München 1964

Franzen, D., Gerbig, H.:
CVFR-Training
Dieter Franzen Verlag, Bad Oeynhausen
1999

Jeppesen Sanderson, Inc.:
Bottlang Airfield Manual
Jeppesen GmbH, Neu Isenburg 1999

Mies, J.:
Privatpilotenbibliothek Band 1:
  Gefahrenhandbuch für Piloten
  Motorbuch Verlag, Stuttgart 2001
Privatpilotenbibliothek Band 2:
  Flugnavigation
  Motorbuch Verlag, Stuttgart 2000
Privatpilotenbibliothek Band 3:
  Funknavigation
  Motorbuch Verlag, Stuttgart 1999
Privatpilotenbibliothek Band 4:
  Luftrecht
  Motorbuch Verlag, Stuttgart 1995
Privatpilotenbibliothek Band 5:
  Flugtechnik
  Motorbuch Verlag, Stuttgart 2000

Autor

Peter Bachmann (Jahrgang 1942) studierte nach dem Abitur Wirtschaftswissenschaften (J.W.v.-Goethe-Universität, Frankfurt).

Nach dem Studium war er fünf Jahre lang Geschäftsführer in drei großen deutschen Verlagen. 1975 gründete er einen eigenen Verlag und ein betriebswirtschaftliches Beratungsbüro. Bis heute sind in diesem Verlag weit über 100 Publikationen, vorwiegend über Luftfahrt-Themen, erschienen.

Daneben werden seit 1975 im Beratungsbereich des Verlages Wirtschaftlichkeitsanalysen über ein- und zweimotorige Privat- und Geschäftsreiseflugzeuge erstellt.

Neben diesem Know-How über die betriebswirtschaftlichen Aspekte in der Luftfahrt stehen die praktischen Erfahrungen aus ca. 3.500 VFR- und IFR-Flugstunden als Pilot und Co-Pilot seit 1973.

Vor diesem Hintergrund ist das vorliegende Handbuch entstanden.

Bisherige Veröffentlichungen des Autors im Motorbuch Verlag:

Einmotorige Flugzeuge
Bilder, Daten, Kosten (1976 und 1978)

Ein- und zweimotorige Flugzeuge
Bilder, Daten, Kosten (1980, 1991, 1993)

Flugzeuginstrumente
Typen, Technik, Funktion (1992)

Handbuch der Satelliten-Navigation
GPS - Technik, Geräte, Anwendung (1993)

Luftfahrtberufe
Voraussetzungen, Ausbildung, Perspektiven (1994)

Internationale Flughäfen Europas
Pläne - Daten - Fakten (1995)

Wetter
Privatpiloten-Bibliothek, Band 6, (1996)

Sprechfunkzeugnisse für VFR-Piloten
Privatpiloten-Bibliothek, Band 7, (1997)

GPS für Piloten
Privatpiloten-Bibliothek, Band 8, (1997)

Cockpit-Instrumente
Privatpiloten-Bibliothek, Band 9, (1998)

Internet für Piloten
Privatpiloten-Bibliothek, Band 10, (1998)

Fliegen unter extremen Bedingungen
Privatpiloten-Bibliothek, Band 11, (1999)

Flugmedizin für Piloten und Passagiere
Privatpiloten-Bibliothek, Band 12, (1999)

VFR-Flugplanung und Flugpraxis
Privatpiloten-Bibliothek, Band 13, (2000)

Englisch für Piloten
Privatpiloten-Bibliothek, Band 14, (2000)

CVFR - Handbuch für den kontrollierten Sichtflug
Privatpiloten-Bibliothek, Band 15, (2001)